第一章 模型建构

1. B

解析：运动员起跳过程，视为质点，可由动量定量求解。

设向上为正方向，人的速度原来为零，起跳后变化 v，人受到竖直向下的重力和地面支持力，由动量定理可得：$I-mg\Delta t=mv$，解得地面对人的冲量 $I=mv+mg\Delta t$，由于支持力作用点没有发生位移，故地面对人做功为零。故 B 正确。

若用动能定理求解，地面对运动员的支持力不做功，那么人的机械能如何获得呢? 起跳时，人们通过肌肉收缩产生作用力，使得人的重心发生移动，人的肌肉将化学能转化成了机械能。

故选 B。

2. D

解析：A. 甲对乙的作用力与乙对甲的作用力是一对相互作用力，大小相等。故 A 错误。

BD. 甲、乙运动员组成的系统所受合外力为 0，动量守恒，由 $\Delta v=\dfrac{\Delta p}{m}=\dfrac{I}{m}$ 可知，甲乙的质量未知，二者速度的变化量大小无法比较。故 B 错误，D 正确。

C. 在乙推甲的过程中，乙的肌肉对系统做功，有化学能转化为机械能，甲、乙运动员组成的系统机械能不守恒。故 C 错误。

故选 D。

3. C

解析：A. 若 A 不变，即 $v_x-v=Ax$，若 a 不变，则 $v_t-v_0=at$，也就是 $v_t^2-v_0^2=2ax$，看来它与第一个式子不符合，故 A 不变时，a 是变化的。故 A 错误。

B. 若 A 不变，则 $v_x-v=Ax$，由再对前半段列方程得 $v'-v=A\dfrac{x}{2}$，故解得 $v'=\dfrac{v_x+v}{2}$。故 B 错误。

C. 若 $A>0$，则说明 $v_x-v=Ax$，因为 $a=\dfrac{v_t-v_0}{t}$，所以 $a=\dfrac{Ax}{t}$，即随着时间的延长，速度逐渐增大，故其平均速度 $\dfrac{x}{t}$ 也是逐渐增大的，所以 a 逐渐变大。故 C 正确。

D. 若 a 不变，则 $v_t-v_0=at$，再根据我们学过的匀变速运动的公式得 $v_t^2-v_0^2=2ax$，再对前半段列方程得 $v''^2-v_0^2=2a\dfrac{x}{2}$，联立以上两式得 $v''=\sqrt{\dfrac{v_t^2+v_0^2}{2}}$。故 D 错误。

故选 C。

4. 解: (1) a. 自由落体 $v_A^2=2gh$，$v_A=6$ m/s

b. A 到 B 的时间很短，A 到 B 的运动可以看作是匀速运动 $\Delta t = \dfrac{2d}{v_A} = 0.02$ s

(2) c. 由 $v = v_0 + kx$ 可得 $\Delta v = k \cdot \Delta x$，两边同时除以 Δt 得 $\dfrac{\Delta v}{\Delta t} = k \cdot \dfrac{\Delta x}{\Delta t}$

又因为时间 Δt 极短，所以 $a = k \cdot v$

d. 设某时刻导体棒的速度为 v，$E = BLv$，$I = \dfrac{E}{R}$，$F_A = ILB = ma$，$a = \dfrac{B^2 L^2}{mR} v$

因为导体棒做减速运动，所以 $k = -\dfrac{B^2 L^2}{mR}$

$$v = v_0 - \dfrac{B^2 L^2}{mR} x$$

位移为 s 时 $0 = v_0 - \dfrac{B^2 L^2}{mR} s$，位移为 λs 时 $v_x = v_0 - \dfrac{B^2 L^2}{mR} \lambda s$

所以 $v_x = (1 - \lambda) v_0$

$$P = ILB \cdot v_x = \dfrac{B^2 L^2 (1 - \lambda)^2 v_0^2}{R}$$

5. 解：(1) a. 电子在复合场中做匀速直线运动，由 $eE = evB$

得 $v = \dfrac{E}{B}$

b. 去掉电场，电子在磁场中做匀速圆周运动，由 $evB = m\dfrac{v^2}{R}$

得 $\dfrac{e}{m} = \dfrac{v}{BR} = \dfrac{E}{B^2 R}$

(2) c. 电子的螺旋运动可分解为沿 PO 方向的匀速运动和垂直于 PO 方向上的匀速圆周运动。

d. 从发散点到再次汇聚点，两个方向的分运动时间相等，有 $t_{直} = t_{圆}$

加速电场 $eU = \dfrac{1}{2} mv^2$

匀速直线运动 $t_{直} = \dfrac{l}{v}$

匀速圆周运动 $evB = m\dfrac{v^2}{R}$ $T = \dfrac{2\pi R}{v} = \dfrac{2\pi m}{eB}$ $t_{圆} = T$

联立以上各式可得 $\dfrac{e}{m} = \dfrac{8\pi^2 U}{B^2 l^2}$

6. BD

解析：A. 由于电场强度 $E = \dfrac{mg}{q}$，故有 $mg = qE$，则等效最低点在 BC 圆弧中点，重力和电场力的合力为 $\sqrt{2}\, mg$，根据圆周运动公式，$\sqrt{2}\, mg = m\dfrac{v^2}{l}$，小球在等效最高点的最小速度为 $v = \sqrt{\sqrt{2} gl}$。故 A 错误。

B. 除重力和弹力外其他力做功等于机械能的增加量，若小球在竖直平面内绕 O 点做圆周运动，则小球运动到 B 点时，电场力做功最多，故到 B 点时的机械能最大。故 B 正确。

C．小球所受合力方向与电场方向夹角为 45° 斜向下，故若将小球在 A 点由静止开始释放，它将沿合力方向做匀加速直线运动。故 C 错误。

D．若去掉细线，将小球在 A 点以大小为 $\sqrt{gl}$ 的速度竖直向上抛出，小球在竖直方向做竖直上抛运动，加速度为 $-g$，水平方向做匀加速运动，加速度为 g，当竖直方向上的位移为 0 时，运动的时间为 $t=2\dfrac{v_0}{g}=\dfrac{2\sqrt{gl}}{g}=2\sqrt{\dfrac{l}{g}}$，水平位移 $x=\dfrac{1}{2}gt^2$，解得 $x=2l$，则小球能运动到 B 点。故 D 正确。

故选 BD。

7．**解：**（1）如图 1.38 所示。

（2）a．热气球在无风空中悬浮时，有 $F_{浮}=mg$

设热气球在水平气流中平衡时水平方向速度为 v_x、竖直方向速度为 v_y。

水平方向有 $v_x=v_0$

竖直方向，依据平衡有 $F_{浮}+kv_y^2=1.1mg$

解得 $v_y=\sqrt{\dfrac{mg}{10k}}$

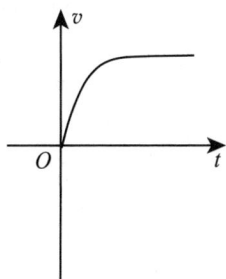

图 1.38

热气球平衡时的速率 $v_1=\sqrt{v_0^2+v_y^2}=\sqrt{v_0^2+\dfrac{mg}{10k}}$

对热气球下降过程，依据动能定理有 $1.1mgh+W=\dfrac{1}{2}\times1.1mv_1^2-\dfrac{1}{2}\times1.1mv_0^2$

解得空气对热气球做功 $W=-1.1mg\left(h-\dfrac{m}{20k}\right)$

b．热气球再次平衡后

水平方向 $v'_x=0$

竖直方向 $v'_y=v_y=\sqrt{\dfrac{mg}{10k}}$

设空气对气球在水平方向的冲量为 I_x，竖直方向的冲量大小为 I_y

由动量定理，水平方向 $I_x=0-1.1mv_0$

竖直方向 $I_y-1.1mgt=0$

空气对气球冲量大小 $I=\sqrt{I_x^2+I_y^2}=1.1m\sqrt{v_0^2+g^2t^2}$

8．**解：**（1）由牛顿第二定律，A 在电场中运动的加速度 $a=\dfrac{F}{m}=\dfrac{QE_0}{m}$

A 在电场中做匀变速直线运动 $d=\dfrac{1}{2}at^2$

解得运动时间 $t = \sqrt{\dfrac{2d}{a}} = \sqrt{\dfrac{2dm}{QE_0}}$

（2）设 A、B 离开电场时的速度分别为 v_{A0}、v_{B0}，由动能定理，有

$$QE_0 d = \frac{1}{2} m v_{A0}^2 , \quad QE_0 d = \frac{1}{2} \cdot \frac{m}{4} v_{B0}^2 \qquad ①$$

A、B 相互作用过程中，动量和能量守恒。A、B 相互作用力为斥力，A 受的力与其运动方向相同，B 受的力与其运动方向相反，相互作用力对 A 做正功，对 B 做负功。A、B 靠近的过程中，B 的路程大于 A 的路程，因为相互作用力大小相等，相互作用力对 B 做功的绝对值大于对 A 做功的绝对值，所以相互作用力做功之和为负，相互作用能增加。因此，当 A、B 最接近时相互作用能最大，此时两者速度相同，设为 v'，有

$$(m + \frac{m}{4}) v' = m v_{A0} + \frac{m}{4} v_{B0} \qquad ②$$

$$E_{pm} = \left(\frac{1}{2} m v_{A0}^2 + \frac{1}{2} \cdot \frac{m}{4} v_{B0}^2 \right) - \frac{1}{2} \left(m + \frac{m}{4} \right) v'^2 \qquad ③$$

已知 $q = \dfrac{4}{9} Q$，由①②③式解得，相互作用能的最大值 $E_{pm} = \dfrac{1}{45} QE_0 d$

（3）考虑 A、B 在 $x > d$ 区间的运动，由动量守恒、能量守恒，且在初态和末态均无相互作用，有 $m v_A + \dfrac{m}{4} v_B = m v_{A0} + \dfrac{m}{4} v_{B0} \qquad ④$

$$\frac{1}{2} m v_A^2 + \frac{1}{2} \cdot \frac{m}{4} v_B^2 = \frac{1}{2} m v_{A0}^2 + \frac{1}{2} \cdot \frac{m}{4} v_{B0}^2 \qquad ⑤$$

由④⑤解得 $v_B = -\dfrac{3}{5} v_{B0} + \dfrac{8}{5} v_{A0}$

因 B 不改变运动方向，故 $v_B = -\dfrac{3}{5} v_{B0} + \dfrac{8}{5} v_{A0} \geqslant 0 \qquad ⑥$

由①⑥解得 $q \leqslant \dfrac{16}{9} Q$

即 B 所带电荷量的最大值 $q_m = \dfrac{16}{9} Q$

第二章 图像

1. C

解析：A. 由图像可知，在 $0 \sim t_3$ 时间内，货箱的速度方向始终竖直向上，速度为零时，货箱运动到最高位置，所以在 t_3 时刻货箱运动到最高位置。故 A 错误。

B. 在 $t_2 \sim t_3$ 时间内，货箱向上做匀减速直线运动，加速度方向竖直向下，合力方向竖直向下且大小不变。故 B 错误。

C. 在 $t_4 \sim t_5$ 时间内，货箱向下做匀加速直线运动，加速度方向竖直向下，货箱处于失重状态。故 C 正确。

D. 在 $t_6 \sim t_7$ 时间内，货箱向下做匀减速直线运动，加速度方向竖直向上，合力方向竖直向上，除重力外还有其他力做功，货箱的机械能减少。故 D 错误。

故选 C。

2. C

解析：AD. $a \to c$ 过程电梯处于超重状态，说明电梯向上加速运动；$d \to f$ 过程电梯处于失重状态，说明电梯向上做减速运动。故 A、D 均错误。

B. 电梯一直向上运动，传感器对钩码的拉力一直做正功，所以钩码的机械能一直增大。故 B 错误。

C. a-t 图面积代表速度变化量的大小 Δv，图形 abc 的面积代表向上加速过程速度的增加量 Δv_1，图形 def 的面积代表向上减速过程速度的减小量 Δv_2，由于电梯初末速度均为零，所以 $\Delta v_1 = \Delta v_2$。故 C 正确。

故选 C。

3. C

解析：A. q-t 图切线斜率 k 代表电流 I，k 保持一定所以 I 恒定。故 A 错误。

B. x-t 图切线斜率 k 代表瞬时速度 v，k 保持一定所以物体做匀速运动，合力为零。故 B 错误。

C. 根据光电子最大初动能 E_k 与光频率 v 的关系式 $E_k = hv - W_0$，图线的纵截距为 $-W_0$，显然，实线的纵截距的绝对值更大。故 C 正确。

D. v-t 图斜率逐渐减小，所以合力也逐渐减小。故 D 错误。

故选 C。

4. C

解析：A. U-I 图图线上任一点横纵坐标之积代表电功率 P，与图线线下面积无关。故 A 错误。

B．F-v 图图线上任一点横纵坐标之积代表功率 P，与图线线下面积无关。故 B 错误。

C．q-t 图图线斜率代表充电过程中的电流 i，充电过程中，随着 q 的增大，i 逐渐减小，与图像相符。故 C 正确。

D．根据 $\omega = \dfrac{v}{r}$ 可知，v-r 图图线上一点与原点连线斜率代表角速度 ω。故 D 错误。

故选 C。

5．**B**

解析：AB．直线 A 与直线 B 的交点纵坐标为 $\dfrac{1}{2}U_0$，直线 A 与直线 C 的交点纵坐标为 $\dfrac{3}{4}U_0$，所以 R_1 与电源连成闭合回路时的功率 $P_1 = \dfrac{1}{2}U_0 \times \dfrac{1}{2}I_0 = \dfrac{1}{4}U_0 I_0$，$R_2$ 与电源连成闭合回路时的功率 $P_2 = \dfrac{3}{4}U_0 \times \dfrac{1}{4}I_0 = \dfrac{3}{16}U_0 I_0 < P_1$，$P_1$ 与 P_2 同时也是电源的输出功率。故 A 错误，B 正确。

C．电源与 R_1 连成闭合回路时，电流更大，所以其内阻的热功率更大。故 C 错误。

D．电源与 R_1 连成闭合回路时，电流更大，所以电源内非静电力做功的功率（IE）更大。故 D 错误。

故选 B。

6．**C**

解析：A．忽略电源和电流表内阻，那么根据 $I = \dfrac{E}{R_0 + R}$，I 不变则 R 不变，F 就不变。但是因为不清楚 F 与物体重力 G 的大小关系，所以物体可能匀速运动，也可能做匀变速运动。故 A 错误。

B．I 增大，则 R 减小，F 增大，但是 F 与 G 的大小关系未知，所以不能断定物体做加速运动。故 B 错误。

C．$I = I_0$ 时，$F_0 = G$，那么 $I > I_0$ 时，$F > F_0 = G$，物体加速度向上。故 C 正确。

D．$I = I_0$ 时，物体可能处于静止状态，也可能做匀速运动。故 D 错误。

故选 C。

7．**B**

解析：A．设球直径为 d。若误将绳长记为 L，那么 T^2 与 L 的关系式应为 $T^2 = \dfrac{4\pi^2}{g}\left(L + \dfrac{d}{2}\right)$，图线纵截距应为正值。故 A 错误。

B．如果误将悬点到小球下端的距离记为摆长 L，那么 T^2 与 L 的关系式应为 $T^2 = \dfrac{4\pi^2}{g}\left(L - \dfrac{d}{2}\right)$，图线纵截距为负值。故 B 正确。

C．设总时间为 t，周期测量值被记为 $T = \dfrac{t}{50}$，然而周期真值应为 $T_{\text{真}} = \dfrac{t}{49}$，所以

$T_{真}=\dfrac{50}{49}T$。那么 T^2 与 L 的关系式应为 $\left(\dfrac{50}{49}T\right)^2=\dfrac{4\pi^2}{g}L$，即 $T^2=\left(\dfrac{49}{50}\right)^2\dfrac{4\pi^2}{g}L$。可见图线仍过原点，只不过斜率减小。故 C 错误。

D．根据我们对选项 B 的分析，虽然图线发生了偏移，但是斜率 $k=\dfrac{4\pi^2}{g}$ 并未变化，仍然可以较准确地计算出重力加速度 $g=\dfrac{4\pi^2}{k}$。故 D 错误。

故选 B。

8．**C**

解析：A．设初始两板间距为 x_0，根据平行板电容器的电容决定式 $C=\dfrac{\varepsilon_r S}{4\pi k(x_0+x)}$ 可知，C 与 x 成非线性关系。故 A 错误。

B．电容器的带电量 Q 不变。将 $C=\dfrac{\varepsilon_r S}{4\pi kd}$，$C=\dfrac{Q}{U}$，$E=\dfrac{U}{d}$ 三式联立，可得 $E=\dfrac{4\pi kQ}{\varepsilon_r S}$ 与 d 无关，应保持不变。故 B 错误。

C．负极板与大地连接，电势为零。设初始时 P 点与负极板的距离为 x_1，则 $\varphi=E(x+x_1)$，其中 E 保持不变。故 C 正确。

D．正电荷（$q>0$）在 P 点的电势能 $W=q\varphi$，图线形状应与选项 C 相同，故 D 错误。

故选 C。

9．**C**

解析：由 E-x 图可知：$x>0$ 处，场强 E 沿 x 轴正方向，$x<0$ 处，场强 E 与 x 轴正方向相反，且 O 点两侧的电场对称分布。

A．一般以无穷远处为零势点，E 指向电势降低的方向，所以 O 点电势必大于零。故 A 错误。

B．在从 B 运动到 O 的过程中，粒子受电场力方向一直指向 O 点，与运动方向相同，所以粒子一直加速。故 B 错误。

C．根据场强方向可知，B、C 点的电势均低于 O 点，而且 BO 段与 CO 段的 E-x 图线下面积相等，所以 OB 间电势差与 OC 间电势差相等，场强分布对称，B 点和 C 点的电势相等。故 C 正确。

D．仅有电场力做功，所以电势能和动能之和守恒，机械能不包含电势能。故 D 错误。

故选 C。

10．（1）如图 2.64 所示　　（2）$\dfrac{1}{b}$，kb　　（3）B

11．（1）充电　　A；C

（2）①电容器充电过程的 I-t 图线与坐标轴围成的面积表示充电过程中电容器增加的电荷量。根据 $Q=CU$ 可知，用相同的电源充

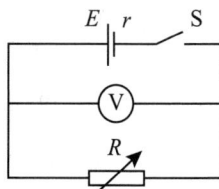

图 2.64

电，电容为 C_1 的电容器增加的电荷量较少，因此图 2.51 中的图线①与电容为 C_1 的电容器相对应。

12．（1）4000

（2）如图 2.65 所示。

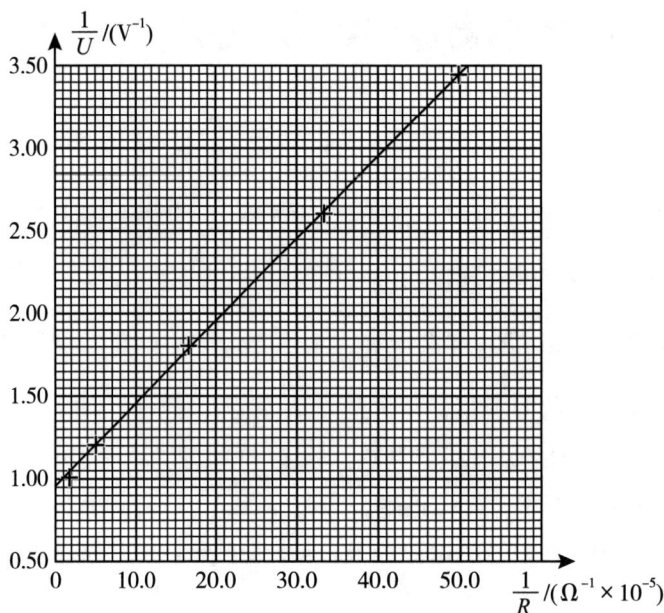

图 2.65

（3）断路

（4）1.1

（5）不可行。

考虑到电压表分流，闭合电路欧姆定律应写为 $E = U + \left(\dfrac{U}{R_V} + \dfrac{U}{R} \right) r$

整理得 $\dfrac{1}{U} = \dfrac{r}{E} \dfrac{1}{R} + \dfrac{R_V + r}{E R_V}$

$\dfrac{1}{U} - \dfrac{1}{R}$ 图的斜率 $k = \dfrac{r}{E}$，纵截距 $b = \dfrac{R_V + r}{E R_V}$

电动势和内阻的测量值为 $E_{测} = \dfrac{1}{b} = \dfrac{R_V}{r + R_V} E$

$r_{测} = \dfrac{k}{b} = \dfrac{R_V}{r + R_V} r$

由图 2.65 可知，水果电池的内阻 r 约 $5\,\mathrm{k\Omega}$，学生用指针式电压表的内阻 R_V 约 $3\,\mathrm{k\Omega}$，电动势与内阻的相对误差大小均为 $\delta = \dfrac{r}{r + R_V} \approx 62.5\%$。用该方法测量的误差很大，故不可行。

13．该同学的观点不正确。设小车受到的牵引力为 F，假设已经完全平衡了摩擦力，根据牛顿第二定律，对钩码有 $mg-F=ma$；对小车有 $F=Ma$，得 $\dfrac{1}{a}=\dfrac{1}{mg}M+\dfrac{1}{g}$，图像纵

截距为 $\dfrac{1}{g}$，所以该同学的观点错误。

14. **解：** 根据加速度的定义 $a=\dfrac{\Delta v}{\Delta t}$，由图线可知 $v=v_0-kx$ 则 $\Delta v=-k\Delta x$

将 $a=\dfrac{\Delta v}{\Delta t}$ 代入上式得 $a\Delta t=-k\Delta x$ 又将瞬时速度计算式 $v=\dfrac{\Delta x}{\Delta t}$ 代入上式得 $a=-kv$

根据牛顿第二定律可知，刹车过程的制动力 $F=ma=-mkv$

15. **解：** (1) 设月球的质量为 m，月球绕地球做匀速圆周运动

地球对月球的万有引力提供向心力 $G\dfrac{Mm}{r^2}=m\dfrac{v^2}{r}$

得 $v=\sqrt{G\dfrac{M}{r}}$

(2) $v_1>v_2$，$a_1>a_2$，$t_1<t_2$

(3) a. 设地球质量为 M，月球的质量为 m，探测器的质量为 m_0

引力的合力做功与引力势能的关系 $F\Delta x=-\Delta E_p$

可知 E_p-x 图线的斜率 $\dfrac{\Delta E_p}{\Delta x}=-F$

由图 2.60 知探测器在 $x=kL$ 处引力势能最大，该处图线的斜率为 0

则探测器在该处受地球和月球的引力的合力为零

即 $G\dfrac{Mm_0}{(kL)^2}=G\dfrac{mm_0}{(L-kL)^2}$

得 $\dfrac{M}{m}=\left(\dfrac{k}{1-k}\right)^2$

b. 如图 2.66 所示。

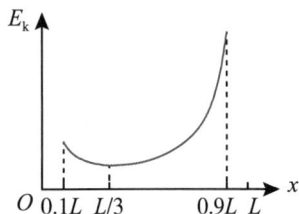

图 2.66

16. **解：** (1) 向左；变长

(2) $E_1=E_2$；$R_1>R_2$

(3) $\Phi-i$ 图像如图 2.67 所示。

由题意可知磁场能 E_0 应等于电路中电流所做的功 W。设

线圈匝数为 n，在极短时间 Δt 内电流做功 $\Delta W=n\dfrac{\Delta \Phi}{\Delta t}i\Delta t$，即

$\Delta W=ni\Delta \Phi$

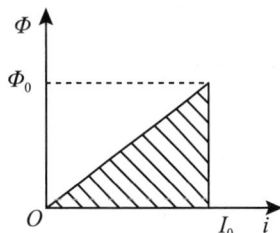

图 2.67

由题意可知磁通量正比于电流，即 $\Phi=ki$（k 为比例系数），断开开关瞬间线圈、灯

泡回路中流过的电流初值为 I_0，此时线圈中的磁通量为 $\Phi_0=kI_0$

则 $W=\Delta W=n\sum i\Delta \Phi=n\sum ki\Delta i=n\sum \Phi\Delta i$

式中 $\sum \Phi\Delta i$ 为图 2.67 中"阴影面积"，即 $\sum \Phi\Delta i=\dfrac{1}{2}I_0\Phi_0=\dfrac{1}{2}kI_0^2$

则 $E_0=W=\dfrac{1}{2}knI_0^2\propto I_0^2$

第三章 守恒

1. 解：（1）a. 根据机械能守恒定律 $mgL(1-\cos\theta)=\dfrac{1}{2}mv^2$

在最低点根据牛顿第二定律 $F-mg=m\dfrac{v^2}{L}$

解得 $F=mg(3-2\cos\theta)$

b. 根据机械能守恒定律 $mgL(\cos\alpha-\cos\theta)=\dfrac{1}{2}mv_1^2$

角速度 $\omega_1=\dfrac{v_1}{L}$

解得 $\omega_1=\sqrt{\dfrac{2g(\cos\alpha-\cos\theta)}{L}}$

（2）c. 根据机械能守恒定律

$$mgL(\cos\alpha-\cos\theta)+mg\dfrac{L}{2}(\cos\alpha-\cos\theta)=\dfrac{1}{2}mv^2+\dfrac{1}{2}mv'^2$$

其中 $v=\omega_2 L$

$v'=\omega_2\dfrac{L}{2}$

代入解得 $\omega_2=\sqrt{\dfrac{12g(\cos\alpha-\cos\theta)}{5L}}$

d. 此系统做简谐运动的周期 $T'=2\pi\sqrt{\dfrac{5L}{6g}}$

对比 ω_2 和 ω_1 的表达式可得 $\dfrac{\omega_2}{\omega_1}=\sqrt{\dfrac{6}{5}}$

α 表示系统运动过程中的任意位置，可见，两个系统在运动过程中任意位置的角速度大小均满足 $\dfrac{\omega_2}{\omega_1}=\sqrt{\dfrac{6}{5}}$，因此 $\dfrac{T'}{T}=\sqrt{\dfrac{5}{6}}$

即 $T'=\sqrt{\dfrac{5}{6}}T=2\pi\sqrt{\dfrac{5L}{6g}}$

2. 解：（1）喷出气体的质量 $m=M_1-M_2$

喷出气体前探测器与所喷出气体组成的系统初动量 $p_1=M_1v_1$

喷出气体后探测器末动量 $p_2=M_2v_2$

喷出气体前后 p_1、p_2 方向垂直，建立如图 3.21 所示 Oxy 直角坐标系。

喷出气体速度 u 在 x、y 方向上的分量分别为 u_x、u_y，根据动量守恒定律有

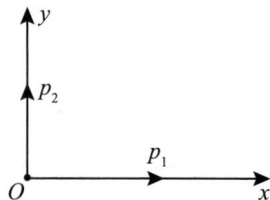

图 3.21

x 方向：$p_1 = mu_x$

y 方向：$0 = p_2 + mu_y$

喷出气体速度满足 $u^2 = u_x^2 + u_y^2$

联立可得 $u = \dfrac{\sqrt{(M_1 v_1)^2 + (M_2 v_2)^2}}{M_1 - M_2}$

（2）探测器与所喷出气体组成的系统

喷气前总动能 $E_{k0} = \dfrac{1}{2} M_1 v_1^2$

喷气后总动能 $E_k = \dfrac{1}{2} M_2 v_2^2 + \dfrac{1}{2} mu^2$

消耗的化学能 $\Delta E = \dfrac{E_k - E_{k0}}{k}$

联立可得 $\Delta E = \dfrac{M_1 M_2 (v_1^2 + v_2^2)}{2k(M_1 - M_2)}$

3．解：（1）两球发生弹性正碰，设碰后 A 球速度为 v_1，B 球速度为 v_2，则

$3mv = 3mv_1 + mv_2$

$\dfrac{3mv^2}{2} = \dfrac{3mv_1^2}{2} + \dfrac{mv_2^2}{2}$

得 $v_1 = \dfrac{1}{2} v$

（2）设中子质量为 m，碰前速度为 v_0，碰后速度为 v_1，原子核质量为 M，碰后速度为 v_2，中子与原子核发生弹性正碰，则 $mv_0 = mv_1 + Mv_2$

$\dfrac{1}{2} mv_0^2 = \dfrac{1}{2} mv_1^2 + \dfrac{1}{2} Mv_2^2$

得 $v_1 = \dfrac{m - M}{m + M} v_0 = -\left(1 - \dfrac{2m}{m + M}\right) v_0$

可见，原子核质量 M 越小，碰后中子速度 v_1 越小。因此，慢化剂应该选用质量较小的原子核。

（3）我赞成"这个过程至少生成两个光子"的观点。

正负电子对撞过程遵循动量守恒定律。对撞前正负电子组成的系统总动量为 0，若只生成一个光子，则对撞后动量不可能为 0，只有生成两个及两个以上的光子时系统总动量才有可能为 0。因此，"这个过程至少生成两个光子"的观点正确。

4．解：（1）设碰撞前的速度为，根据机械能守恒定律 $m_1 gh = \dfrac{1}{2} m_1 v_{10}^2$

设碰撞后 m_1 与 m_2 的速度分别为 v_1 和 v_2，根据动量守恒定律 $m_1 v_{10} = m_1 v_1 + m_2 v_2$

由于碰撞过程中无机械能损失 $\dfrac{1}{2} m_1 v_{10}^2 = \dfrac{1}{2} m_1 v_1^2 + \dfrac{1}{2} m_2 v_2^2$

解得 $v_2 = \dfrac{2m_1\sqrt{2gh}}{m_1+m_2}$

（2）a．$E_{k1} = \dfrac{1}{2}m_1 v_{10}^2$，$E_{k2} = \dfrac{1}{2}m_1 v_2^2$

根据动能传递系数的定义，对于 1、2 两球 $k_{12} = \dfrac{E_{k2}}{E_{k1}} = \dfrac{4m_1m_2}{(m_1+m_2)^2}$

同理可得，球 m_2 和球 m_3 碰撞后，动能传递系数 k_{13} 应为

$k_{13} = \dfrac{E_{k3}}{E_{k1}} = \dfrac{E_{k2}}{E_{k1}} \cdot \dfrac{E_{k3}}{E_{k2}} = \dfrac{4m_1m_2}{(m_1+m_2)^2} \cdot \dfrac{4m_2m_3}{(m_2+m_3)^2}$

依次类推，动能传递系数 k_{1n} 应为

$k_{1n} = \dfrac{E_{kn}}{E_{k1}} = \dfrac{E_{k2}}{E_{k1}} \cdot \dfrac{E_{k3}}{E_{k2}} \cdots \dfrac{E_{kn}}{E_{k(n-1)}} = \dfrac{4m_1m_2}{(m_1+m_2)^2} \cdot \dfrac{4m_2m_3}{(m_2+m_3)^2} \cdots \dfrac{4m_{n-1}m_n}{(m_{n-1}+m_n)^2}$

解得 $k_{1n} = \dfrac{4^{n-1}m_1 m_2^2 m_3^2 \cdots m_{n-1}^2 m_n}{(m_1+m_2)^2(m_2+m_3)^2 \cdots (m_{n-1}+m_n)^2}$

b．将 $m_1 = 4m_0$，$m_3 = m_0$ 代入式可得 $k_{13} = 64m_0^2\left[\dfrac{m_2}{(4m_0+m_2)(m_2+m_0)}\right]^2$

为使 k_{13} 最大，只需使 $\dfrac{m_2}{(4m_0+m_2)(m_2+m_0)}$ 最大，

即 $m_2 + \dfrac{4m_0^2}{m_2}$ 取最小值，由 $m_2 + \dfrac{4m_0^2}{m_2} = (\sqrt{m_2} - \dfrac{2m_0}{\sqrt{m_2}})^2 + 4m_0$

可知，当 $\sqrt{m_2} = \dfrac{2m_0}{\sqrt{m_2}}$，即 $m_2 = 2m_0$ 时，k_{13} 值最大。

5．**解：**（1）${}_Z^A X \rightarrow {}_{Z-2}^{A-4}Y + {}_2^4He$

（2）设 α 粒子的速度大小为 v，由 $qvB = m\dfrac{v^2}{R}$，$T = \dfrac{2\pi R}{v}$

得：α 粒子在磁场中运动周期 $T = \dfrac{2\pi m}{qB}$

环形电流大小 $I = \dfrac{q}{T} = \dfrac{q^2B}{2\pi m}$

（3）由 $qvB = m\dfrac{v^2}{R}$，得 $v = \dfrac{qBR}{m}$

设衰变后新核 Y 的速度大小为 v'，系统动量守恒

$Mv' - mv = 0$

$v' = \dfrac{mv}{M} = \dfrac{qBR}{M}$

由 $\Delta mc^2 = \dfrac{1}{2}Mv'^2 + \dfrac{1}{2}mv^2$

得 $\Delta m = \dfrac{(M+m)(qBR)^2}{2mMc^2}$

6. 解: (1) 离子恰好被全部吞噬时,离子的运动半径 $R = \dfrac{d}{2}$

由洛伦兹力提供向心力 $qvB = m\dfrac{v^2}{R}$

得 $B = \dfrac{2mv}{qd}$

(2) a. 离子恰好全部落在下极板,则从上极板边缘进入电场中的离子

沿板方向做匀速直线运动有 $L = vt$

离子受到电场力 $F = \dfrac{U}{d}q$

根据牛顿第二定律有 $a = \dfrac{F}{m} = \dfrac{Uq}{dm}$

垂直板方向做匀变速直线运动有 $d = \dfrac{1}{2}at^2 = \dfrac{1}{2}\dfrac{Uq}{dm}\left(\dfrac{L}{v}\right)^2$

得 $L = vd\sqrt{\dfrac{2m}{Uq}}$

落在下极板 $t' = \dfrac{x}{v}$ 位置的离子,在电场中的运动时间 $t' = \dfrac{x}{v}$

进入电场时的纵坐标 $y_1 = \dfrac{1}{2}at'^2 = \dfrac{1}{2}\dfrac{Uq}{dm}\left(\dfrac{x}{v}\right)^2$

同理,落在下极板 $x + \Delta x$ 位置的离子

进入电场时纵坐标 $y_2 = \dfrac{1}{2}\dfrac{Uq}{dm}\left(\dfrac{x + \Delta x}{v}\right)^2$

离子从 $\dfrac{1}{2}\dfrac{Uq}{dm}\left(\dfrac{x}{v}\right)^2 \sim \dfrac{1}{2}\dfrac{Uq}{dm}\left(\dfrac{x + \Delta x}{v}\right)^2$ 区间进入电场

b. 单位时间从 $y_1 \sim y_2$ 范围内进入电场的离子,落在 $x \sim x + \Delta x$ 区间

由离子数量相等有 $n(y_2 - y_1) = n_x \Delta x$

得 $n_x = \dfrac{nqU}{dmv^2}x$

图像如图 3.22 所示,图线下的面积代表单位时间内落在下极板的离子数。

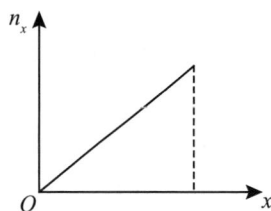

图 3.22

7. 解: (1) a. 以地面为参考平面,则

物体在 A 位置的机械能 $E_A = \dfrac{1}{2}mv_A^2 + mgh_A$

物体在 B 位置的机械能 $E_B = \dfrac{1}{2}mv_B^2 + mgh_B$

b. 物体从 A 位置运动到 B 位置,重力做功 $W_G = mgh_A - mgh_B$

根据动能定理,合外力做功 $W_合 = \dfrac{1}{2}mv_B^2 - \dfrac{1}{2}mv_A^2$

从 A 位置运动到 B 位置，由于曲面光滑，仅有重力做功，即 $W_合 = W_G$

因此 $mgh_A - mgh_B = \frac{1}{2}mv_B^2 - \frac{1}{2}mv_A^2$

可得 $\frac{1}{2}mv_A^2 + mgh_A = \frac{1}{2}mv_B^2 + mgh_B$

即物体在 A 位置的机械能与在 B 位置的机械能相等。

(2) c．横截面 C 左侧液体对研究对象所做的功 $W_1 = Fs = p_1\pi R^2 d$

d．C、D 间液体流动至 C'、D' 间，可等效为 C'、D 间液体位置不变，C、C' 间液体流动至 D、D' 间。C、C' 间液体质量 $\Delta m = \rho\pi R^2 d$。重力对研究对象所做的功

$$W_G = \Delta mg \cdot \Delta h = \rho\pi R^2 dg(h_1 - h_2)$$

e．在相同的时间内，流过 C 处截面水的体积与流过 D 处截面水的体积 ΔV 相同。

由 C、C' 间液体体积 $\Delta V = \pi R^2 d$

可知 $W_1 = p_1\Delta V$

设 D 处管道面积为 S_2，D、D' 间距离为 x

则 D、D' 间液体体积 $S_2 x = \pi R^2 d$

横截面 D 右侧液体对研究对象所做的功 $W_2 = -p_2 S_2 x = -p_2\pi R^2 d = -p_2\Delta V$

由动能定理，合外力做功 $\sum W = \frac{1}{2}\Delta mu_2^2 - \frac{1}{2}\Delta mu_1^2$

即 $\rho\Delta Vg(h_1 - h_2) + p_1\Delta V - p_2\Delta V = \frac{1}{2}\rho\Delta Vu_2^2 - \frac{1}{2}\rho\Delta Vu_1^2$

整理得 $\rho gh_1 - \rho gh_2 + p_1 - p_2 = \frac{1}{2}\rho u_2^2 - \frac{1}{2}\rho u_1^2$

所以压强 p、流速 u、高度 h 是满足守恒的关系

$$p_1 + \rho gh_1 + \frac{1}{2}\rho u_1^2 = p_2 + \rho gh_2 + \frac{1}{2}\rho u_2^2$$

即 $p + \rho gh + \frac{1}{2}\rho v^2$ 为守恒量。

8．**解：**(1) 电动势定义式 $E = \frac{W_非}{q}$，得 $W_非 = Eq = EIt$

根据能量守恒，在图 3.14 甲所示电路中，非静电力做功 W 产生的电能等于在外电路电流做的功和内电路产生的电热，$W_非 = UIt + I^2 rt$

所以 $EIt = UIt + I^2 rt$

$E = U + Ir$

即 $U = E - Ir$

(2) a．匀速运动时，任取一段时间，由能量转化关系得：$EIt = \Delta E_机 + I^2(R+r)t$

$\Delta E_机 = F_安 vt$

因为 $F_安 = BIL$，所以 $EIt = BILvt + I^2(R+r)t$

答案解析 | **015**

即 $I = \dfrac{E - BLv}{R + r}$

因为 $E_{反} = BLv$，所以 $I = \dfrac{E - E_{反}}{R + r}$

b．对 ab 棒：$W_{安} - W_{拉} = \dfrac{1}{2}m_0 v^2$

对重物：$W_{拉} - mgh = \dfrac{1}{2}mv^2$

解得 $W_{安} = \dfrac{1}{2}m_0 v^2 + \dfrac{1}{2}mv^2 + mgh$

9．解：（1）薄板旋转方向为逆时针，则线框相对于薄板的运动方向为顺时针，根据右手定则可知，d 电势低于 c 点电势，故 M 板带负电；

（2）薄板旋转，线圈相对薄板的线速度分别为 $v_0 = \omega_0 r$，$v_1 = \omega_1 r$

停止充电时，两极板的电压为 $U_1 = nBLv_1$

在充电过程中，对薄板分析，根据动量定理得 $-ft - nB\bar{I}Lt = mv_1 - mv_0$

充电的电荷量大小满足 $Q_1 = \bar{I}t$，$Q_1 = CU_1$

联立解得 $\omega_1 = \dfrac{m\omega_0 r - ft}{(m + n^2 B^2 L^2 C)r}$

（3）整个过程中，薄板损失的机械能为 $\Delta E_{损} = \dfrac{1}{2}mv_0^2$

充电过程中的 $Q\text{--}U$ 图像如图 3.23 所示，利用微元法，结合充电过程中克服电场力做功的公式 $W = qU$，电容的公式 $C = \dfrac{Q}{U}$，可得到阴影面积为电容器充电过程中获得的能量，

即 $\Delta E_{回} = \dfrac{1}{2}U_1 Q_1$

薄板运动的整个过程中该系统的能量回收率 $\eta = \dfrac{\Delta E_{回}}{\Delta E_{损}}$

联立解得 $\eta = \dfrac{n^2 B^2 L^2 C(m\omega_0 r - ft)^2}{m\omega_0^2 r^2 (m + n^2 B^2 L^2 C)^2}$

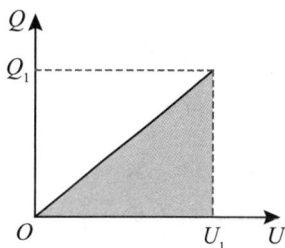

图 3.23

10．解：（1）a．小球的机械能 $E = \dfrac{1}{2}mv_0^2 - mgR$

b．以水平面为零势能参考平面根据机械能守恒定律 $\dfrac{1}{2}mv_0^2 = mgh$

解得 $h = \dfrac{v_0^2}{2g}$

小球在碗中的 M 与 N 之间来回运动，M 与 N 等高，如图 3.24 所示。

（2）a．当 b 分子速度为零时，此时两分子间势能最大根据能量守恒，有 $E_{pm} = E_{k0} - E_{p0}$ 由 $E_p\text{--}x$ 图线可知，当两分子间势

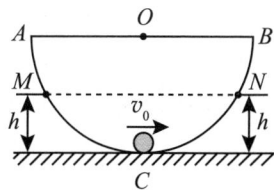

图 3.24

能为 E_{pm} 时，b 分子对应 x_1 和 x_2 两个位置坐标，b 分子的活动范围 $\Delta x = x_2 - x_1$，如图 3.25 所示。

b．当物体温度升高时，分子在 $x = r_0$ 处的平均动能增大，分子的活动范围 Δx 将增大。由 $E_p - x$ 图线可以看出，曲线两边不对称，$x < r_0$ 时曲线较陡，$x > r_0$ 时曲线较缓，导致分子的活动范围 Δx 主要向 $x > r_0$ 方向偏移，即分子运动过程中的中间位置向右偏移，从宏观看物体的体积膨胀。（或：当温度升高时，Δx 增大，$x > r_0$ 方向增大的多；或两分子间的平均距离 $(x_1 + x_2)/2$ 增大等）

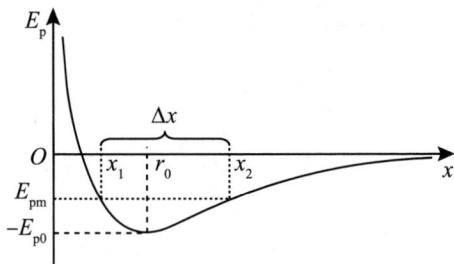

图 3.25

11．**解：**（1）由电流定义 $I = \dfrac{q}{t}$

t 时间内的电荷量 $q = ne$

解得 $n = \dfrac{It}{e}$

（2）设 K 极金属的逸出功为 W，在普通光源照射下发生光电效应光电子的最大初动能为 E_k

根据光电效应方程 $E_k = h\nu_0 - W$

根据动能定理 $-Ue = 0 - E_k$

在超强激光照射下，恰好能发生光电效应时有 $nh\nu = W$

解得 $\nu = \dfrac{h\nu_0 - Ue}{nh}$

（3）a．M 从 A 到 B 的过程，由机械能守恒定律得 $E_{k0} = mgH$

M 与 N 发生弹性碰撞，没有机械能损失，由于 M 与 N 质量相等，碰撞后交换速度。所以碰后瞬间 N 的动能为 $E_{k0} = mgH$

N 从 B 到 C 的过程，由机械能守恒定律得 $E_{k0} = mgH_0 + E_k$

可得 $E_k = mgH - mgH_0$

对整个过程，根据动能定理得 $mg(H - H_0) - \mu mgx = 0$

得 $x = \dfrac{H}{\mu} - \dfrac{H_0}{\mu}$

作出 $x - H$ 图像如图 3.26 所示，横截距表示 H_0。

b．M、N 碰撞过程与光电效应相类似，光电效应过程光子与原子中的电子碰撞，电子吸收光子的能量，电子成为光电子。由此可知，M 相当于光子，N 相当于光电子，光电效应中的逸出功对应于该过程的 mgH_0。

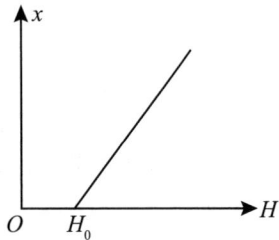

图 3.26

第四章　对称

1．**C**

解析：如图 4.29 所示。

A．由平衡关系可知 $F\sin\alpha = F\sin\beta$ 可知 $\alpha = \beta$

$AO\sin\alpha + BO\sin\beta = L$

根据几何关系可知 $AO + BO = 2L$

可得 $\alpha = \beta = 30°$

既 AO 与竖直方向的夹角始终是 $30°$，所以仅缓慢下移结点 B，重物的运动轨迹是直线。故 A 错误。

B．由几何关系可知 $MN = AO\sin\alpha + BO\sin\beta = 2L\sin\alpha$

则 $\sin\alpha = \dfrac{MN}{2L}$

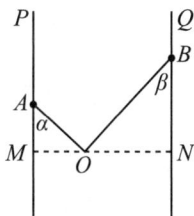
图 4.29

仅缓慢向右移动 Q 杆，MN 变大，则 α 变大，重物的运动轨迹是曲线，故 B 错误；

C．仅缓慢把结点 B 下移距离 y，如图 4.30，由几何关系可知 $h = \dfrac{y}{2}$

重力对重物做功为 $W = mgh = \dfrac{mgy}{2}$

故 C 正确；

D．由 $F\cos\alpha + F\cos\beta = mg$

可得 $F = \dfrac{mg}{2\cos\alpha}$

仅缓慢向右移动 Q 杆过程中，α 变大，则张力变大，故 D 错误。

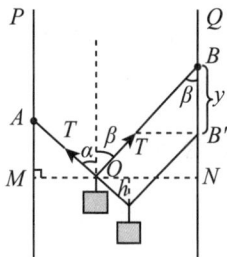
图 4.30

故选 C。

2．**B**

解析：上升的过程中由于竖直速度越来越小，水平向西的力越来越小，加速度越来越小，因此小球水平向西做加速度逐渐减小的加速运动；下降时，力的方向水平向东，加速度方向与水平速度方向相反。下降的过程中由于竖直速度越来越大，因此小球水平向西做加速度逐渐增大的减速运动，在落回到抛出点时，水平方向有向西的位移，因此落地点在抛出点西侧。考虑到对称性，抛出点至最高点的水平位移应与落地点与最高点的水平位移大小相等。故选 B。

3．**C**

解析：A．C 处的点电荷在 E、F 两点的电场强度等大反向，但 A、B 处的点电荷在 E、F 两点的电场强度却不相等。故 A 错误。

B．由对称性可知，G、H 两点的电场强度大小相同，方向不同。故 B 错误。

C．由于 D 点为正三角形的中心，即到三个点电荷的距离相等，故任意两电荷在 D 点产生的电场强度与第三个点电荷在 D 点产生的电场强度大小相等方向相反，故 D 点的电场强度为 0。故 C 正确。

D．在 A、B 处的两点电荷产生的电场中，E、F 连线上电场方向从 E 指向 F，在 C 处点电荷单独产生的电场中，电场方向由 C 分别指向 E 和 F。故 E、F 两点连线不为等势线。故 D 错误。

故选 C。

4．C

解析：A．由于 A 点的场强为 0，正电荷在 A 点产生的电场强度方向水平向左，则薄板在 A 点产生的电场强度方向水平向右，则薄板带负电，由于零电势点的选取是任意的，则电子在 A 点所具有的电势能不一定为 0。故 A 错误。

B．由薄板产生的场强对称性和电场的叠加原理可知，OA 段的平均场强小于 OB 段的平均场强，由 $U=\bar{E}d$ 可知，B、O 两点间的电势差大于 A、O 两点间的电势差。故 B 错误。

C．如果没有电荷量为 $+q$ 的点电荷存在，则由对称性，A、B 两点电势相等，当有电荷量为 $+q$ 的点电荷存在时，由于 B 点离电荷量为 $+q$ 的点电荷更近，由电势叠加原理可知，B 点的电势更高，根据负电荷在电势高处电势能小，则电子在 B 点所具有的电势能小于在 A 点所具有的电势能。故 C 正确；

D．由于 A 点的场强为 0，则有 $E_{\text{板}}=k\dfrac{q}{(3d)^2}=\dfrac{kq}{9d^2}$ 根据对称性可知，带电薄板产生的电场在图中 B 点的电场强度为 $\dfrac{kq}{9d^2}$。故 D 错误。

故选 C。

5．**AD**

解析：AB．由于洛伦兹力不做功，粒子的动能保持不变，因此由中央向两端运动的过程中，平行于 OO' 方向的速度逐渐减小，因此垂直于轴向 OO' 方向的速度（被称为纵向速度）会越来越大。故 A 正确，B 错误。

CD．由于磁场沿南北方向，粒子在南北方向运动时，不受洛伦兹力，只不过不同纬度上空磁感强度不同，由于"磁镜"原理，粒子在南北方向来回反射时，在磁感强度大的地方，沿磁场速度减小；在磁感强度小的地方，沿磁场速度大。故 C 错误，D 正确。

故选 AD。

6．D

解析：A．$\varphi-x$ 图像的斜率表示电场强度，沿电场方向电势降低，因而在 $x=0$ 的左侧，电场向左，且为匀强电场。故 A 错误。

B. 由于粒子带负电，粒子在 $x=0$ 的左侧加速度为正值，在 $x=0$ 右侧加速度为负值，且大小不变。故 B 错误。

C. 在 $x=0$ 左侧粒子向右匀加速，在 $x=0$ 的右侧向右做匀减速运动，速度与位移不成正比。故 C 错误。

D. 粒子在 $x=0$ 左侧，根据动能定理 $qEx=E_k$，在 $x=0$ 的右侧，根据动能定理可得 $-qEx=E_k'-E_k$。故 D 正确。

故选 D。

7. **解：**（1）由题意知，电场方向竖直向下，沿电场方向电势降低，故地表附近从高处到低处电势降低。

（2）由点电荷场强公式 $E=k\dfrac{Q}{R^2}$

整理可得 $Q=\dfrac{ER^2}{k}$

（3）从地表开始向上取一小段高度为 Δh 的空气层（Δh 远小于地球半径 R），如图 4.31 所示。则从空气层上表面到下表面之间的电势差为 $U=E\cdot\Delta h$

这段空气层的电阻为 $r=\rho_0\dfrac{\Delta h}{S}$

且 $I=\dfrac{U}{r}$

联立解得 $\rho_0=\dfrac{ES}{I}$

代入题中数据解得 $\rho_0=2.8\times10^{13}\ \Omega\cdot m$

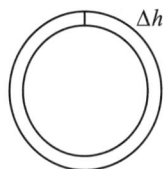

图 4.31

（4）为了研究地球表面附近 A 点的磁场情况，可以考虑关于过 A 点的地球半径对称的两处电流 I_1 和 I_2，如图 4.32 所示。

根据右手螺旋定则可以判断，这两处电流在 A 点产生的磁场的磁感应强度刚好方向相反，大小相等，所以 I_1 和 I_2 产生的磁场在 A 点的合磁感应强度为零。同理，地球上各处的地空电流在 A 点的合磁感应强度都为零，即地空电流不会在 A 点产生磁场。同理，地空电流不会在地球附近任何地方产生磁场。

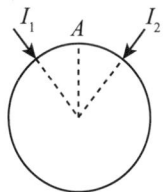

图 4.32

8. **解：**

（1）根据题意，设星 A 和星 B 做圆周运动的半径分别为 r_A 和 r_B，则有 $r_A+r_B=L$ 由万有引力提供向心力有 $\dfrac{GM_1M_2}{L^2}=M_1\dfrac{4\pi^2}{T^2}r_A=M_2\dfrac{4\pi^2}{T^2}r_B$

联立解得 $L=\sqrt[3]{\dfrac{GT^2(M_1+M_2)}{4\pi^2}}$

（2）根据题意，如图 4.33 所示，由几何关系可知，对角线上两颗星的距离为 $r_1=\sqrt{2}a$

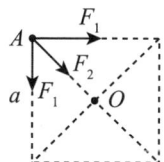

图 4.33

由万有引力公式 $F = \dfrac{GMm}{r^2}$

可得 $F_1 = \dfrac{Gmm}{a^2}$

$F_2 = \dfrac{Gmm}{\left(\sqrt{2}a\right)^2}$

则每颗星所受合力为 $F_{合1} = \sqrt{2F_1^2} + F_2 = \dfrac{\left(2\sqrt{2}+1\right)Gm^2}{2a^2}$

由合力提供向心力有 $F_{合1} = m\dfrac{4\pi^2}{T_1^2} \cdot \dfrac{\sqrt{2}}{2}a$

解得 $T_1 = 2\pi a\sqrt{\dfrac{2a}{\left(4+\sqrt{2}\right)Gm}}$

根据题意，如图 4.34 所示，由几何关系可知，两个三角形顶点上的星间的距离为 $r_2 = \sqrt{3}a$

由万有引力公式 $F = \dfrac{GMm}{r^2}$

可得 $F_3 = \dfrac{Gmm}{\left(\sqrt{3}a\right)^2} = \dfrac{Gm^2}{3a^2}$

$F_4 = \dfrac{Gm^2}{a^2}$

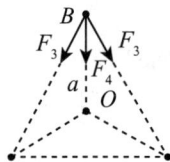

图 4.34

则三角形顶点上的星所受合力为 $F_{合2} = 2F_3\cos30° + F_4 = \dfrac{\left(\sqrt{3}+3\right)Gm^2}{3a^2}$

由合力提供向心力有 $F_{合2} = m\dfrac{4\pi^2}{T_2^2}a$

解得 $T_2 = 2\pi a\sqrt{\dfrac{3a}{\left(\sqrt{3}+3\right)Gm}}$

9. **解：** 粒子在两电极间加速，由动能定理得 $qU = \dfrac{1}{2}mv^2 - 0$

粒子在磁场中做匀速圆周运动，洛伦兹力提供向心力，由牛顿第二定律得 $qvB = m\dfrac{v^2}{R}$。粒子从 S 点出发，经过一段时间后再回到 S 点，粒子的运动轨迹如图 4.35 所示，由几何知识可知，粒子从 a 到 d 必经过 $\dfrac{3}{4}$ 圆周，粒子轨道半径 $R = r_0$

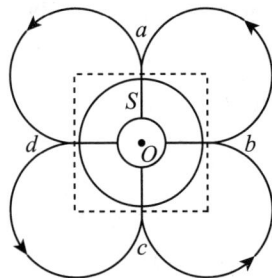

图 4.35

解得 $U = \dfrac{qr_0^2B^2}{2m}$

（2）粒子在磁场中运动的周期 $T = \dfrac{2\pi m}{qB}$

该粒子从出发到返回出发点 S 所用的时间 $t = 4 \times \dfrac{3T}{4} = \dfrac{6\pi m}{qB}$

10. 解：（1）作出临界轨道，如图 4.36 所示。

由几何关系得 $r = d$

由 $qv_1 B = m_e \dfrac{v_1^2}{r}$

得 $d = \dfrac{m_e v_1}{qB}$

（2）对电子，代入数据可得 $d' = \dfrac{m_e v_1}{qB} = \dfrac{9.1 \times 10^{-31} \times 0.1 \times 3 \times 10^8}{1.6 \times 10^{-19} \times 0.0034}$ m $= 0.05$ m

对 α 粒子，代入数据可得 $r_\alpha = \dfrac{m_\alpha v_1}{q_\alpha B} = \dfrac{6.7 \times 10^{-27} \times 0.001 \times 3 \times 10^8}{2 \times 1.6 \times 10^{-19} \times 0.0034} = 1.84$ m $> d$

作出轨道如图 4.37 所示。

竖直方向上的距离 $y = r_\alpha - \sqrt{r_a^2 - d^2} = 0.7$ mm

区域 I 的磁场不能将 α 射线和 γ 射线分离，可用薄纸片挡住 α 射线，用厚铅板挡住 γ 射线。α 和 γ 射线离开区域 I 时的距离为 0.7 mm；可用薄纸片挡住 α 射线，用厚铅板挡住 γ 射线。

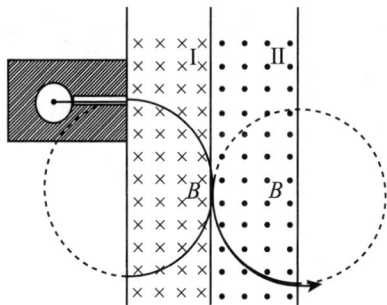

图 4.36

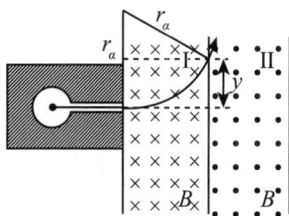

图 4.37

（3）画出速率分别为 v_1 和 v_2 的粒子离开区域 II 的轨迹如图 4.38 所示。

速率在 $v_1 < v < v_2$ 区域间射出的 v_1 粒子束宽为 $(2y_1 - 2y_2)$，根据几何关系有

$y_1 = d$，$y_2 = r_2 - \sqrt{r_2^2 - d^2}$

又 $d = \dfrac{m_e v_1}{qB}$，$r_2 = \dfrac{m_e v_2}{qB}$

联立可得 $y_1 = \dfrac{2m_e v_1}{qB}$，$y_2 = \dfrac{m_e}{qB}\left(v_2 - \sqrt{v_2^2 - v_1^2}\right)$

速率在 $v_1 < v < v_2$ 区域间射出的 β 粒子的范围 $2(y_2 - y_1)$ 之间，方向向右侧。

（4）由对称性可设计如图 4.39 所示的磁场区域，最后形成聚集且水平向右射出。

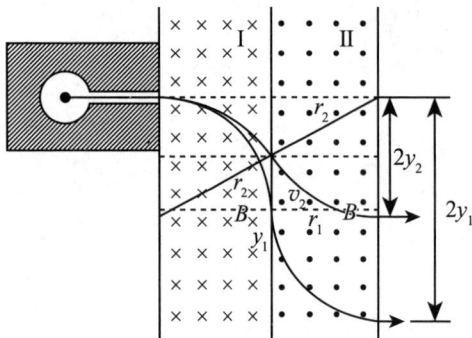

图 4.38

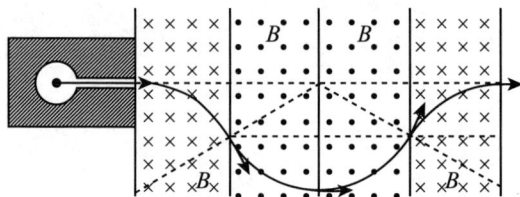

图 4.39

第五章　微元与累计

1. **解：**（1）逆时针；

（2）把环分成无数等长的微小电流元，每一小段导线长为 Δl，则每一小段导线所受安培力为：$f = B_1 I_1 \Delta l$

由对称性可知，所有小段导线所受的安培力水平分力抵消，所以竖直方向分力的合力即为整段导线所受安培力，设有 N 段导线则 $F = Nf\cos\theta_1 = B_1 I_1 L \cos\theta_1$

（3）a. 在 h_2 处可以理解为永磁铁处于平衡状态，则 $mg = B_2 I_2 L \cos\theta_2$，

$I_2 = \dfrac{mg}{B_2 L \cos\theta_2}$

b. 磁铁下降前后环中电流为 $I_1 = \dfrac{mg}{B_1 L \cos\theta_1}$ ， $I_2 = \dfrac{mg}{B_2 L \cos\theta_2}$

根据能量守恒 $mg(h_1 - h_2) = \dfrac{\left(I_1^2 + I_2^2\right)}{2} R t_0$

根据电阻定律 $R = \rho \dfrac{L}{S}$

联立可得 $\rho = \dfrac{2LS(h_1 - h_2) B_1^2 B_2^2 \cos^2\theta_1 \cos^2\theta_2}{mg t_0 \left(B_1^2 \cos^2\theta_1 + B_2^2 \cos^2\theta_2\right)}$

2. **解：**（1）全过程动能定理 $W_阻 = \dfrac{1}{2} m\left(v_2^2 - v_1^2\right)$

很短时间 Δt 内，取向上为正方向，$\Delta I_阻 = -kv \cdot \Delta t$，则全过程有 $\sum \Delta I_阻 = \sum -kv \cdot \Delta t$ 又由于全过程位移为 0，所以 $I_阻 = -k\sum v \cdot \Delta t = -kx = 0$

（2）方法一：取向下为正方向，全过程动量定理 $mgt + I_阻 = m\left(v_2 + v_1\right)$，所以 $t = \dfrac{v_1 + v_2}{g}$

方法二：取向上为正方向，在任意时刻该物体的动力学方程 $-(mg + kv) = ma$ ①

①两边同时乘以很短的时间 Δt，并求和 $\sum -(mg + kv)\Delta t = \sum ma\Delta t$ ②

上升过程 $-mg\sum\Delta t-k\sum v\Delta t=m\sum a\Delta t$

即：$-mgt_1-kx=m(0-v_1)$ ③

同理下降过程 $-mgt_2+kx=m(-v_2-0)$ ④

②④两式相加得 $t=\dfrac{v_1+v_2}{g}$

或全过程，由②式可得 $-mgt=m(-v_2-v_1)$

3. **解：** 在任意时刻该小球在水平方向的动力学方程 $qv_yB=ma_x$

方程两边同时乘以很短的时间 Δt，并求和 $\sum qv_yB\Delta t=\sum ma_x\Delta t$

即：$qB\sum v_y\Delta t=m\sum a_x\Delta t$

即：$qBd=mv_m$

又根据能量守恒可得 $qEd=\dfrac{1}{2}mv_m^2$

两式联立可得 $v_m=\dfrac{2E}{B}$，$d=\dfrac{2mE}{qB^2}$

或用配速法求解。

4. **解：**（1）a. 金属棒在磁场中的速度为 v 时，电路中的感应电动势 $E=BLv$

电路中的电流 $I=\dfrac{E}{R+r}$

金属棒所受的安培力 $F_安=ILB$

得 $F_安=\dfrac{B^2L^2v}{R+r}$

b. 金属棒从速度为 v_0 至停下来的过程中，

电路方程：$BLv=i(R+r)$ ①

力学方程：$-iLB=ma$ ②

根据两式，可知导体棒做加速度减小的减速运动，最终速度变为零。

对②式，两边同时乘以很短时间，并求和，$\sum -iLB\Delta t=\sum ma\Delta t$ ③

①③联立可得 $\sum -\dfrac{B^2L^2v}{R+r}\Delta t=\sum ma\Delta t$ ④

即 $-\dfrac{B^2L^2}{R+r}x=m(0-v_0)$

得 $x=\dfrac{mv_0(R+r)}{B^2L^2}$

（2）把圆环分成很多等份，每一份都可视为点电荷，设每一份的电荷量为 ΔQ，研究其中任意一份它与 D 点的距离为 $l=\sqrt{\left(\dfrac{4}{3}R\right)^2+R^2}=\dfrac{5}{3}R$

它在 D 产生的电势 $\varphi_1 = k\dfrac{\Delta Q}{l} = \dfrac{3k\Delta Q}{5R}$

由对称性和叠加原理可知，圆环在 D 点的电势 $\varphi_D = \sum\varphi_1 = \sum\dfrac{3k\Delta Q}{5R} = \dfrac{3kQ}{5R}$

同理可求得，圆环在 O 点的电势 $\varphi_O = \dfrac{kQ}{R}$

所以 D、O 两点间的电势差 $U_{DO} = \varphi_D - \varphi_O = -\dfrac{2kQ}{5R}$

小球从 D 到 O 的过程中，根据动能定理有 $mg\dfrac{4}{3}R + qU_{DO} = \dfrac{1}{2}mv^2 - 0$

解得 $q = \dfrac{5mR}{12kQ}\left(8gR - 3v^2\right)$

5. 解：（1）金属棒从 M 点被抛出至落回 M 点的整个过程中，由能量守恒

回路中消耗的电能 $Q = \dfrac{1}{2}mv_0^2 - \dfrac{1}{2}m\left(\dfrac{v_0}{2}\right)^2 = \dfrac{3}{8}mv_0^2$

电阻 R 消耗的电能 $Q_R = \dfrac{R}{R+r}Q = \dfrac{3mRv_0^2}{8(R+r)}$

（2）向上为正方向，电路方程：$BLv = i(R+r)$ ①

力学方程：$-mg - iLB = ma$ ②

①②两式联立得 $-mg - \dfrac{B^2L^2v}{R+r} = ma$ ③

金属棒从 M 点被抛出至落回 M 点的整个过程中，对③式，两边同时乘以很短时间，

并求和，$-\sum mg\Delta t - \sum\dfrac{B^2L^2v}{R+r}\Delta t = \sum ma\Delta t$

即 $-mgt - \dfrac{B^2L^2}{R+r}x = m\left[\left(-\dfrac{v_0}{2}\right) - v_0\right]$

又因为 $x=0$，所以 $t = \dfrac{3v_0}{2g}$

6. 解：（1）设金属棒下滑的速度大小为 v，则感应电动势为 $E = BLv$

平行板电容器两极板之间的电势差为 $U = E$

设此时电容器极板上积累的电荷量为 Q，按定义有 $C = \dfrac{Q}{U}$，联立可得 $Q = CBLv$

（2）电路方程：$BLv = \dfrac{Q}{C}$ ①

  力学方程：$mg\sin\theta - \mu mg\cos\theta - iLB = ma$ ②

由①式得：$BL\dfrac{\Delta v}{\Delta t} = \dfrac{1}{C}\dfrac{\Delta Q}{\Delta t}$，即 $BLa = \dfrac{1}{C}i$ ③

②③式联立得：$a = \dfrac{mg(\sin\theta - \mu\cos\theta)}{m + B^2L^2C}$ ④

又 $v = at$ ⑤

结合④⑤得 $v = \dfrac{mg\left(\sin\theta - \mu\cos\theta\right)t}{m + B^2L^2C}$

7. 解：（1）设金属框的初速度为 v_0，则金属框的末速度 $v_1 = \dfrac{v_0}{2}$，向右为正方向。

金属框在磁场中运动时，有 $E = BLv$，$I = \dfrac{E}{4R_0}$，$F = BIL$

联立解得 $F = \dfrac{B^2L^2v}{4R_0}$

金属框在磁场运动过程满足 $-F \cdot t = mv_1 - mv_0$，即 $-\dfrac{B^2L^2x}{4R_0} = -m\dfrac{v_0}{2}$

将 $x = 2L$ 代入，解得 $v_0 = \dfrac{B^2L^3}{mR_0}$

（2）设金属框全部离开磁场时速度为 v_2，由于导轨电阻可忽略，金属框上下边框被短路，故电路中的总电阻 $R_总 = R_0 + \dfrac{2R_0 \cdot R_0}{2R_0 + R_0} = \dfrac{5R_0}{3}$

再根据动量定理有 $-\dfrac{B^2L^3}{R_总} = mv_1 - mv_0$，解得 $v_1 = \dfrac{2B^2L^3}{5mR_0}$

则在此过程中根据能量守恒有 $\dfrac{1}{2}mv_0^2 = Q_1 + \dfrac{1}{2}mv_1^2$，解得 $Q_1 = \dfrac{21B^4L^6}{50mR_0^2}$

其中 $Q_{R_1} = \dfrac{2}{15}Q_1 = \dfrac{7B^4L^6}{125mR_0^2}$

此后线框完全进入磁场中，则线框左右两边均作为电源，且等效电路图如图 5.42，则此时回路的总电阻 $R'_总 = 2R_0 + \dfrac{R_0}{2} = \dfrac{5R_0}{2}$

设线框刚离开磁场时的速度为 v_2，再根据动量定理有 $-\dfrac{B^2L^3}{R'_总} = mv_2 - mv_1$

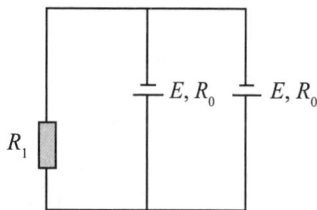

图 5.42

解得 $v_2 = 0$，则说明线框刚离开磁场时就停止运动了，

则再根据能量守恒有 $\dfrac{1}{2}mv_1^2 = Q_2$，其中 $Q'_{R_1} = \dfrac{4}{5}Q_2 = \dfrac{8B^4L^6}{125mR_0^2}$

则在金属框整个运动过程中，电阻 R_1 产生的热量 $Q_{R1\,总} = Q_{R1} + Q'_{R1} = \dfrac{3B^4L^6}{25mR_0^2}$

8. 解：（1）Q 与 P 发生弹性碰撞，则有 $3mv_0 = 3mv_Q + mv_P$

$\dfrac{1}{2} \cdot 3mv_0^2 = \dfrac{1}{2} \cdot 3mv_Q^2 + \dfrac{1}{2}mv_P^2$

得 $v_Q = \dfrac{1}{2}v_0$，$v_P = \dfrac{3}{2}v_0$

之后，金属棒 P 做减速运动至导轨最右端，而后做平抛运动；绝缘棒 Q 匀速全导轨

最右端后做平抛运动。由于 P 和 Q 先后落在地面上同一地点，所以棒 P 滑出导轨时的速度与棒 Q 滑出导轨时的速度大小相同，有 $v_{P1} = v_Q = \dfrac{1}{2}v_0$

（2）由能量守恒，可知 P 棒的速度从 v_P 到 v_{P1} 的过程中产生的热量

$$Q = \frac{1}{2}mv_P^2 - \frac{1}{2}mv_{P1}^2$$

代入数据得 $Q = mv_0^2$

（3）对金属棒 P 由动量定理得 $\sum -F_{安} \cdot \Delta t = mv_{P1} - mv_P$

其中 $F_{安} = BIl \quad I = \dfrac{E}{R} \quad E = Blv$

联立得 $\sum -\dfrac{B^2l^2v}{R} \cdot \Delta t = mv_{P1} - mv_P$

$$-\frac{B^2l^2}{R}x = mv_{P1} - mv_P$$

得 $x = \dfrac{mv_0 R}{B^2l^2}$

与 P 碰撞后，绝缘棒 Q 在导轨上匀速运动的时间为 $t = \dfrac{x}{v_Q}$

代入数据得 $t = \dfrac{2mR}{B^2l^2}$

9. 解：（1）棒 a 在运动过程中，当重力沿斜面的分力和棒 a 所受的安培力大小相等时做匀速运动，由法拉第电磁感应定律可得 $E = BLv_0$

由闭合电路欧姆定律及安培力公式可得 $I = \dfrac{E}{2R}$，$F = BIL$

当棒 a 做匀速运动时有 $mg\sin\theta = BIL$

联立解得 $v_0 = \dfrac{2mgR\sin\theta}{B^2L^2}$

（2）由右手定则可知棒 b 中电流向里，所受安培力沿斜面向下，则对棒 b 根据牛顿第二定律可得 $mg\sin\theta + BIL = ma_0$

解得 $a_0 = 2g\sin\theta$

释放棒 b 后棒 a 受到沿斜面向上的安培力，在达到相同速度过程，对棒 a 根据动量定理有 $mg\sin\theta \cdot t_0 - \bar{I}LBt_0 = mv - mv_0$

棒 b 受到沿斜面向下的安培力，对棒 b 根据动量定理有 $mg\sin\theta \cdot t_0 + \bar{I}LBt_0 = mv$

联立解得 $v = g\sin\theta \cdot t_0 + \dfrac{mgR\sin\theta}{B^2L^2}$，$\bar{I} = \dfrac{mv_0}{2BLt_0}$

由闭合电路欧姆定律可得 $\bar{I} = \dfrac{\bar{E}}{2R} = \dfrac{BL}{2R} \cdot \dfrac{\Delta x}{t_0}$

联立解得 $\Delta x = \dfrac{mv_0 R}{B^2L^2}$

10.解:(1)设导体棒 b 刚要滑动时回路中电流为 I,对导体棒 b,有 $BIL=\mu mg$ ①

对整个回路,有 $BLv_m=2IR$

解得 $v_m=\dfrac{2\mu mgR}{B^2L^2}$ ②

(2)图像如图 5.43 所示。

(3)导体棒 b 刚要滑动时,对导体棒 a $F=\mu mg+BIL$ ③

整个过程中对系统,由功能关系 $Fx=\mu mgx+\dfrac{1}{2}mv_m^2+Q$

解得 $Q=\mu mgx-\dfrac{2\mu^2m^3g^2R^2}{B^4L^4}$

(4)导体棒 b 做初速度为 v_0、加速度减小的减速运动,当加速度减至 0 时,导体棒 b 做匀速运动。

由①③可知 $F=2\mu mg$

导体棒 b 获得瞬时速度后,a、b 组成的系统动量守恒,设最终导体棒 a 的速度为 v_a。对 a、b 组成的系统,由动量守恒 $mv_0+mv_m=mv_a+mv_b$ ④

当导体棒加速度减为 0 时,$I=\dfrac{BL(v_a-v_b)}{2R}$ ⑤

由②④⑤解得 $v_b=\dfrac{v_0}{2}$

11.解:(1)对 a 棒在区域 I 导轨上静止释放后 $m_ag\sin30°\cdot t-\sum Bli\cdot\Delta t=m_av$

即 $m_ag\sin30°\cdot t-qlB=m_av$,且 $q=CU=CBlv$

联立解得 $v=\dfrac{m_ag}{2(B^2l^2C+m_a)}t$

则可知 a 棒做匀加速直线运动,且 $a=\dfrac{m_ag}{2(B^2l^2C+m_a)}=1\text{ m/s}^2$

则 a 棒沿区域倾斜导轨下滑的距离为 $x=\dfrac{v_0^2}{2a}=2\text{ m}$

(2)a 棒 I 进入 II 区域后,电路中电流 $I=\dfrac{E_a-E_b}{R}=\dfrac{Blv_a-B\dfrac{l}{2}v_b}{R}$

对 a:$\sum -Bli\cdot\Delta t=m_av_a-m_av_0$ 即 $-qlB=m_av_a-m_av_0$

对 b:$\sum B\dfrac{l}{2}i\cdot\Delta t=m_bv_b$ 即 $q\dfrac{l}{2}B=m_bv_b$

稳定时,有 $Blv_a=B\dfrac{l}{2}v_b$

解得 $v_b=2v_a$

联立解得 $v_a=0.4\text{ m/s}$,$v_b=0.8\text{ m/s}$

所以有 $q=0.4\text{ C}$

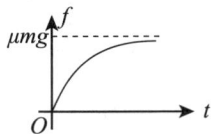

（3）若仅将Ⅲ区域磁场强度变成原来的 2 倍，由题可知稳定后，ab 棒感应电动势相互抵消，即有 $Blv_a = B'\dfrac{l}{2}v_b$，又 $B' = 2B$ 则最后 ab 棒速度相等；

对 ab 系统，系统合外力为零，系统动量守恒 $m_a v_0 = (m_a + m_b)v_{共}$，得 $v_{共} = 1$ m/s

又 $Q = \dfrac{1}{2}m_a v_0^2 - \dfrac{1}{2}(m_a + m_b)v_{共}^2$

得 $Q = 1$ J

12. 解：（1）依题意，磁铁下落的速度越大，铜管中的感应电动势越大，则阻碍作用越强，因此加速度会减小，当加速度减小到零时，磁铁做匀速直线运动，v-t 图像如图 5.44 所示。

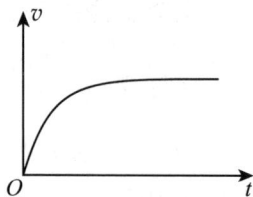

图 5.44

（2）铜管中的感应电动势大小与强磁铁下落的速度成正比且强磁铁周围铜管的有效电阻是恒定的，则电流与速度成正比，强磁铁受到的安培力与速度成正比，即 $F = kv$

对铜管 $Mg - kv = Ma$

方程两边同时乘以很短时间 Δt 并求和得 $\sum (Mg - kv) \cdot \Delta t = \sum Ma \cdot \Delta t$

即 $Mgt - kh = Mv_1$

强磁铁达到最大速度时，有 $Mg = kv_1$

联立解得 $h = \dfrac{(gt - v_1)v_1}{g}$

（3）强磁铁的上面粘一个质量为 m 的绝缘橡胶块，仍有强磁铁下落速度最大时，受力平衡，即 $Mg + mg = kv_2$，联立解得 $v_2 = \dfrac{M + m}{M}v_1$

13. 解：（1）根据开普勒第二定律可知地球与太阳的连线在相等时间内扫过的面积相等，即 $S_A = S_B$

即 $\dfrac{1}{2} \cdot v_a \cdot \Delta t \cdot R_a = \dfrac{1}{2} \cdot v_b \cdot \Delta t \cdot R_b$

解得 $\dfrac{v_a}{v_b} = \dfrac{R_b}{R_a}$

（2）弹力与 x 的关系 $F_{弹} = -kx$

因为 F-x 图像是过原点的直线，如图 5.45 所示，则弹簧弹力所做的功的大小为图线与 x 轴围成的面积，即 $W = -\dfrac{kx + 0}{2}x = -\dfrac{1}{2}kx^2$

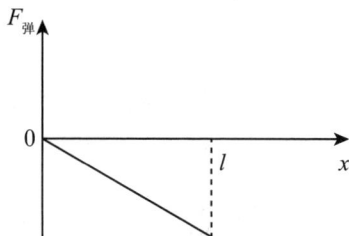

图 5.45

（3）方法一：电子因棒转动在匀强磁场中受沿棒方向的洛伦兹力分力为非静电力，对于与圆心距离为 x 的电子，有 $f_1 = Be\omega x$

方程两边同时乘以很短位移 Δx 并求和得 $\sum f_1 \cdot \Delta x = \sum Be\omega x \cdot \Delta x$

即 $W_1 = \dfrac{f_1 L}{2} = \dfrac{1}{2}Be\omega L^2$

方法二：根据 f_1 随电子与圆心距离 x 变化的图像 5.46 所示。

电子沿棒移动过程中，非静电力做的功的大小为图线与 x

轴围成的面积，即 $W_1 = \dfrac{f_1 L}{2} = \dfrac{1}{2} B e \omega L^2$

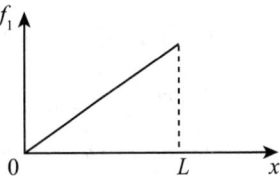

图 5.46

14. 解： (1) 当金属棒的速度达到 v_1 时，感应电动势

$E = B d v_1$，根据欧姆定律回路中的电流 $I = \dfrac{E}{R}$

根据平衡条件，有 $mg = BId$

解得 $v_1 = \dfrac{mgR}{B^2 d^2}$

(2) 设金属棒下落速度为 v，电容器两端的电压等于感应电动势 $U = E$ 且 $E = Bdv$

当电容器两端电压 $U = U_0$ 时，根据能量守恒定律有 $mgh = \dfrac{1}{2} mv^2 + \dfrac{1}{2} CU_0^2$

解得 $h = \dfrac{U_0^2 (m + CB^2 d^2)}{2mgB^2 d^2}$（可以证明在电容器被击穿之前，该运动是匀加速直线

运动）

(3) 设金属棒下落速度为 v，根据题意有 $Bdv = L\dfrac{\Delta I}{\Delta t}$ ①

设金属棒速度达到最大值 v_2 时，电流为 I_0，有 $mg = BI_0 d$ ②

设该过程金属棒下落的高度为 x_0，根据能量守恒定律有 $mgx_0 = \dfrac{1}{2} mv_2^2 + \dfrac{1}{2} LI_0^2$ ③

由①式两边同时乘以很短时间 Δt 且求和 $\sum Bdv \cdot \Delta t = \sum L\dfrac{\Delta I}{\Delta t} \cdot \Delta t$

可得 $Bdx_0 = LI_0$ ④

联立②③④式，解得 $v_2 = \dfrac{g\sqrt{mL}}{Bd}$（可以证明该运动是一个简谐运动）

第六章　等效与转换

1. **解：** 采用等效电源法分析，把定值电阻等效到电源的内阻，即把电源和定值电阻

看成

电动势为 $E' = \dfrac{R_0}{R_0 + r} E$

内阻为 $r' = \dfrac{R_0 r}{R_0 + r}$

当 $R = r'$ 时，R 上消耗的功率最大，代入数据得 $R = \dfrac{2}{3}$ Ω

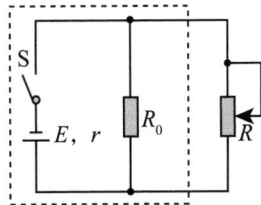

图 6.21

R 上消耗最大功率为 $P_{\max} = \dfrac{(E')^2}{4r'} = \dfrac{2}{3}$ W

2．**解：** 如图 6.22 所示，小球受到重力、支持力和电场力作用。摆球沿斜面向下方向的"等效重力加速度"为

$$a = \frac{(mg + qE)\sin 30°}{m} = \frac{3}{2}g$$

类比单摆周期，斜面上摆球的摆动周期为

$$T = 2\pi\sqrt{\frac{l}{a}} = 2\pi\sqrt{\frac{2l}{3g}}$$

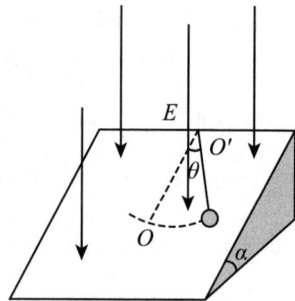

图 6.22

3．**解：**（1）竖直方向做自由落体运动，则有 $h = \dfrac{1}{2}gt^2$

解得 $t = \sqrt{\dfrac{2h}{g}}$

水平方向做匀速直线运动，则有 $x_1 = v_0 t$

解得 $x_1 = v_0\sqrt{\dfrac{2h}{g}}$

（2）竖直方向上有 $\dfrac{1}{2}gt'^2 - \dfrac{1}{2}at'^2 = h$

解得 $t' = \sqrt{\dfrac{2h}{g - a}}$

则有 $x_2 = v_0 t' = v_0\sqrt{\dfrac{2h}{g - a}}$

（3）导弹沿切线方向的速度为 $v\cos\theta$，法向方向的速度为 $v\sin\theta$；沿切线方向做匀速圆周运动，对应的向心加速度为 $a_n = \dfrac{(v\cos\theta)^2}{R}$

故沿法向上抛满足 $t = \dfrac{2v\sin\theta}{g - \dfrac{(v\cos\theta)^2}{R}}$

又 $s = v\cos\theta \cdot t$

联立解得 $s = \dfrac{v^2 R\sin 2\theta}{gR - v^2\cos^2\theta}$

4．**解：** 设磁场的磁感应强度为 B，由洛伦兹力提供向心力 $qvB = \dfrac{mv^2}{R}$

得 $R = \dfrac{mv}{qB}$

粒子最大动能 $E_{km} = \dfrac{1}{2}mv^2$

则磁场的磁感应强度为 $B = \dfrac{\sqrt{2mE_k}}{qR}$

因为粒子回旋一周所需要时间为 $T = \dfrac{2\pi m}{qB}$，且 T 与回旋速度和半径大小无关，故可以将粒子沿螺旋线轨道的变速运动，等效为周期为 T 的变速圆周运动。根据每回旋半周被加速一次，能量加 $\Delta E_k = qu$。

则达到 E_{km} 所回旋的次数为 $n = \dfrac{E_{km}}{qu}$

粒子在磁场中运动的总时间为

$$t_B = n\frac{T}{2} = \frac{\pi R\sqrt{2mE_{km}}}{2qu}$$

由于洛仑兹力不改变粒子的回旋速率，且粒子在加速电场的加速度大小恒定，故可以将粒子来回通过加速电场的运动，等效为初速为零的匀加速直线运动，其末速度为

$$v = \sqrt{\frac{2E_{km}}{m}}$$

通过总路程为 $s = 2nd = \dfrac{dE_{km}}{qu}$

根据位移公式 $s = \dfrac{1}{2}vt_E$

所以，粒子在电场中运动的时间为 $t_E = \dfrac{d\sqrt{2mE_{km}}}{qu}$

则粒子达到能量 E 所需的总时间为 $t = t_B + t_E = \dfrac{\sqrt{2mE_{km}}}{qu}\left(\dfrac{\pi R}{2} + d\right)$

5．**解**：(1) a．单摆受力分析如图 6.23 所示。

回复力为 $F_{回} = G_1 = mg\sin\theta$

b．因为 $F_{回} = G_1 = mg\sin\theta$

当用弧度制表示的 θ 很小时，

$\sin\theta \approx \theta$，$\theta$ 等于 θ 角对应的弧长与半径的比值，故

$$F_{回} = mg\sin\theta \approx mg\frac{\overset{\frown}{PO}}{L}$$

当 θ 很小时，弧长 $\overset{\frown}{PO}$ 近似等于弦长，即摆球偏离平衡位置的位移 x，故

$$F_{回} \approx mg\frac{\overset{\frown}{PO}}{L} \approx mg\frac{x}{L}$$

振动系数 $k = \dfrac{mg}{L}$

k 代入简谐运动周期公式 $T = 2\pi\sqrt{\dfrac{m}{k}}$

得到单摆周期公式为 $T = 2\pi\sqrt{\dfrac{L}{g}}$

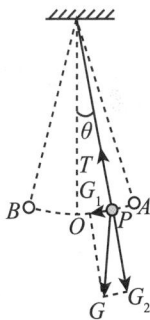

图 6.23

(2) 图 6.17 乙中，摆球受到重力 G、电场力 $F_{电}$ 和摆线拉力 T，与重力场中的单摆类比，等效的"重力"为 $G' = G + F_{电}$

等效的"重力加速度"为 $g' = \dfrac{G + F_{电}}{m} = g + \dfrac{Eq}{m}$

代入单摆周期公式得 $T_乙 = 2\pi\sqrt{\dfrac{L}{g + \dfrac{Eq}{m}}}$

图 6.17 丙中，摆球受到重力 G、洛伦兹力 $F_{洛}$ 和摆线拉力 T，与重力场中的单摆类比，洛伦兹力始终沿摆线方向，不产生回复力的效果，故单摆周期与重力场中相同

$T_丙 = T = 2\pi\sqrt{\dfrac{L}{g}}$

6. 解：(1) a. 在 x 方向，因为小球不受力的作用，所以影子做匀速直线运动；

在 y 方向，因为小球仅受重力的作用，初速度为 0，所以影子做初速度为零的匀加速直线运动。

b. 此时 x 方向的影子速度 $v_x = v_0 = 20$ m/s

y 方向的影子速度 $v_y = gt = 20$ m/s

小球的速度 $v = \sqrt{v_x^2 + v_y^2}$

代入数据解得 $v = 20\sqrt{2}$ m/s $= 28.2$ m/s

$\tan\theta = \dfrac{v_y}{v_x} = \dfrac{20}{20} = 1$，$\theta = 45°$

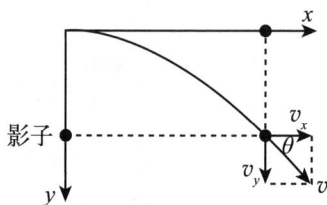

图 6.24

速度方向与 x 方向成 45° 角

(2) c. 以小球 A 为研究对象，设它经过平衡位置 O 时的速度为 v，当它从 O 运动到最大位移处，根据机械能守恒有 $\dfrac{1}{2}mv^2 = \dfrac{1}{2}kR^2$，由此得 $v = R\sqrt{\dfrac{k}{m}}$ ①

由题中实验可知，小球 B 在 x 方向上的"影子"的速度时刻与小球 A 的相等，A 经过 O 点的速度 v 与 B 经过最低点的速度相等，即小球 B 做匀速圆周运动的线速度也为 v。小球 A 振动的周期与小球 B 做圆周运动的周期相等。

根据圆周运动周期公式，小球 B 的运动周期 $T = \dfrac{2\pi R}{v}$ ②

联立①②两式得小球 B 的运动周期 $T = 2\pi\sqrt{\dfrac{m}{k}}$

所以小球 A 的振动周期也为 $T = 2\pi\sqrt{\dfrac{m}{k}}$

d. 如图 6.25 所示，设小球 B 做圆周运动的角速度为 ω。

设小球 A 从 O 向右运动、小球 B 从最高点向右运动

开始计时，经过时间 t，

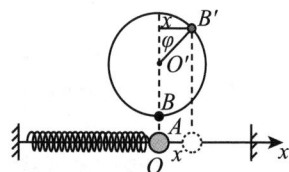

图 6.25

小球 B 与 O' 的连线与竖直方向成 φ 角，

小球 B 在 x 方向上的位移 $x = R\sin\varphi = R\sin\omega t$

根据 $\omega = \dfrac{2\pi}{T}$，联立以上各式得 $x = R\sin\sqrt{\dfrac{k}{m}}\,t$

由题中实验可知 B 在 x 方向上的"影子"和 A 在任何瞬间都重合

即小球 A 的位移规律也为 $x = R\sin\sqrt{\dfrac{k}{m}}\,t$，其中 R、k、m 为常量

所以，小球 A 的运动是简谐运动。

7. 解：（1）根据牛顿第二定律有 $qvB = m\dfrac{v^2}{r}$

解得 $r = \dfrac{mv}{qB}$

则周期 $T = \dfrac{2\pi r}{v} = \dfrac{2\pi m}{qB}$

（2）a. 根据牛顿第二定律有 $qvB - qE = 0$

解得 $v' = \dfrac{E}{B}$

b. 带电粒子由静止释放，其初速度可分解为相等的水平向左和水平向右的速度，设为 v，令 $v = \dfrac{E}{B}$

则带电粒子的运动可分解为沿水平方向的匀速直线运动和在竖直平面内的匀速圆周运动。

圆周运动的轨道半径 $r = \dfrac{mv}{qB} = \dfrac{mE}{qB^2}$

所以 $y_m = 2r = \dfrac{2mE}{qB^2}$

则 $v_m = 2v = \dfrac{2E}{B}$

8. 解：（1）设带电离子所带的电荷量为 q，由洛伦兹力与电场力平衡，有 $qv_0B = q\dfrac{U_0}{d}$

可得 $U_0 = Bv_0d$

（2）根据题意可知，设开关闭合之前的压强差为 p_1，则有 $p_1dh = f$

设开关闭合之后的压强差为 p_2，由电阻定律可得 M、N 间液体的电阻为 $r = \rho\dfrac{d}{Lh}$

则电流为 $I = \dfrac{U_0}{R+r}$

由于洛伦兹力的作用，正离子向极板 M 偏，电流方向由 M 指向 N，液体受到安培力，对液体有 $p_2dh + BId = f$

则管道两端压强差的变化 $\Delta p = p_1 - p_2 = \dfrac{B^2dv_0L}{\rho d + LhR}$

第七章 类比

1. B

解析：类比电场强度的定义 $E = \dfrac{F}{q}$，引力场强弱 $E_G = \dfrac{F}{m}$，位于距离地心 $2R$ 处的某点物体所受万有引力为 $F = \dfrac{GMm}{(2R)^2}$，则有 $E_G = \dfrac{GM}{(2R)^2}$；在地球表面有 $\dfrac{GMm}{R^2} = mg$，位于距离地心 $2R$ 处的某点物体所受万有引力可写为 $F = \dfrac{GMm}{(2R)^2} = \dfrac{mg}{4}$，则有 $E_G = \dfrac{g}{4}$。

2. A

解析：类比玻尔的原子量子化模型，基态对应的电子运动的轨道半径为 r，正负电子间的万有引力提供向心力，对任一电子有：$\dfrac{ke^2}{(2r)^2} = m\dfrac{v^2}{r}$，可得一个电子的动能 $E_k = \dfrac{1}{2}mv^2 = \dfrac{ke^2}{8r}$。类比玻尔的原子量子化模型，吸收特定频率的光子发生能级跃迁后，电子的运动半径增大，动能变小，势能增大，总能量增大。类比玻尔的原子量子化模型，处于激发态的电子向低能级跃迁，满足 $\Delta E = h\nu = h\dfrac{c}{\lambda}$。最大能级状态即无穷远处，此时该系统总能量为零，向基态跃迁，有：$-E = h\nu_{\max} = h\dfrac{c}{\lambda_{\min}}$，则向外辐射的最大频率为：$\nu_{\max} = -\dfrac{E}{h}$；向外辐射的最小波长为 $\lambda_{\min} = -\dfrac{hc}{E}$。

3. 解：(1) a. 曲线的斜率代表了弹簧的弹力。

b. 当弹簧最长或最短时，两球共速，由动量守恒定律得 $mv_0 = 2mv_{共}$

由能量守恒定律得 $\dfrac{1}{2}mv_0^2 = 2 \times \dfrac{1}{2}mv_{共}^2 + E_p$

可得当弹簧最长和最短时，弹簧的弹性势能相等，因此弹簧的形变量相等，即有

$l_2 - l_0 = l_0 - l_1$

得 $l_2 = 2l_0 - l_1$

(2) c. $r = r_0$ 时，分子间相互作用力大小为零。斜率绝对值的大小，反映分子间相互作用力的大小；斜率的正、负，反映分子间相互作用力是引力或斥力。

d. r_1 的坐标如图 7.33 所示。

由能量守恒定律得：$E_k + E_{p1} = E$，其中 E_k 为系统的动能。设分子的质量为 m，则 $E_k = 2 \times \dfrac{1}{2}m\left(\dfrac{r_1}{2}\omega\right)^2$，对其中一个分子由牛顿第二定律得 $F = m\dfrac{r_1}{2}\omega^2$

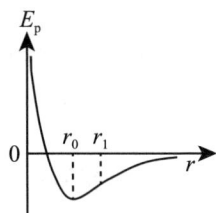

图 7.33

联立得 $F = \dfrac{2(E - E_{p1})}{r_1}$

4. 解：（1）地球引力场的引力场强度 $E_{引}$ 为放在该点的物体所受地球引力 F 与其质量 m 的比值，即 $E_{引} = \dfrac{F}{m}$，万有引力定律 $F = G\dfrac{Mm}{r^2}$

带入可得引力场强度 $E_{引} = G\dfrac{M}{r^2}$ $(r > R)$

（2）根据引力场表达式 $E_{引} = G\dfrac{M}{r^2}$，可以得到地表引力场强度 $E_{引} = G\dfrac{M}{R^2}$

距离地面高度 h 处引力大小 $E'_{引} = G\dfrac{M}{(R+h)^2}$，带入表达式 $\dfrac{\left| E'_{引} - E_{引} \right|}{E_{引}} = 0.02$

可得 $h \approx 0.01R = 64 \text{ km}$

（3）

设定情景：把一个质量为 m 的物体沿径向由距地心 r 处移至无穷远
用微元法求万有引力做功 W：径向上取很小的长度元 Δx_i 内，引力近似为恒力 F_i，$W_i = F_i \Delta x_i$，累积为 W
类比电场能量问题的研究，定义引力势能 $W = E_p - E_\infty$、引力势 $\varphi_{引} = \dfrac{E_p}{m}$

5. 解：（1）磁场强度 H 的定义为：放入磁场中某点的检验磁荷所受磁场力的 F 跟该磁荷的磁荷量 P 的比值，叫作该点的磁场强度。定义式为 $H = \dfrac{F}{P}$，磁场中某点磁场强度的方向与正检验磁荷在该点所受的磁场力方向相同。在真空中距正点磁荷为 R_1 处放一磁荷量为 P 的正检验磁荷，则该检验磁荷所受的磁场力为 $F = K_m \dfrac{P_0 P}{R_1^2}$，由磁场强度的定义可得 $H_1 = \dfrac{F}{P} = K_m \dfrac{P_0}{R_1^2}$

（2）a．设电子绕核做圆周运动的周期为 T，由牛顿定律得 $\dfrac{ke^2}{r^2} = mr\dfrac{4\pi^2}{T^2}$

等效分子电流大小为 $I = \dfrac{e}{T}$，分子电流 I 在圆心处的磁感应强度大小为 $B_1 = \dfrac{K_n I}{r}$

联立可得 $B_1 = \dfrac{K_n e^2}{2\pi r^2}\sqrt{\dfrac{k}{mr}}$

b．**方法一：**

设管状电子群的总电荷量为 Q，则其转动的周期为 $T_1 = \dfrac{2\pi}{\omega}$

定向转动形成的等效电流为 $I_1 = \dfrac{Q}{T_1}$，管状电流 I_1 在圆心处的磁感应强度大小为 $B_2 = \dfrac{K_n I_1}{R}$

联立可得 $B_2 = \dfrac{K_n Q}{2\pi R}\omega$

所以 $B_2 \propto \omega$

方法二：

由于 $d \ll R$，管状电子群中电荷绕地轴转动的平均速率为 $v = \omega R$

且短时间 Δt 内电子运动可近似为直线运动，设单位体积内的电子数为 n，则

Δt 内通过管状电流某横截面的总电荷量为 $q_{总} = neSv\Delta t$，管状电流的横截面积为

$S = \pi \left(\dfrac{d}{2}\right)^2$，由电流的定义可得 $I = \dfrac{q_{总}}{\Delta t}$

联立可得 $B_2 = \dfrac{\pi d^2 K_n}{4} ne\omega$

所以 $B_2 \propto \omega$

方法三：设管状电子群中单位长度的电子数为 N 个，则

Δt 内通过管状电流某横截面的总电荷量为 $q_{总} = v\Delta tNe$

联立可得 $B_2 = K_n Ne\omega$

所以 $B_2 \propto \omega$

第八章　整体与隔离

1. C

解析：对两物块整体做受力分析有 $F = 2ma$

再对于后面的物块有 $F_{Tmax} = ma$，$F_{Tmax} = 2\,\text{N}$

联立解得 $F = 4\,\text{N}$。故选 C。

2. D

解析：A．当 $0 < F \le \mu mg$ 时，物块 A 受到拉力与静摩擦力的作用，二者可以平衡，绳中拉力为 0。故 A 正确，不符合题意。

B．当 $\mu mg < F \le 2\mu mg$ 时，整体受到拉力与摩擦力的作用，二者平衡，所以整体处于静止状态。此时物块 A 受到的静摩擦力到达最大即 μmg，所以绳中拉力为 $F - \mu mg$。故 B 正确，不符合题意。

C．当 $F > 2\mu mg$ 时，对整体：$a = \dfrac{F - 2\mu mg}{2m}$

对 B：$a = \dfrac{F_{拉} - \mu mg}{m}$

联立解得绳中拉力为 $F_{拉} = \dfrac{F}{2}$。故 C 正确，不符合题意。

D．由选项 B 的分析可知，当 $\mu mg < F \le 2\mu mg$ 时绳中拉力为 $F - \mu mg$，绳中拉力可能等于 $\dfrac{F}{3}$，故 D 错误，符合题意。

故选 D。

3．**D**

解析：A．对箱子进行受力分析，根据正交分解可知，斜面对体箱子的支持力为 $F_N=mg\cos 37°=40\ \text{N}$，根据牛顿第三定律可知 $F_压=F_N=40\ \text{N}$。故 A 错误。

B．由于箱子处于匀速直线运动状态，即 $F=mg\sin 37°+\mu mg\cos 37°=40\ \text{N}$。故 B 错误。

C．对斜面体与箱子整体受力分析可知 $N=(m+M)g-F\sin 37°=126\ \text{N}$，由牛顿第三定律可得，斜面体对地面压力的大小为 $F_压'=N=126\ \text{N}$。故 C 错误。

D．对斜面体与箱子整体受力分析可知 $f=F\cos 37°=32\ \text{N}$。故 D 正确。

故选 D。

4．**解**：设 OA 绳对 A 球的作用力为 F_1，AB 球之间的作用力为 F_2（包括库仑力和绳子间的力），OA 绳与竖直方向的夹角为 θ，对 A 和 B 整体分析，由平衡条件可得 $F_1\cos\theta=2mg$

$F_1\sin\theta=q_1E-q_2E$（q_1E、q_2E 皆为电场力的大小）

对 B 球受力分析，由平衡条件可得 $F_2\cos\theta=mg$

$F_2\sin\theta=q_2E$

由以上 4 式可得两球的电荷量的关系，又因为两球是异种电荷，

所以为 $q_1=-3q_2$

若 OA 绳恰好能沿竖直方向，对 A 和 B 整体分析，由平衡条件可得 $F_1\sin\theta=q_1E-q_2E=0$

又因为两球是异种电荷，所以为 $q_1=-q_2$

5．**解**：(1) 木块恰好静止在铁箱的后壁上时，木块在竖直方向受力平衡有 $\mu_2F_N=m_2g$

解得铁箱对木块的支持力的大小为 $F_N=20\ \text{N}$

根据牛顿第三定律，木块对铁箱压力的大小为 $F_N'=20\ \text{N}$

(2) 木块在水平方向的加速度设为 a，根据牛顿第二定律有 $F_N=m_2a$

以整体为研究对象，根据牛顿第二定律有 $F-\mu_1(m_1+m_2)g=(m_1+m_2)a$

联立解得 $F=129\ \text{N}$

(3) 木块落到铁箱底部，撤去拉力后，铁箱和木块均以 $v=6\ \text{m/s}$ 的初速度做匀减速直线运动，铁箱受到地面的摩擦力 $F_{f1}=\mu_1(m_1+m_2)g=9\ \text{N}$ 方向水平向左；铁箱受到木块的摩擦力 $F_{f2}=\mu_2m_2g=1.25\ \text{N}$ 方向水平向右。

设铁箱加速度大小为 a_1，根据牛顿第二定律有 $a_1=\dfrac{F_{f1}-F_{f2}}{m_1}=3.1\ \text{m/s}^2$ 方向水平向左。

设木块加速度大小为 a_2，根据牛顿第二定律有 $a_2=\dfrac{F_{f2}'}{m_2}=\dfrac{F_{f2}}{m_2}=\mu_2g=2.5\ \text{m/s}^2$ 方向水平向左。

铁箱速度减为零的时间 $t_0 = \dfrac{v}{a_1} \approx 1.9 \text{ s} > 1 \text{ s}$，则木块到达右端时，箱未停止运动，

$$x_1 = vt - \frac{1}{2}a_1t^2$$

$$x_2 = vt - \frac{1}{2}a_2t^2$$

木块相对铁箱运动的距离也是铁箱的长度 $L = x_2 - x_1$

得 $L = 0.3 \text{ m}$

6. 解： 设力 F 未作用时弹簧的压缩量为 x_0，则有 $kx_0 = 2mg$

设物体 A、B 的共同加速度大小为 a

则当 $F = F_1 = 20 \text{ N}$ 时，由牛顿第二定律得 $F_1 + kx_0 - 2mg = 2ma$

当 $F = F_2 = 50 \text{ N}$ 时，物体 A、B 刚好分离，对物体 B 有 $F_2 - mg = ma$

以上各式联立可解得 $a = 2.5 \text{ m/s}^2$

$m = 4 \text{ kg}$

当物体 A、B 刚好分离时，对物体 A 有 $k(x_0 - x) - mg = ma$

将 $x = 0.04 \text{ m}$ 代入解得 $k = 750 \text{ N/m}$

由 $v^2 = 2ax$

得 $v = \sqrt{2ax} = \dfrac{\sqrt{5}}{5} \text{ m/s} = 0.45 \text{ m/s}$

7. 解：（1）分别以小球 a 和 b 为研究对象，进行受力分析，设绳子拉力大小为 T，两物体加速度大小为 a，列牛顿第二定律方程：

对 a：$T - mg = ma$

对 b：$3mg - T = 3ma$

解得 $a = \dfrac{g}{2}$

根据 $h = \dfrac{1}{2}at^2$ 可得球 b 落地的时间为 $t = 2\sqrt{\dfrac{h}{g}}$

（2）对小球 b 受力分析可得 $3mg - T = 3ma$

解得 $T = \dfrac{3}{2}mg$

（3）在球 b 下落过程中，球 a 的动能增加量为 $\Delta E_k = \dfrac{1}{2}mv_a^2 = \dfrac{1}{2}m(at)^2 = \dfrac{1}{2}mgh$

在球 b 下落过程中，球 a 的机械能增加了 $\Delta E = \Delta E_p + \Delta E_k = mgh + \dfrac{1}{2}mgh = \dfrac{3}{2}mgh$

（4）球 b 落地前瞬间速度大小为 $v_b = at = \sqrt{gh}$

8. 解：（1）对整个过程，由动能定理得 $mgR\cos\theta - \mu mg\cos\theta \cdot x = 0$

解得 $x = \dfrac{R}{\mu}$

（2）最终物体以 B（还有 B 关于 OE 的对称点）为最高点，在圆弧底部做往复运动，对 B 到 E 的过程，由动能定理得 $mgR(1-\cos\theta)=\dfrac{1}{2}mv_E^2$

在 E 点，由牛顿第二定律得 $F_N-mg=m\dfrac{v_E^2}{R}$

解得 $F_N=(3-2\cos\theta)mg$

根据牛顿第三定律，对圆弧轨道的压力大小为 $(3-2\cos\theta)mg$ 方向竖直向下。

（3）物体刚好运动到 D 点，由牛顿第二定律有 $mg=m\dfrac{v_D^2}{R}$

对全过程，由动能定理得 $mgL\sin\theta-\mu mg\cos\theta\cdot L-mgR(1+\cos\theta)=\dfrac{1}{2}mv_D^2$

联立解得 $L=\dfrac{(3+2\cos\theta)R}{2(\sin\theta-\mu\cos\theta)}$

9．解：（1）第一个小球碰撞后，根据动量守恒定律 $mv=2mv_1$

解得 $v_1=\dfrac{v}{2}$

以后的小球与摆球碰撞后，由于质量的增加速度逐渐减小，所以摆球摆动的最大高度是第一个小球碰撞后，根据机械能守恒定律 $2mgh=\dfrac{1}{2}\cdot 2mv_1^2$

解得 $h=0.2$ m

（2）第二个小球与摆球碰撞后，动量守恒定律 $2mv_1-mv=3mv_2$，解得 $v_2=0$

即碰后摆球静止；同理：第 3、5、7、9…个小球碰后，摆球摆动；第 2、4、6、8…个小球碰后摆球静止，所以，第 8 个小球与摆球相撞后，摆球的速度是 0。

（3）第 n 个小球与摆球相撞后，若 n 为奇数，$v_{n-1}=0$

根据动量守恒定律 $mv=(n+1)mv_n$，解得 $v_n=\dfrac{v}{n+1}$

此时单摆的动能 $E_k=(n+1)\cdot\dfrac{1}{2}mv_n^2$，解得 $E_k=\dfrac{0.8}{n+1}$ J

若 n 为偶数，$v_n=0$，单摆获得的动能等于 0

10．解：（1）对 A、B 两球分别进行受力分析如图 8.28 所示，A 球在竖直方向受力平衡，有 $F_{杆}\cos\theta=mg$

解得 $F_{杆}=\dfrac{mg}{\cos\theta}$

则杆对 B 球的力 $F_{杆}=F_{杆}{}'$

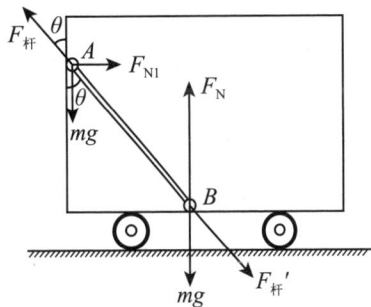

图 8.28

B 球在竖直方向受力平衡，有 $F_N=mg+F_{杆}{}'\cos\theta=2mg$

若 B 球受到的摩擦力为零，对 B 球，由牛顿第二定律有 $F_{杆}{}'\sin\theta=ma$

解得 $a=g\tan\theta$

对小车和 A、B 两球整体，由牛顿第二定律有 $F=4ma=4mg\tan\theta$

（2）若推力 F 向左，对于 A、B 两球有两种临界状态：

第 1 种为 A 球恰不转动，临界条件为车厢对 A 球的支持力 $F_{N1}=0$，对 A 球，由牛顿第二定律得 $F_{杆}\sin\theta=ma_{m1}$，又 $F_{杆}\cos\theta=mg$

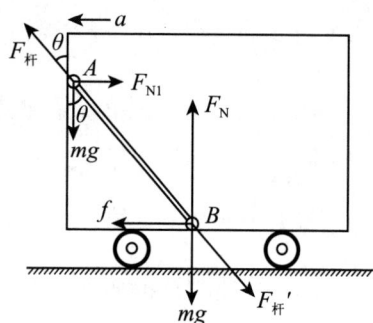

解得 $a_{m1}=g\tan\theta$

第 2 种为 B 球恰不滑动，临界条件为向左的摩擦力达到最大静摩擦力，受力分析如图 8.29 所示，对 B 球，由牛顿第二定律得 $\mu F_N-F_{杆}{}'\sin\theta=ma_{m2}$，又 $F_N=mg+F_{杆}{}'\cos\theta$

解得 $a_{m2}=2\mu g-g\tan\theta$

当 $\tan\theta\leqslant\mu$ 时，$a_{m1}\leqslant a_{m2}$，加速度最大可取

图 8.29

$a_{m1}=g\tan\theta$，对小车和 A、B 两球整体，由牛顿第二定律有 $F=4ma_{m1}=4mg\tan\theta$。

（3）当 $\mu<\tan\theta\leqslant2\mu$ 时，$a_{m1}>a_{m2}$，加速度最大可取 $a_{m2}=2\mu g-g\tan\theta$

对小车和 A、B 两球整体，由牛顿第二定律有 $F=4ma_{m2}=4mg(2\mu-\tan\theta)$

（4）若推力 F 向右，且 $\tan\theta>2\mu$ 时，对 A、B 两球受力分析如图 8.30 所示，在竖直方向上有 $F_{杆}\cos\theta=mg$

若 B 球所受摩擦力水平向左且达到最大静摩擦力，有 $F_{杆}{}'\sin\theta-\mu F_N=ma_1{}'$，得 $a_1{}'=g(\tan\theta-2\mu)$

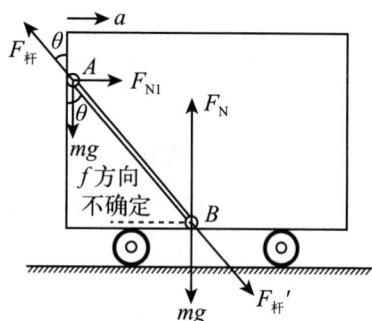

若 B 球所受摩擦力水平向右且达到最大静摩擦力，有 $F_{杆}{}'\sin\theta+\mu F_N=ma_2{}'$，得 $a_2{}'=g(\tan\theta+2\mu)$

即 $g(\tan\theta-2\mu)\leqslant a'\leqslant g(\tan\theta+2\mu)$

对小车和 A、B 两球整体由牛顿第二定律有 $F=4ma'$

则 $4mg(\tan\theta-2\mu)\leqslant F\leqslant4mg(\tan\theta+2\mu)$

图 8.30

11．**解**：根据自由落体运动规律，有 $h=\dfrac{1}{2}gt_1^2$

解得 $t_1=\sqrt{\dfrac{2h}{g}}$

规定向下为正方向，对运动的全程用动量定理，有 $mg(t_1+t)-Ft=0$

解得 $F=\dfrac{m\sqrt{2gh}}{t}+mg$ 方向竖直向上。

12．**解**：（1）设两者间相对静止时速度为 v，由动量守恒定律得 $mv_0=2mv$

解得 $v=2.5\text{ m/s}$

（2）物块与凹槽间的滑动摩擦力大小为 $f=\mu N=\mu mg$

设两者间相对静止前相对运动的路程是 s_1，由功能关系得 $-fs_1=\dfrac{1}{2}\cdot2mv^2-\dfrac{1}{2}mv_0^2$

解得 $s_1=12.5\text{ m}$

已知 $L=1$ m，可推知物块与右侧槽壁共发生 6 次碰撞。

（3）设碰前凹槽与物块的速度分别为 v_1、v_2，碰后的速度分别为 v_1'、v_2'，据动量守恒定律可得 $mv_1 + mv_2 = mv_1' + mv_2'$

据机械能守恒定律可得 $\frac{1}{2}mv_1^2 + \frac{1}{2}mv_2^2 = \frac{1}{2}mv_1'^2 + \frac{1}{2}mv_2'^2$

解得 $v_1' = v_2$

$v_2' = v_1$

即每碰撞一次凹槽与物块发生一次速度交换，在同一坐标系上两者的速度图线如图 8.31 所示。

根据碰撞次数可分为 13 段，凹槽、物块的 $v-t$ 图像在两条连续的匀变速运动图线间转换，故可用匀变速直线运动规律求时间，则 $v = v_0 - \mu g t$

解得 $t = 5$ s

凹槽的 $v-t$ 图像所包围的阴影部分面积即为凹槽的位移大小 s_2，等腰三角形面积共 13 份，第一份面积为 $0.5L$，其余每份面积均为 L，可得 $s_2 = \frac{1}{2}(\frac{v_0}{2})t + 6.5L$

解得 $s_2 = 12.75$ m

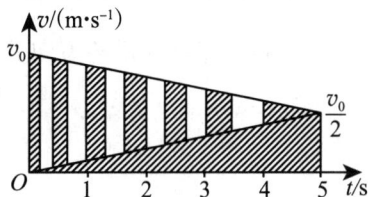

图 8.31

第九章　宏观与微观

1．**解：**设质子质量为 m，电荷量为 q，质子离开加速器时速度大小为 v，由牛顿第二定律知 $qvB = m\frac{v^2}{R}$

质子运动的回旋周期为 $T = \frac{2\pi R}{v} = \frac{2\pi m}{qB}$

由回旋加速器工作原理可知，交变电源的频率与质子回旋频率相同，由周期 T 与频率 f 的关系可得：$f = \frac{1}{T}$

设在 t 时间内离开加速器的质子数为 N，则回旋加速器输出时的平均功率 $P = \frac{N \cdot \frac{1}{2}mv^2}{t}$

输出时质子束的等效电流为 $I = \frac{Nq}{t}$

由上述各式得 $I = \frac{P}{\pi B R^2 f}$

2．**解：**粒子两次均绕 A 做圆周运动，电场力应指向 O 点，电荷 Q 应为负电荷，设两次做圆周运动的线速度分别为 v_1、v_2，若库仑力 F 和磁场力同向，有 $F + qv_1B = m\frac{v_1^2}{r}$

若库仑力 F 和磁场力反向，则有 $F - qv_2B = m\dfrac{v_2^2}{r}$

则 $m\dfrac{v_2^2}{r} + qv_2B = m\dfrac{v_1^2}{r} - qv_1B$

可得 $(v_1 - v_2) = \dfrac{qBr}{m}$

根据电流定义式，依题意有 $I_1 = \dfrac{q}{T_1} = \dfrac{qv_1}{2\pi r}$

$I_2 = \dfrac{q}{T_2} = \dfrac{qv_2}{2\pi r}$

联立解得 $\Delta I = I_1 - I_2 = \dfrac{q^2B}{2\pi m}$

3．**解**：a．导体棒匀速切割磁感线，Δt 时间内磁通变化量 $\Delta \Phi = B\Delta S = BLv\Delta t$

根据法拉第电磁感应定律 $E = \dfrac{\Delta \Phi}{\Delta t} = BLv$

b．电子最终在沿棒方向等价于匀速运动，所以受力平衡，有 $eE_{场} + f = evB$

导体棒两端电势差 $U = \dfrac{R_0}{R_0 + \rho \dfrac{L}{S}}E$

导体棒内稳恒电场的电场强度 $E_{场} = \dfrac{U}{L}$

联立以上各式得 $f = evB - \dfrac{R_0SBev}{R_0S + \rho L}$

4．**解**：(1) 短路时，粒子在洛伦兹力的作用下发生偏转，根据分析只有距 A 板距离小于等于 $2r_0$ 的正离子能够打在 A 板上形成等效电流，则根据电流强度的定义可得 $I_m = \dfrac{Q}{t} = n \cdot 2r_0q$

根据洛伦兹力提供向心力可得 $qvB = \dfrac{mv^2}{r_0}$，则 $r_0 = \dfrac{mv}{qB}$

联立可得 $I_m = \dfrac{2nmv}{B}$

(2) 只闭合开关 S_2 时，由电流定义得 $I = Nq$

设 A、C 两板构成的电源的内阻为 r，只闭合开关 S_2 时，根据闭合电路欧姆定律得 $I = \dfrac{E}{R+r}$

当电流稳定以后，离子受到的电场力与洛伦兹力相互平衡，则有 $Bqv = \dfrac{Eq}{d}$

联立以上各式得 $Nq = \dfrac{Bdv}{R+r}$

只闭合开关 S_1 时，根据闭合电路欧姆定律得 $I_m = \dfrac{E}{r}$

解得电源内阻为 $r = \dfrac{B^2d}{2nm}$

将得到的内阻代入上式解得 $N = \dfrac{Bdv}{\left(R + \dfrac{B^2d}{2nm}\right)q}$

5. **解:** (1) 根据法拉第电磁感应定律有 $E_{感} = \dfrac{\Delta\Phi}{\Delta t} = \dfrac{\Delta B\pi r^2}{\Delta t} = k\pi r^2$

根据欧姆定律有 $I = \dfrac{E_{感}}{R} = \dfrac{k\pi r^2}{R}$

设金属环中自由电子的电荷量为 e

一个自由电子在电场力的作用下沿圆环运动一周

电场力做的功 $W = eE \cdot 2\pi r$

解得 $E_{感} = \dfrac{W}{e} = \dfrac{eE \cdot 2\pi r}{e} = 2\pi rE$

又因为 $E_{感} = k\pi r^2$

所以 $E = \dfrac{1}{2}kr$

假设电子以速度 v 沿金属环做匀速圆周运动，导体对电子的阻力 $f = bv$

沿切线方向，根据牛顿第二定律有 $bv - eE = 0$

解得 $v = \dfrac{ker}{2b}$

电子做匀速圆周运动的周期 $T = \dfrac{2\pi r}{v} = \dfrac{4\pi b}{ke}$

则 $I = \dfrac{Ne}{T} = \dfrac{kNe^2}{4\pi b}$

(3) 由 (1) 和 (2) 中的结论可知 $\dfrac{k\pi r^2}{R} = \dfrac{kNe^2}{4\pi b}$

设金属导线的横截面积为 S，则有 $R = \rho\dfrac{2\pi r}{S}$

所以 $\rho = \dfrac{2\pi rbS}{Ne^2}$

又因为 $N = S \cdot 2\pi r \cdot n$

解得 $\rho = \dfrac{b}{ne^2}$

6. **解:** (1) 光子的能量 $E = mc^2$，$E = hv = h\dfrac{c}{\lambda}$，光子的动量 $p = mc$

可得 $p = \dfrac{E}{c} = \dfrac{h}{\lambda}$

(2) 一小段时间 Δt 内激光器发射的光子数 $n = \dfrac{P_0\Delta t}{h\dfrac{c}{\lambda}}$

光照射物体表面，由动量定理 $F\Delta t = np$，产生的光压 $I = \dfrac{F}{S}$

解得 $I = \dfrac{P_0}{cS}$

（3）如图 9.24 所示，自由电子将在电场 E 的作用下，沿着 y 方向往复运动，同时磁场会对运动的自由电子产生一个洛伦兹力 f 的作用。由于 E 与 B 方向同步改变，会使洛伦兹力 f 方向总是指向金属薄膜内侧。

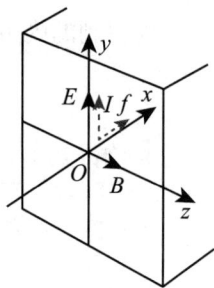

图 9.24

7. 解：（1）根据动能定理有 $-eU_m = 0 - E_2$

解得 a、b 之间的最大电势差 $U_m = \dfrac{E_2}{e}$

将 a、b 短接时所有逸出电子都能由球心处的放射源到达球壳，故短路电流 $I_{短} = Ne$

（2）①在 $0 < eU \leqslant E_1$ 时，即 $0 < U \leqslant \dfrac{E_1}{e}$ 时，所有的电子都能够飞到球壳上，在单位时间内到达的电荷量为该电池可以供给的最大电流，此时 $I = Ne$

②在 $E_1 < eU < E_2$ 时，即 $\dfrac{E_1}{e} < U < \dfrac{E_2}{e}$ 时，只有动能 $E \geqslant eU$ 的电子才能落到球壳上，这些电子决定了通过负载的电流（其余电子将在球心与球壳间往复运动，不流过负载）。这些电子数与从放射性物质飞出的总电子数之比为 $\eta = \dfrac{E_2 - eU}{E_2 - E_1}$

因为单位时间发射的电子是按照能量均匀分布的，所以这时通过负载的电流 I' 为

$I' = \eta Ne = \dfrac{E_2 - eU}{E_2 - E_1} Ne$

③在 $eU = E_2$ 即 $U = \dfrac{E_2}{e}$ 时，电子将无法到达球壳，此时通过负载的电流为零。

综合①②③的分析，可知 I 随电压 U 变化的伏安特性关系如图 9.25 所示。

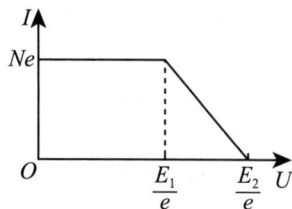

图 9.25

（3）当 $0 < U \leqslant \dfrac{E_1}{e}$ 时，所有的电子都能够飞到球壳上有

$U = IR = NeR$

解得 $0 < R \leqslant \dfrac{E_1}{Ne^2}$

当负载电阻满足 $0 < R \leqslant \dfrac{E_1}{Ne^2}$ 时，该电池是恒流源。

8. 解：（1）电子从 A 板发出在 B 板积聚，A 板为正极板，B 板为负极板；电源电动势等于电源两端开路是的路端电压，此时动能最大的电子也不能到达 B 板，即有 $Ee = E_{km}$

可得 $E = E_{km}/e$ 方向经电源内部 B 指向 A

（2）当 AB 板间接有用电器电压 U_{ab} 时，设能到达 B 板的电子最小动能为 E_{k1}，即有 $eU_{ab} = E_{k1}$

又因为电子离开 A 板时具有各种动能的概率均匀，设单位时间内到达 B 板的电子数

为 N，既有 $\dfrac{N}{N_0} = \dfrac{E_{km} - E_{k1}}{E_{km}} = \dfrac{E - U_{ab}}{E} = \dfrac{E_{km} - eU_{ab}}{E_{km}}$

此时电路中的电流 $I = Ne$

短路时所有电子均能到达 B 板，此时电路中电流为短路电流 $I_0 = N_0 e$

所以此时电路中电流强度 I 与短路电流 I_0 的比值 $\dfrac{I}{I_0} = \dfrac{N}{N_0} = \dfrac{E_{km} - eU_{ab}}{E_{km}}$

（3）由（2）可见：当电源处于工作状态时，电路中的电流强度 I 与电源两端的电压 U 之间满足一般关系为 $\dfrac{I}{I_0} == \dfrac{E - U}{E}$

即 $U = E - I\dfrac{E}{I_0}$

其中 $\dfrac{E}{I_0}$ 与外电路无关，即所求 $r = \dfrac{E}{I_0}$

把电动势 E 和短路电流 I_0 的表达式带入，解得 $r = \dfrac{E}{I_0} = \dfrac{E_{km}/e}{N_0 e} = \dfrac{E_{km}}{N_0 e^2}$

其中 $E_{km} = h\nu - W_0$

可见 r 只与光照条件、材料和其他物理常量有关，与外电路无关。

高中物理

思想方法提炼与应用

杨蕾　黎周　主编

知识出版社
Knowledge Publishing House

图书在版编目（CIP）数据

高中物理思想方法提炼与应用 / 杨蕾，黎周主编；
林勇等编 . -- 北京：知识出版社，2025.3. -- ISBN
978-7-5215-1377-6

Ⅰ. G633.72

中国国家版本馆 CIP 数据核字第 2025DZ1442 号

主　　编	杨　蕾　黎　周
编　　者	林　勇　张明哲　赵彦鹏　张焕焕　黎　周
	赵志龙　曾亚梅　周　勇　陈国萍
出 版 人	刘祚臣
责任编辑	李露娟
责任校对	邢　琳
责任印制	魏　婷
封面设计	李露娟
出版发行	中国大百科全书出版社
地　　址	北京阜成门北大街 17 号
邮政编码	100037
电　　话	010-88390786
网　　址	http://www.ecph.com.cn
印　　刷	北京市十月印刷有限公司
开　　本	787mm×1092mm　1/16
印　　张	12
字　　数	285 千字
版　　次	2025 年 3 月第 1 版
印　　次	2025 年 3 月第 1 次印刷
印　　数	1-5000 册
书　　号	ISBN 978-7-5215-1377-6
定　　价	66.00 元

物理学不仅包括由概念、规律、原理等物理学知识构成，还包括能有效指导物理学实践的思想方法。正如马克斯·玻恩（Max Born）因对量子力学的基础性研究，尤其是对波函数的统计学解释，而荣获 1954 年诺贝尔物理学奖。他所指出的："我荣获诺贝尔奖，与其说是因为我所发表的工作里包含了一个自然现象的发现，倒不如说是因为那里面包括一个关于自然现象的新思想方法基础。"

物理学是科学教育的核心内容。因此，可迁移性的物理学思想方法自然而然地成为其重要组成部分，并且是启智润心、创新人才自主培养的关键内容。在教学实践中，物理学思想方法的教学内容需要从侧重零散的、孤立的方法转变为带有整合性的、一般性的问题解决大思路。

整合性体现在以下几个方面：首先，在不同学习阶段中方法的纵向贯通，即同一个方法在不同学习阶段的内涵与外延的逐渐深入；其次，在解决具体问题中方法与方法的综合应用，即多种物理学思想方法共同应用于解决问题；最后，在解决具体问题中知识与方法的综合应用，表现为知识与方法的密切联系。

物理学思想方法蕴含于物理知识的形成过程、问题解决过程以及物理实验的设计与实施中，因此思想方法具有一定的隐蔽性。正因为这个特点，思想方法往往被忽视，然而物理学思想方法作为物理学的重要组成部分，具有广泛而重要的价值，因此有必要让思想方法从知识的海洋中浮现出来，进而指导我们的实践活动。另外，在长期的一线教学实践中发现不少高中学生认为高中物理学习难度大，即使理解了物理概念和规律，在面对实际问题时仍难以应对，缺少解决问题的思路和方法。因此，在物理教学中需要引导学生"透过"知识"看到"背后的思想方法，并且在教学中逐渐"渗透"物理学思想方法，而不是把方法当知识进行传授。如何在教学过程中渗透物理学思想方法以提升教学品质、如何在复习过程中提升学生应用物理学思想方法解决问题的能力等是重要且有价值的课题。杨蕾老师、黎周老师及课题组成员对该课题进行了长期而深入的研究，并进行了富有成效的教学实践，形成了深刻的认识和独到的见解；课题组成员在研究成果的基础上进行了整合和提炼，形成了这本内容丰富、指导性强的学习用书。

本书每章内容由"思想方法导引""例题讲解""巩固练习"三部分组成。"思想方法导引"结合新教材相关内容，对物理学思想方法的丰富内涵、应用策略等进行阐述。"例题讲解"以精选题、改编题或原创题为范例，进行全面细致地讲解示范，力求体现相关思想方法在重难点问题上的灵活应用。同时，在每个例题之后的点拨部分对例题的思路进行分析和梳理，力求让读者对本例题和相关思想方法有细致透彻的理解。"巩固练习"是精选的练习题，供读者在学习本章内容后进行自我实践，检验自己对本章思想方法的领悟和掌握程度，从而进一步巩固和提升自己应用相关思想方法解决问题的能力。

本书具有鲜明的特色，它不同于纯粹的思想方法理论研究，也有别于艰深的科学方法论专著，它密切联系教学实际，突出对高中物理教学的指导作用，注重对学生能力和素养的提升。本书文笔生动、图文并茂，融科学性和实用性于一体，相信无论是对于高中学生、中学物理教师还是物理教育专业的大学生都是一本很好的参考用书。

本书彰显名校风采，凝聚名师智慧。十余位骨干名师精心总结了九种重要思想方法，如守恒思想、微元思想、等效思想和图像法等，这些思想方法符合新课程教学理念，顺应全国各地物理选考的命题趋势；选题时较好地体现了"在综合性中考查必备知识、在应用性中考查关键能力、在创新性中考查核心素养"的思路。本书是作者们基于长期教学实践而凝练的思想方法教学智慧，是对传统教学的迭代升级，但也存在进一步提升的空间。

相信本书一定会对物理教育的发展起到积极的促进作用，并对创新人才培养产生积极的影响。同时，本书也如同在物理学思想方法教育海洋里投下的一枚石子，一定会激起一片探索创新教学内容与教学方式变革的"涟漪"。因此，我也非常乐意将本书推荐给广大一线物理教师和物理教学论专业的研究生，期待与广大读者的共同探索。

张玉峰

2025 年 1 月 29 日

目 录

第一章 模型建构

钱学森先生曾这样描述模型："什么叫模型呢？模型就是通过对问题现象的分解，利用我们考虑得到的原理，吸收一切的主要因素，略去一切不主要的因素，所创造出来的一幅图画……"

在人民教育出版社 2020 年出版的普通高中物理教材选择性必修第三册中也写道："在科学研究中，理想模型是为了便于研究问题而对研究对象进行理想化抽象的过程。实际问题往往比较复杂，影响的因素很多，直接研究它们会比较困难或几乎不能研究。科学研究中总是抓住研究对象的主要特征，忽略次要因素，对研究对象进行理想化抽象。运用这种方法，人们就可以用模型来表示研究对象，使得研究变得简单、有效，从而便于人们去认识和把握问题的本质。应该说，理想模型在现实中并不存在，但是通过它可以对实际问题进行本质探讨，并得到有价值的结论。"

在高中物理学习过程中，我们构建了多种模型，大致可以分为三类：对象模型，如质点、点电荷、理想气体等；过程模型，如匀变速直线运动、简谐运动、弹性碰撞等；条件模型，如光滑、匀强磁场、绝热过程等。

经过高三第一轮复习，同学们已经熟练掌握了高中物理的基本概念和规律。在第二轮复习过程中，我们将尝试解决综合问题，运用已经掌握的物理知识，通过分析、简化、抽象的方式，将复杂问题转化为熟悉的物理问题，再运用相应的物理规律解决问题。

1.1 对象模型

1.1.1 质点模型

高中物理的学习中，我们常将物体简化为一个具有质量的点，忽略其的大小和形状，这样的点叫作质点。另外，还有一种情况是，尽管物体的大小和形状不能忽略，但如果物体上各点的运动情况完全相同，物体上任意一点的运动完全能反映整个物体的运动，那么我们可以将整个物体的运动也可以简化为一个点的运动，把物体的质量集中在这个点上，这个点也就成为质点。

【例 1-1】（2021 高考北京卷） 秋千由踏板和绳构成，人在秋千上的摆动过程可以简化为单摆的摆动，等效"摆球"的质量为 m，人蹲在踏板上时摆长为 l_1，人站立时摆长为

l_2。不计空气阻力,重力加速度大小为 g。

(1) 如果摆长为 l_1,"摆球"通过最低点时的速度为 v,求此时"摆球"受到拉力 T 的大小。

(2) 在没有别人帮助的情况下,人可以通过在低处站起、在高处蹲下的方式使"摆球"摆得越来越高。

a. 人蹲在踏板上从最大摆角 θ_1 开始运动,到最低点时突然站起,此后保持站立姿势摆到另一边的最大摆角为 θ_2。假定人在最低点站起前后"摆球"摆动速度大小不变,通过计算证明 $\theta_2 > \theta_1$;

b. 实际上人在最低点快速站起后"摆球"摆动速度的大小会增大。随着摆动越来越高,达到某个最大摆角 θ 后,如果再次经过最低点时,通过一次站起并保持站立姿势就能实现在竖直平面内做完整的圆周运动,求在最低点"摆球"增加的动能 ΔE_k 应满足的条件。

分析: 当人保持静止状态时,把秋千等效为单摆模型,可以直接使用质点动力学解题。在第(2)问中,考虑人更换蹲下和站立两种姿态时,可分别视为质点进行分析,而从蹲下到站立过程中,人消耗自身能量做功,使系统机械能增加。本题第(2)问涉及能量的转换等,所以优先考虑用能量观点解题。

解: (1) 根据牛顿运动定律 $T - mg = m\dfrac{v^2}{l_1}$,得 $T = mg + m\dfrac{v^2}{l_1}$

(2) a. 设人在最低点站起前后"摆球"的摆动速度大小分别为 v_1、v_2,根据功能关系得 $mgl_1(1 - \cos\theta_1) = \dfrac{1}{2}mv_1^2$,$mgl_2(1 - \cos\theta_2) = \dfrac{1}{2}mv_2^2$

已知 $v_1 = v_2$,得 $mgl_1(1 - \cos\theta_1) = mgl_2(1 - \cos\theta_2)$

因为 $l_1 > l_2$,得 $\cos\theta_1 > \cos\theta_2$,所以 $\theta_2 > \theta_1$

b. 设"摆球"由最大摆角 θ 摆至最低点时动能为 E_k,根据功能关系得

$E_k = mgl_1(1 - \cos\theta)$

"摆球"在竖直平面内做完整的圆周运动,通过最高点最小速度为 v_m

根据牛顿运动定律得 $mg = m\dfrac{v_m^2}{l_2}$

"摆球"在竖直平面内做完整的圆周运动,根据功能关系得

$E_k + \Delta E_k \geqslant 2mgl_2 + \dfrac{1}{2}mv_m^2$,得 $\Delta E_k \geqslant \dfrac{5}{2}mgl_2 - mgl_1(1 - \cos\theta)$

点拨: 本题虽然人的姿态发生了变化,但仍然可使用质点动力学进行分析。对物理模型感兴趣的同学,也可以尝试把人视为刚体模型进行分析,并对比两种模型的结果。

【例1-2】 (2023 北京西城高三期末) 体育课上,直立起跳是一项常见的热身运动,运动员先蹲下,然后瞬间向上直立跳起,如图 1.1 所示。

（1）一位同学站在力传感器上做直立起跳，力传感器采集到的 F-t 图线如图 1.2 所示。根据图像求这位同学的质量，分析他在力传感器上由静止起跳过程中的超重和失重情况。取重力加速度 $g = 10 \text{ m/s}^2$。

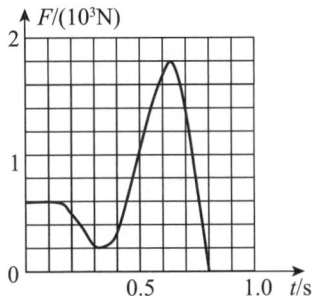

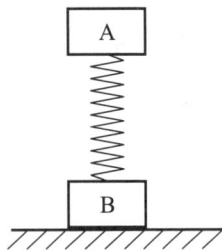

图 1.1   图 1.2   图 1.3

（2）为了进一步研究直立起跳过程，这位同学构建了如图 1.3 所示的简化模型。考虑到起跳过程中，身体各部分肌肉（包括上肢、腹部、腿部等肌肉）的作用，他把人体的上、下半身看作质量均为 m 的两部分 A 和 B，这两部分用一个劲度系数为 k 的轻弹簧相连。起跳过程相当于压缩的弹簧被释放后使系统弹起的过程。已知弹簧的弹性势能 E_p 与其形变量 Δx 的关系为 $E_p = \dfrac{1}{2} k \Delta x^2$。要想人的双脚能够离地，即 B 能离地，起跳前弹簧的压缩量至少是多少？已知重力加速度为 g。

（3）"爆发力"是体育运动中对运动员身体水平评估的一项重要指标，人们通常用肌肉收缩产生的力与速度的乘积来衡量肌肉收缩的爆发能力，其最大值称之为"爆发力"。某同学想在家通过直立起跳评估自己的"爆发力"，为了简化问题研究，他把人离地前重心的运动看作匀加速直线运动，认为起跳时人对地面的平均蹬踏力大小等于肌肉的收缩力。他计划用体重计和米尺测量"爆发力"，请写出需要测量的物理量，并利用这些物理量写出计算"爆发力"的公式。

分析： 本题考察动力学中的超重和失重问题、能量中的能量守恒问题。在分析起跳过程时，人不能视为质点。因此，在质点动力学的基础之上，建立了图 1.3 的模型，把起跳过程消耗的人自身的能量类比成弹簧的弹性势能。

解： （1）由图 1.2 可知 $F = 600 \text{ N}$ 时人处于静止状态，有 $F = mg = 600 \text{ N}$，得 $m = 60 \text{ kg}$

由 图 可 知，$0.16 \text{ s} \sim 0.45 \text{ s}$ 内 $F < mg$，$0.45 \text{ s} \sim 0.76 \text{ s}$ 内 $F > mg$，$0.76 \text{ s} \sim 0.80 \text{ s}$ 内 $F < mg$，$0.80 \text{ s} \sim 1.00 \text{ s}$ 内 $F = 0$，所以该同学在力传感器上起跳的过程中先处于失重状态，然后处于超重状态，接下来又处于失重状态，最后处于完全失重状态。

（2）设起跳前弹簧的最小压缩量为 Δx_0

当 B 将恰好离开地面时，B 受到的弹簧弹力方向向上，大小 $F = mg$，且 A 的速度为 0，有 $F = k \Delta x = mg$，此时弹簧处于拉伸状态，形变量 $\Delta x = \dfrac{mg}{k}$

起跳过程系统能量守恒，有 $\frac{1}{2}k\Delta x_0{}^2 - \frac{1}{2}k\Delta x^2 = mg(\Delta x_0 + \Delta x)$

解得 $\Delta x_0 = 3\Delta x = \frac{3mg}{k}$

（3）如图 1.4 所示，需要测量的物理量有：用体重计测量人的质量 m；用米尺测量人蹲下时头顶到地面的高度 h_1，人直立站起时头顶到地面的高度 h_2；人由下蹲用尽全力直立起跳，其头顶距离地面的最大高度 h_3。

设人离地时的速度大小为 v

人离地前重心做匀加速直线运动，有 $F - mg = ma$

$2a\Delta h_1 = v^2$，其中 $\Delta h_1 = \frac{1}{2}(h_2 - h_1)$

人离地后重心做竖直上抛运动，有 $2g\Delta h_2 = v^2$

其中 $\Delta h_2 = h_3 - h_2$

人的"爆发力" $P = Fv$

解得 $P = mg\left(\frac{2h_3 - h_1 - h_2}{h_2 - h_1}\right)\sqrt{2g(h_3 - h_2)}$

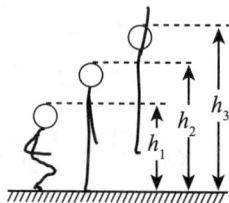

图 1.4

点拨： 在表面看来，人在起跳过程中似乎不能简单地被视为质点了，但是通过合理的建模，就可以继续通过质点动力学解题。高中阶段经常用图 1.3 的模型研究人的起跳过程。

【例 1-3】（2020 北京海淀一模）如图 1.5 所示为法拉第发明的圆盘发电机，图 1.6 是其原理示意图，其中的铜质圆盘安装在水平的铜轴上，铜质圆盘的圆心与铜轴重合，它的边缘正好在两磁极之间，两块铜片 C、D 分别与圆盘的转动轴和边缘良好接触，用导线将两块铜片与电阻 R 连接起来形成闭合回路，在圆盘绕铜轴匀速转动时，通过电阻 R 的电流是恒定的。为讨论问题方便，将磁场简化为水平向右磁感应强度为 B 的匀强磁场；将圆盘匀速转动简化为一根始终在匀强磁场中绕铜轴匀速转动、长度为圆盘半径的导体棒。已知圆盘半径为 a，以角速度 ω 匀速转动。请根据电动势的定义证明：圆盘匀速转动产生的感应电动势 $E = \frac{1}{2}B\omega a^2$。

图 1.5

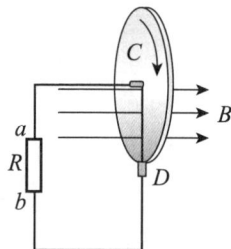

图 1.6

分析：题中已经提示，圆盘简化为导体棒旋转切割磁感线，也就是"旋转切割"模型，此时导体棒不能视为质点。导体棒在旋转切割过程中，洛伦兹力沿导体棒方向的分力充当非静电力，$f_{非}=e\omega xB$，不同位置的非静电力不同，故需要通过微元法分析，同时可借助 $f_{非}-x$ 图像求非静电力做功。

解：圆盘匀速转动时，圆盘简化的导体棒的内部电子因棒转动而在匀强磁场中受沿棒方向的洛伦兹力的分力 f，为非静电力

对于与圆心距离为 x 的电子，有 $f_{非}=e\omega xB$

根据 f 随电子与圆心距离 x 变化的图 1.7 可知，图线下面积表示非静电力做功的大小

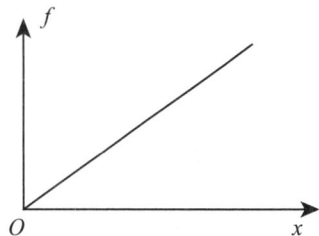

电子沿棒移动过程中，此非静电力做的功为 $W_{非}=\dfrac{1}{2}\times e\omega aB\times a$

根据电动势的定义可得 $E=\dfrac{W_{非}}{e}=\dfrac{1}{2}B\omega a^2$

点拨：本题可与教材中导体棒平动切割模型类比，因为导体棒不同位置洛伦兹力大小不同，所以考虑微元求和的思路，然后类比 $v-t$ 图像求位移的思路，求非静电力做功。

图 1.7

1.1.2 流体模型

【例 1-4】（2019 高考北京卷）雨滴落到地面的速度通常仅为几米每秒，这与雨滴下落过程中受到空气阻力有关。雨滴间无相互作用且雨滴质量不变，重力加速度为 g。

（1）质量为 m 的雨滴由静止开始，下落高度 h 时速度为 u，求这一过程中克服空气阻力所做的功 W。

（2）将雨滴看作半径为 r 的球体，设其竖直落向地面的过程中所受空气阻力 $f=kr^2v^2$，其中 v 是雨滴的速度，k 是比例系数。

a. 设雨滴的密度为 ρ，推导雨滴下落趋近的最大速度 v_m 与半径 r 的关系式；

b. 示意图 1.8 中画出了半径为 r_1、$r_2(r_1>r_2)$ 的雨滴在空气中无初速下落的 $v-t$ 图线，其中_____对应半径为 r_1 的雨滴（选填①、②）；若不计空气阻力，请在图中画出雨滴无初速下落的 $v-t$ 图线。

（3）由于大量气体分子在各方向运动的几率相等，其对静止雨滴的作用力为零。将雨滴简化为垂直于运动方向面积为 S 的圆盘，证明：圆盘以速度 v 下落时受到的空气阻力 $f\propto v^2$（提示：设单位体积内空气分子数为 n，空气分子质量为 m_0）。

分析：本题前两问研究对象为雨滴，可视为质点，第（3）问需要转化研究对象，研究雨滴下方的大量气体分子，也即流体模型，需要构建柱状气体模型，柱体体积 $V=S\cdot v\Delta t$，再从动量的角度解题。

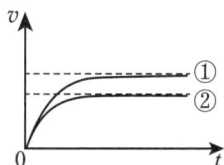

图 1.8

解：（1）根据动能定理 $mgh - W = \dfrac{1}{2}mu^2$

可得 $W = mgh - \dfrac{1}{2}mu^2$

（2）a．根据牛顿第二定律 $mg - f = ma$

得 $a = g - \dfrac{kr^2v^2}{m}$

当加速度为零时，雨滴趋近于最大速度 v_m

雨滴质量 $m = \dfrac{4}{3}\pi r^3 \rho$

由 $a = 0$，可得，雨滴最大速度 $v_m = \sqrt{\dfrac{4\pi \rho g}{3k}}\, r$

b．①；如图 1.9 所示。

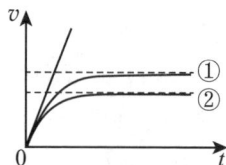

图 1.9

（3）根据题设条件：大量气体分子在各方向运动的几率相等，其对静止雨滴的作用力为零。以下只考虑雨滴下落的定向运动。

简化的圆盘模型如图 1.10 所示。设空气分子与圆盘碰撞前后相对速度大小不变。在 Δt 时间内，与圆盘碰撞的空气分子质量为 $\Delta m = Sv\Delta t n m_0$

以 F 表示圆盘对气体分子的作用力，根据动量定理，

有 $F\Delta t \propto \Delta m \times v$，得 $F \propto n m_0 S v^2$

由牛顿第三定律，可知圆盘所受空气阻力 $f \propto v^2$

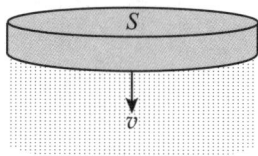

图 1.10

点拨：选取气体为研究对象时，一般需要考虑极短 Δt 时间内，圆盘扫过的空气柱体模型，再利用动量定理或动量守恒求解。采用不同的碰撞模型，也可得到相同结论。

【例 1–5】（2019 北京海淀零模）光子不仅具有能量，而且具有动量。照到物体表面的光子被物体吸收或被反射时都会对物体产生一定的压强，这就是"光压"。光压的产生机理与气体压强产生的机理类似：大量气体分子与器壁的频繁碰撞产生持续均匀的压力，器壁在单位面积上受到的压力表现为气体的压强。

在体积为 V 的正方体密闭容器中有大量的光子，如图 1.11 所示。为简化问题，我们做如下假定：每个光子的频率均为 v，光子与器壁各面碰撞的机会均等，光子与器壁的碰撞为弹性碰撞，且碰撞前后瞬间光子动量方向都与器壁垂直；不考虑器壁发出光子和对光子的吸收，光子的

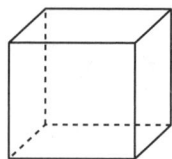

图 1.11

总数保持不变，且单位体积内光子个数为 n；光子之间无相互作用。已知：单个光子的能量 ε 和动量 p 间存在关系 $\varepsilon = pc$（其中 c 为光速），普朗克常量为 h。

（1）a．写出单个光子的动量 p 的表达式（结果用 c、h 和 v 表示）；

　　b．求出光压 I 的表达式（结果用 n、h 和 v 表示）。

（2）类比于理想气体，我们将题目中所述的大量光子的集合称为光子气体，把容器

中所有光子的能量称为光子气体的内能。

c．求出容器内光子气体内能 U 的表达式（结果用 V 和光压 I 表示）；

d．若体积为 V 的容器中存在分子质量为 m、单位体积内气体分子个数为 n' 的理想气体，分子速率均为 v，且与器壁各面碰撞的机会均等；与器壁碰撞前后瞬间，分子速度方向都与器壁垂直，且速率不变。求气体内能 U' 与体积 V 和压强 $p_{气}$ 的关系；并从能量和动量之间关系的角度说明光子气体内能表达式与气体内能表达式不同的原因。

分析： 本题涉及光子和气体分子，需要先构建光子流和气流两个流体模型，柱体体积柱体体积 $V=S\cdot v\Delta t$，再通过动量定理求解。

解：（1）a．光子的能量 $\varepsilon=h\nu$，根据题意可得 $\varepsilon=pc$，可得 $p=\dfrac{\varepsilon}{c}=\dfrac{h\nu}{c}$

b．在容器壁上取面积为 S 的部分，则在 Δt 时间内能够撞击在器壁上的光子总数为

$N=\dfrac{1}{6}c\Delta tSn$

设器壁对这些光子的平均作用力为 F，则根据动量定理 $F\Delta t=2Np$

由牛顿第三定律，这些光子对器壁的作用力 $F'=F$

由压强定义，光压 $I=\dfrac{F'}{S}=\dfrac{1}{3}nh\nu$

（2）c．设光子的总个数为 N，则光子的内能 $U=N\varepsilon=Vnh\nu$

将上问中的 $I=\dfrac{1}{3}nh\nu$ 带入，可得 $U=3IV$

d．一个分子每与器壁碰撞动量变化大小为 $2mv$，以器壁上的面积 S 为底，以 $v\Delta t$ 为高构成柱体，由题设可知，柱内的分子在 Δt 时间内有 $1/6$ 与器壁 S 发生碰撞，碰壁分子总数：$N'=\dfrac{1}{6}n'\cdot Sv\Delta t$

对这些分子用动量定理，有 $F\Delta t=2Np_{气}$，则 $F=\dfrac{1}{3}n'mv^2S$

由牛顿第三定律，气体对容器壁的压力大小 $F'=F$

由压强定义，气压 $p_{气}=\dfrac{F'}{S}=\dfrac{1}{3}n'mv^2$

理想气体分子间除碰撞外无作用力，故无分子势能。所以容器内所有气体分子动能之和即为气体内能，即 $U'=N'\cdot\dfrac{1}{2}mv^2=n'V\cdot\dfrac{1}{2}mv^2=\dfrac{3}{2}p_{气}V$

由上述推导过程可见：光子内能表达式与理想气体内能表达式不同的原因在于光子和气体的能量动量关系不同。对于光子能量动量关系为 $\varepsilon=pc$，而对于气体则为 $E_k=\dfrac{1}{2}mv^2=\dfrac{1}{2}pv$。

点拨： 解决涉及流体模型问题时，一般都会选择极短 Δt 时间内对应的柱体，再结合题中所给的体积密度或者数密度，得到质量。

1.2 过程模型

1.2.1 匀速直线运动模型

匀速直线运动是高中物理中最简单的运动模型，如速度选择器、电磁流量计等。接下来，我们将分析复合场中的匀速直线运动。

【例 1-6】（2019 北京丰台一模）如图 1.12 所示，地面附近某真空环境中存在着水平方向的匀强电场和匀强磁场，已知磁场方向垂直纸面向里，一个带正电的油滴，沿着一条与竖直方向成 α 角的直线 MN 运动，由此可判断

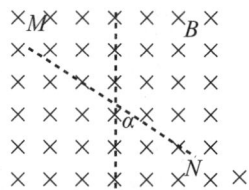

A．匀强电场方向一定是水平向左

B．油滴沿直线一定做匀加速运动

C．油滴可能是从 N 点运动到 M 点

D．油滴一定是从 N 点运动到 M 点

图 1.12

分析： 根据力和运动的关系分析可知，物体做直线运动的条件是其受合力方向必须与速度共线。油滴受重力、电场力和洛伦兹力作用，因为重力和电场力均为恒力，则油滴受洛伦兹力 $F_洛 = qvB$ 也必须为恒力，所以粒子必须做匀速直线运动。

解： 正确选项为 A。

对粒子的运动方向分类讨论，若粒子从 N 点运动到 M 点，受合力方向无法与速度共线。所以粒子的受力如图 1.13 所示，即电场力只能水平向左。故选 A。

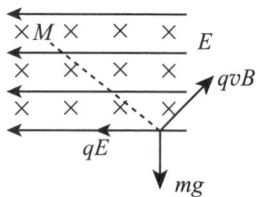

图 1.13

点拨： 在洛伦兹作用下的直线运动，一般都是匀速直线运动。

1.2.2 匀变速直线运动模型

【例 1-7】 伽利略在研究落体运动时，猜想落体一定是一种最简单的变速运动，它的速度应该是均匀变化的，他考虑了两种可能：一种是速度的变化对时间来说是均匀的，即 v 与 t 成正比；另一种是速度的变化对位移来说是均匀的，即 v 与 x 成正比。伽利略通过理论推导和实验验证，得出落体运动 v 与 t 成正比，称为匀变速直线运动。

（1）请类比匀变速直线运动中的加速度 a 的定义，给出速度随位移均匀变化的运动的加速度 A 的定义，使 A 也为定值，并写出 A 的单位；

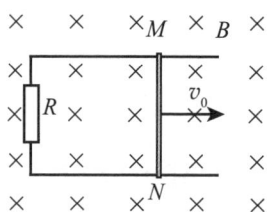

图 1.14

（2）如图 1.14 所示，两光滑平行导轨相距为 L，一端连接阻值为 R 的电阻，整个装置处在与导轨所在平面垂直的匀强磁场中，磁场的磁感应强度为 B。在导轨上垂直导轨放一质量为 m、电阻为 r 的金属棒 MN。给金属棒水平向右的初速度 v_0。请证明金属棒此后速度随位移均匀变化（导轨的电阻不计），并分析金属棒的加速度 a 的变化情况。

分析： 本题考察了类比的思想，提出了新的"匀变速"直线运动模型：速度随位移均匀变化。再以常见的导体棒在匀强磁场中运动模型为背景，考察新模型的应用。

解：（1）类比匀加速直线运动中加速度 a 的定义，可知 $A = \dfrac{\Delta v}{\Delta x}$

根据单位制可得 A 的单位为 s^{-1}

（2）在导体棒速度从 v_0 变为 v 的过程中取一极小时间 Δt，设在这一段时间内，导体棒的速度从 v_i 变为 v_{it}，因为时间极短，可认为这一段时间内安培力为一定值，根据动量定理可得：

$$-ILB \cdot \Delta t = mv_{it} - mv_i \qquad ①$$

$$I = \dfrac{BLv_i}{R} \qquad ②$$

将②带入①并累加可得：$\dfrac{B^2L^2}{R}x = mv_0 - mv$，解得 $v = v_0 - \dfrac{B^2L^2}{mR}x$

因此导体棒的运动速度 v 随位移 x 均匀变化

根据牛顿第二定律 $F_安 = ILB = ma$，$I = \dfrac{BLv}{R}$，所以 $a = \dfrac{B^2L^2v}{mR}$，所以随着速度的逐渐减小，加速度 a 也逐渐减小。

点拨： 在分析导体棒加速度变化时，也可以根据加速度的定义 $a = \dfrac{\Delta v}{\Delta t} = \dfrac{\Delta v}{\Delta x} \cdot \dfrac{\Delta x}{\Delta t}$。因为 $A = \dfrac{\Delta v}{\Delta x}$ 为一定值，而 $v = \dfrac{\Delta x}{\Delta t}$ 逐渐减小，所以加速度 a 也逐渐减小。

1.2.3　简谐运动模型

【例 1-8】（2017 北京西城二模）简谐运动是我们研究过的一种典型运动形式。

（1）一个质点做机械振动，如果它的回复力与偏离平衡位置的位移大小成正比，而且方向与位移方向相反，就能判定它是简谐运动。如图 1.15 所示，将两个劲度系数分别为 k_1 和 k_2 的轻质弹簧套在光滑的水平杆上，弹簧的两端固定，中间接一质量为 m 的小球，此时两弹簧均处于原长。现将小球沿杆拉开一段距离后松开，小球以 O 为平衡位置往复运动。请你据此证明，小球所做的运动是简谐运动。

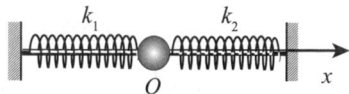

图 1.15

（2）以上我们是以回复力与偏离平衡位置的位移关系来判断一个运动是否为简谐运动。但其实简谐运动也具有一些其他特征，如简谐运动质点的运动速度 v 与其偏离平衡位置的位移 x 之间的关系就都可以表示为 $v^2 = v_0^2 - ax^2$，其中 v_0 为振动质点通过平衡位置时的瞬时速度，a 为由系统本身和初始条件所决定的不变的常数。请你证明，图 1.15 中小球的运动也满足上述关系，并说明其关系式中的 a 与哪些物理量有关。已知弹簧的弹性势能可以表达为 $\frac{1}{2}kx^2$，其中 k 是弹簧的劲度系数，x 是弹簧的形变量。

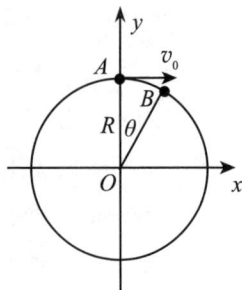

（3）一质点以速度 v_0 做半径为 R 的匀速圆周运动，如图 1.16 所示。请结合第（2）问中的信息，分析论证小球在 x 方向上的分运动是否符合简谐运动这一特征。

图 1.16

分析： 简谐运动是运动学的一个基本模型，而匀速圆周运动的投影运动是简谐运动，我们可以借助此信息推导出弹簧振子的周期公式等。本题考察了两种证明简谐运动的方法：① $F = -kx$，② $v^2 = v_0^2 - ax^2$。

解：（1）当小球向右运动到任意位置 C，离开 O 的位移为 x，此时小球受到两个弹力 F_1、F_2，方向沿 x 轴负方向，如图 1.17 所示。

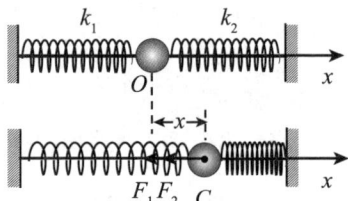

两个力的合力即为小球的回复力，即

$$F = -(F_1 + F_2) = -(k_1 x + k_2 x) = -(k_1 + k_2)x$$

其中 $k_1 + k_2$ 为常数，所以 F 与 x 成正比。

回复力 F 沿 x 轴负方向，位移 x 沿 x 轴正方向，F 与 x 方向相反。由此证明小球所做的运动是简谐运动。

图 1.17

（2）当小球从平衡位置 O 运动到任意位置 C 时，设此时小球的速度为 v

根据能量守恒 $\frac{1}{2}mv_0^2 = \frac{1}{2}mv^2 + \frac{1}{2}k_1 x^2 + \frac{1}{2}k_2 x^2$

整理后得 $v^2 = v_0^2 - \left(\dfrac{k_1 + k_2}{m}\right)x^2$

其中常数 $a = \dfrac{k_1 + k_2}{m}$ 与两个弹簧的劲度系数和小球的质量有关。

（3）质点从 A 点运动到 B 点，在 B 点将速度分解，如图 1.18 所示。

A 点速度 v_0 沿 x 正方向，所以 v_0 即为 x 方向上经过平衡位置 O 点的速度

B 点速度沿 x 方向的分量为 $v_x = v_0 \sin \theta$ ①

B 点在 x 方向的投影 $x = R\cos \theta$ ②

将以上两式两边平方并相加 $\sin^2 \theta + \cos^2 \theta = \dfrac{v_x^2}{v_0^2} + \dfrac{x^2}{R^2}$

整理后得 $v_x^2 = v_0^2 - \dfrac{v_0^2}{R^2}x^2$

因 v_0 和 R 均不变，所以式中 $\dfrac{v_0^2}{R^2}$ 为一常数，常数与小球

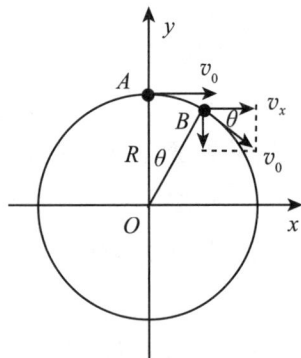

图 1.18

做匀速圆周运动的速度和半径有关。因此，小球在 x 方向上的分运动符合简谐运动这一特征。

点拨： 证明简谐运动，在高中阶段还有一种常见的方法：直接推导出位移表达式 $x=A\sin(\omega t+\varphi)$，详见本章 1.5 巩固练习。

1.2.4　复杂运动模型

【例 1-9】（2018 朝阳一模）根据牛顿力学经典理论，只要物体的初始条件和受力情况确定，就可以预知物体此后的运动情况。

（1）如图 1.19 所示，空间存在水平方向的匀强磁场（垂直纸面向里），磁感应强度大小为 B，一质量为 m、电荷量为 $+q$ 的带电粒子在磁场中做匀速圆周运动，经过 M 点时速度的大小为 v，方向水平向左。不计粒子所受重力。求粒子做匀速圆周运动的半径 r 和周期 T。

（2）如图 1.20 所示，空间存在竖直向下的匀强电场和水平的匀强磁场（垂直纸面向里），电场强度大小为 E，磁感应强度大小为 B。一质量为 m、电荷量为 $+q$ 的带电粒子在场中运动，不计粒子所受重力。

a．若该带电粒子在场中做水平向右的匀速直线运动，求该粒子速度 v' 的大小；

b．若该粒子在 M 点由静止释放，其运动将比较复杂。为了研究该粒子的运动，可以应用运动的合成与分解的方法，将它为 0 的初速度分解为大小相等的水平向左和水平向右的速度。求粒子沿电场方向运动的最大距离 y_{m} 和运动过程中的最大速率 v_{m}。

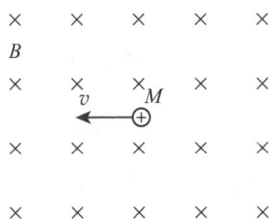 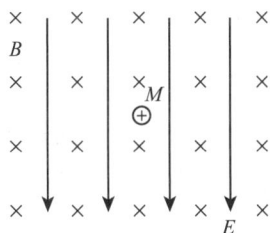

图 1.19　　　　　　　　　　图 1.20

分析： 本题第（2）问，考察了一个复杂运动，可以分解为匀速圆周运动和匀速直线运动两个分运动，类比匀速直线骑行的自行车车轮上一点相对地面的运动轨迹，也即摆线模型。在进行运动分解时，考虑两个初速度等大反向，并且一个速度对应的洛伦兹力恰好与电场力平衡，保证了这个分运动是匀速直线运动，则另一个分运动将只受洛伦兹力，做匀速直线运动。

解：（1）根据牛顿第二定律有 $qvB=m\dfrac{v^2}{r}$，所以 $r=\dfrac{mv}{qB}$，$T=\dfrac{2\pi r}{v}=\dfrac{2\pi m}{qB}$

（2）a．根据牛顿第二定律有 $qv'B-qE=0$，所以 $v'=\dfrac{E}{B}$

b．带电粒子由静止释放，其初速度可分解为相等的水平向左和水平向右的速度，设

为 v，令 $v = \dfrac{E}{B}$，则带电粒子的运动可分解为沿水平方向的匀速直线运动和在竖直平面内的匀速圆周运动。圆周运动的轨道半径 $r = \dfrac{mv}{qB} = \dfrac{mE}{qB^2}$

所以 $y_m = 2r = \dfrac{2mE}{qB^2}$，$v_m = 2v = \dfrac{2E}{B}$

点拨： 本题还可以采用解决抛体运动问题的思路进行运动的正交分解，水平方向分运动用动量定理微元求和求解（本题可不用竖直方向分运动方程），再考虑合运动的动能定理，两个方程联立求解即可。

1.2.5 类碰撞模型

【例 1-10】（2019 北京西城一模）随着科幻电影《流浪地球》的热映，"引力弹弓效应"进入了公众的视野。"引力弹弓效应"是指在太空运动的探测器，借助行星的引力来改变自己的速度。为了分析这个过程，可以提出以下两种模式：探测器分别从行星运动的反方向或同方向接近行星，分别因相互作用改变了速度。如图 1.21 和图 1.22 所示，以太阳为参考系，设行星运动的速度为 u，探测器的初速度大小为 v_0，在图示的两种情况下，探测器在远离行星后速度大小分别为 v_1 和 v_2。

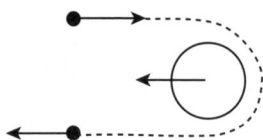
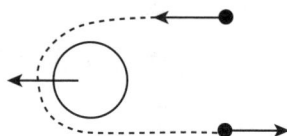

| 图 1.21 | 图 1.22 |

探测器和行星虽然没有发生直接的碰撞，但是在行星的运动方向上，其运动规律可以与两个质量不同的钢球在同一条直线上发生的弹性碰撞规律作类比。那么下列判断中正确的是

A. $v_1 > v_0$　　　　B. $v_1 = v_0$　　　　C. $v_2 > v_0$　　　　D. $v_2 = v_0$

分析： 弹性正碰模型是中学物理的一个常见模型，通过动量守恒和能量守恒两个方程联立求解。本题两个物体虽然没有直接碰撞，但二者通过相互作用，产生类似碰撞的效果，满足动量守恒和能量守恒。

解： 正确选项为 A。

根据题意，设行星的质量为 M，探测器的质量为 m，当探测器从行星的反方向接近行星时，如图 1.21 所示，再设向左为正方向，根据动量守恒和能量守恒得 $-mv_0 + Mu = Mu' + mv_1$，$\dfrac{1}{2}mv_0^2 + \dfrac{1}{2}Mu^2 = \dfrac{1}{2}Mu'^2 + \dfrac{1}{2}mv_1^2$，整理得 $v_1 - v_0 = u + u'$，所以 $v_1 > v_0$。故 A 正确，B 错误。同理，当探测器从行星的同方向接近行星时，如图 1.22 所示，再设向左为正方向，根据动量守恒和能量守恒得 $mv_0+Mu=Mu''-mv_2$，$\dfrac{1}{2}mv_0^2+\dfrac{1}{2}Mu^2=\dfrac{1}{2}Mu''^2+\dfrac{1}{2}mv_2^2$，整理得 $v_0-v_2=u+u''$，所以 $v_2<v_0$。故 C 和 D 错误。

故选 A。

点拨： 本题是弹性正碰的"动碰动"模型，可尝试换参考系解题，图 1.21 中以作用前的行星为参考系，则探测器的初速度为 v_0+u，就可以直接套用教材得到的"动碰静"模型的结论，最后再换回太阳参考系，即可较为简便地算出具体的速度大小。或可尝试类比网球拍击球的过程，结果将更加直观。

1.3 条件模型

把研究对象所处的外部条件理想化，突出外部条件的主要特征。常见的条件模型有光滑、恒力、真空、原速率反弹、匀强电场、匀强磁场、不计电阻、导轨足够长等。

【例 1-11】（2023 高考北京卷）某种负离子空气净化原理如图 1.23 所示。由空气和带负电的灰尘颗粒物（视为小球）组成的混合气流进入由一对平行金属板构成的收集器。在收集器中，空气和带电颗粒沿板方向的速度 v_0 保持不变。在匀强电场作用下，带电颗粒打到金属板上被收集。已知金属板长度为 L，间距为 d。不考虑重力影响和颗粒间相互作用。

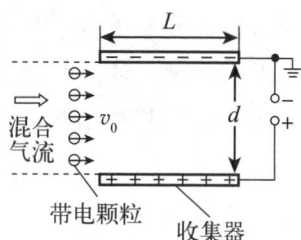

图 1.23

（1）若不计空气阻力，质量为 m、电荷量为 $-q$ 的颗粒恰好全部被收集，求两金属板间的电压 U_1。

（2）若计空气阻力，颗粒所受阻力与其相对于空气的速度 v 方向相反，大小为 $f = krv$，其中 r 为颗粒的半径，k 为常量。假设颗粒在金属板间经极短时间加速达到最大速度。

a．半径为 R、电荷量为 $-q$ 的颗粒恰好全部被收集，求两金属板间的电压 U_2；

b．已知颗粒的电荷量与其半径的平方成正比。进入收集器的均匀混合气流包含了直径为 10 μm 和 2.5 μm 的两种颗粒，若 10 μm 的颗粒恰好 100% 被收集，求 2.5 μm 的颗粒被收集的百分比。

分析： 本题第（1）问考察了带电粒子在匀强电场中的类平抛运动，属于基本模型。第（2）问建立了空气阻力不可忽略的模型，颗粒进入收集器后，将做一个复杂的曲线运动，但题设增加了一个条件"假设颗粒在金属板间经极短时间加速达到最大速度"，对复杂运动进行分解，认为颗粒在水平方向与空气无相对运动，所以无空气阻力作用，保持匀速直线运动；竖直方向受电场力向下加速运动，但极短时间达到最大速度，也即空气阻力和电场力平衡时速度最大，通过平衡方程就可解出竖直方向分速度。

解：（1）设颗粒通过收集器的时间为 t，则 $L = v_0 t$

当恰好全部被收集时 $d = \dfrac{1}{2}\dfrac{qU_1}{md}t^2$

得 $U_1 = \dfrac{2md^2v_0^2}{qL^2}$

（2）a．设半径为 R 的颗粒相对于流动空气的最大速度为 v_1，则 $\dfrac{qU_2}{d} = kRv_1$

根据题意，颗粒在收集器中可视为做匀速直线运动，当恰好全部被收集时 $\dfrac{L}{v_0} = \dfrac{d}{v_1}$

得 $U_2 = \dfrac{kRd^2v_0}{qL}$

b. 设半径为 r 的颗粒相对于流动空气的最大速度为 v_2，则 $\dfrac{qU_2}{d} = krv_2$

根据题意 $q = k'r^2$ （ k' 为常量）

得 $v_2 = \dfrac{k'rU_2}{kd}$

沿金属板方向有 $L = v_0t$

颗粒在经过收集器时垂直金属板方向的位移 $y = v_2t = \dfrac{k'rLU_2}{kdv_0}$

得 $y \propto r$

所以 10 μm 的颗粒与 2.5 μm 的颗粒经过收集器时在垂直于金属板方向的位移之比为 4∶1。故当 10 μm 的颗粒恰好 100% 被收集，2.5 μm 的颗粒被收集的百分比为 25%。

点拨： 本题通过理想化条件"假设颗粒在金属板间经极短时间加速达到最大速度"将原本复杂的曲线运动模型简化，这种简化与实际情况比较接近，是一个不错的条件模型。如果我们在读题时忽视了这个理想化条件，就会觉得此题无从下笔。

1.4 结构模型

高中物理常见的结构模型有：行星模型、匀强电场、匀强磁场、卢瑟福核式结构、玻尔原子模型、能级结构等。接下来，我们继续分析两个考场中遇到的"新模型"。

【例1-12】（2020北京西城二模）电容器作为储能器件，在生产生活中有广泛的应用。实际中的电容器在外形结构上有多种不同的形式，但均可以用电容描述它的特性。

（1）在两个相距很近的平行金属板中间夹上一层绝缘物质就组成一个最简单的电容器，叫作平行板电容器。图1.24为一平行板电容器的充电电路，在充电过程中两极板间电势差u随电荷量q的变化图像如图1.25所示。类比直线运动中由$v-t$图像求位移的方法，在图中画网格线表示当电荷量由Q_1增加到Q_2的过程中电容器增加的电势能。

（2）同平行板电容器一样，一个金属球和一个与它同心的金属球壳也可以组成一个电容器，叫作球形电容器。如图1.26所示，两极间为真空的球形电容器，其内球半径为R_1，外球内半径为R_2，电容为$C = \dfrac{R_1 R_2}{k(R_2 - R_1)}$，其中$k$为静电力常量。请结合（1）中的方法推导该球形电容器充电后电荷量达到Q时所具有的电势能E_p的表达式。

（3）孤立导体也能储存电荷，也具有电容。

a. 将孤立导体球看作另一极在无穷远的球形电容器，根据球形电容器电容的表达式推导半径为R的孤立导体球的电容C'的表达式；

b. 将带电金属小球用导线与大地相连，我们就会认为小球的电荷量减小为0。请结合题目信息及所学知识解释这一现象。

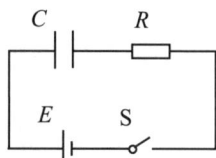

图1.24

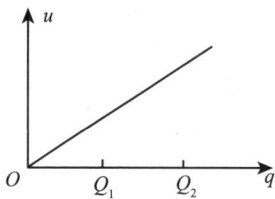

图1.25

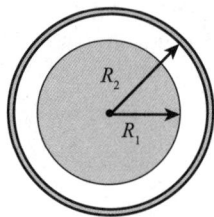

图1.26

分析： 本题通过对比平行板电容器模型，提出了球形电容器模型，并给出球形电容器的电容表达式，最后建立孤立导体球的球形电容器模型。求电势能时，类比$v-t$图像求位移的方法，利用$u-q$图像线下面积求解；分析带电金属小球与大地相连时电量的电量变化，则视地球为一个巨大的孤立导体球，两个孤立导体球电容器相连，静电平衡时电势差为0，根据$Q=CU$，即电量Q与电容C成正比。

解：（1）如图1.27所示。

（2）由电容的定义式可知球形电容器充电过程中两极板间电势差 u 随电荷量 q 的变化图像如图 1.28 所示，图中三角形面积表示电荷量达到 Q 时电容器所具有的电势能 E_p 的大小

由图可得 $E_p = \dfrac{1}{2}QU$

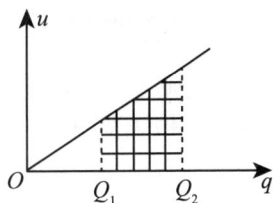

图 1.27

根据 $C = \dfrac{Q}{U}$ 可得 $U = \dfrac{Q}{C}$，$E_p = \dfrac{Q^2}{2C}$

将球形电容器电容的表达式 $C = \dfrac{R_1 R_2}{k(R_2 - R_1)}$ 代入

推得 $E_p = \dfrac{kQ^2(R_2 - R_1)}{2R_1 R_2}$

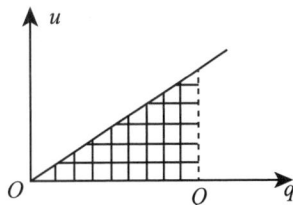

图 1.28

（3）a．将孤立导体球看作另一极在无穷远的球形电容器，即 $R_1 = R$，$R_2 \to \infty$

代入球形电容器电容的表达式 $C = \dfrac{R_1 R_2}{k(R_2 - R_1)}$

推得 $C' = \dfrac{R}{k}$

b．根据 a 中推得的孤立导体球的电容表达式 $C' = \dfrac{R}{k}$ 可知，球体的半径越大，其电容越大。由于金属小球的半径远小于地球半径，所以地球的电容远大于小球的电容。二者用导线连接，电势相同，根据 $Q = CU$ 可知，地球的带电量远大于小球的带电量，电荷总量保持不变，所以可以认为小球的电荷量减小为 0。

点拨： 本题表面上提出了"球形电容器"的新模型，但直接给了电容大小的表达式，所以解题过程并不难。只是注意在分析（3）b 问题时，需要建模"视地球为孤立导体球"。

【例 1-13】（2020 高考北京卷）如图 1.29 甲所示，真空中有一长直细金属导线 MN，与导线同轴放置一半径为 R 的金属圆柱面。假设导线沿径向均匀射出速率相同的电子，已知电子质量为 m，电荷量为 e。不考虑出射电子间的相互作用。

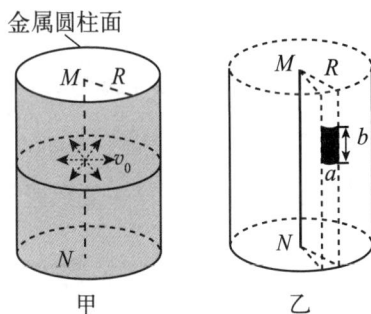

图 1.29

（1）可以用以下两种实验方案测量出射电子的初速度：

a．在柱面和导线之间，只加恒定电压；

b．在柱面内，只加与 MN 平行的匀强磁场。

当电压为 U_0 或磁感应强度为 B_0 时，刚好没有电子到达柱面。分别计算出射电子的初速度 v_0。

（2）撤去柱面，沿柱面原位置放置一个弧长为 a、长度为 b 的金属片，如图 1.29 乙所示。在该金属片上检测到出射电子形成的电流为 I，电子流对该金属片的压强为 p。求

单位长度导线单位时间内出射电子的总动能。

分析： 在高中教材中，一种常见的"点状源"模型，如点光源、太阳能量辐射等，认为能量在球面上均匀分布。本题建立了"线状源"模型，"假设导线沿径向均匀射出速率相同的电子"，认为电子在柱面上均匀分布。第（1）问考察带电粒子在电场中的减速运动和在匀强磁场中的匀速圆周运动模型；第（2）问形成电子流，研究电子对金属片作用力时需要建立流体模型，利用动量定理求解。

解：（1）a．在柱面和导线之间，只加恒定电压 U_0，粒子刚好没有电子到达柱面，此时速度为零，根据动能定理有 $-eU_0 = -\dfrac{1}{2}mv_0^2$

解得 $v_0 = \sqrt{\dfrac{2eU_0}{m}}$

b．在柱面内，只加与 MN 平行的匀强磁场，磁感应强度为 B_0 时，刚好没有电子到达柱面，设粒子的偏转半径为 r，根据几何关系有 $2r=R$

根据洛伦兹力提供向心力，则有 $ev_0B_0 = m\dfrac{v_0^2}{r}$

解得 $v_0 = \dfrac{eB_0R}{2m}$

（2）设 Δt 时间落在金属片的电子数为 ΔN，则根据电流的定义式可得 $I = \dfrac{\Delta Ne}{\Delta t}$

由于电子流对金属片的压强为 p，则电子流对金属片单位时间内的压力为 $F=p\cdot ab$

由牛顿第三定律可得，金属片对电子流的作用大小 $F'=F=p\cdot ab$

根据动量定理，对 ΔN 个落在金属片的电子 $F'\Delta t = \Delta N\cdot mv_0$

解得 $v_0 = \dfrac{peab}{mI}$

故单位时间射到金属片上电子的总动能为 $E_k = \dfrac{\Delta N}{\Delta t}\cdot\dfrac{1}{2}mv_0^2 = \dfrac{p^2a^2b^2e}{2mI}$

所以单位长度导线单位时间内出射电子的总动能 $E_0 = \dfrac{2\pi R}{a}E_k\cdot\dfrac{1}{b} = \dfrac{e\pi abRp^2}{mI}$

点拨： 本题不同于常见的"点状源"模型，而是建立一个"线状源"模型，电子发射形成柱面分布。高中还会遇到"面状源"模型，如平面波，解题的基本思路大同小异。

1.5　巩固练习

1．（2006 高考全国卷 I）一位质量为 m 的运动员从下蹲状态向上起跳，经 Δt 时间，身体伸直并刚好离开地面，速度为 v。在此过程中

  A．地面对他的冲量为 $mv+mg\Delta t$，地面对他做的功为 $\dfrac{1}{2}mv^2$

  B．地面对他的冲量为 $mv+mg\Delta t$，地面对他做的功为零

  C．地面对他的冲量为 mv，地面对他做的功为 $\dfrac{1}{2}mv^2$

  D．地面对他的冲量为 $mv-mg\Delta t$，地面对他做的功为零

2．（2022 北京西城一模）2022 年 2 月 5 日，中国短道速滑运动员在混合团体接力决赛中为中国队拿下北京冬奥会首金，这也是这一新增项目的奥运历史首金。短道速滑接力比赛中运动员在直道上采用推接方式进行替换（如图 1.30 所示）。若忽略推接过程中冰面对运动员的摩擦力，则在甲运动员用力将乙运动员推出的过程中，以下说法一定正确的是

图 1.30

  A．甲对乙的作用力大于乙对甲的作用力

  B．甲的速度变化量的大小等于乙的速度变化量的大小

  C．甲、乙运动员组成的系统机械能守恒

  D．甲、乙运动员组成的系统动量守恒

3．（2020 北京石景山一模）速度和加速度等运动学概念，是伽利略首先建立起来的。伽利略相信，自然界的规律简洁明了。他从这个信念出发，猜想落体一定是一种最简单的变速运动，它的速度应该是均匀变化的。他考虑了两种可能：一种是速度的变化对时间来说是均匀的，定义加速度 $a=\dfrac{v_t-v_0}{t}$，其中 v_0 和 v_t 分别表示一段时间 t 内的初速度和末速度；另一种是速度的变化对位移来说是均匀的，定义加速度 $A=\dfrac{v_x-v}{x}$，其中 v 和 v_x 分别表示一段位移 x 内的初速度和末速度。下列说法正确的是

  A．若 A 不变，则 a 也不变

  B．若 A 不变，则物体在中间位置处的速度为 $\sqrt{\dfrac{v^2+v_x^{\,2}}{2}}$

  C．若 $A>0$ 且保持不变，则 a 逐渐变大

  D．若 a 不变，则物体在中间位置处的速度为 $\dfrac{v_t+v_0}{2}$

4．（2019 北京东城一模）伽利略在研究自由落体运动时，猜想自由落体的速度是均

匀变化的，他考虑了速度的两种变化：一种是速度随时间均匀变化，另一种是速度随位移均匀变化。

（1）现在我们已经知道，自由落体运动是速度随时间均匀变化的运动。有一种"傻瓜"照相机的曝光时间极短，且固定不变。为估测"傻瓜"照相机的曝光时间，实验者从某砖墙前的高处使一个石子自由落下，拍摄石子在空中的照片如图 1.31 所示。由于石子的运动，它在照片上留下了一条模糊的径迹。已知石子在 A 点正上方 1.8 m 的高度自由下落，每块砖的平均厚度为 6.0 cm。（不计空气阻力，取 10 m/s²）

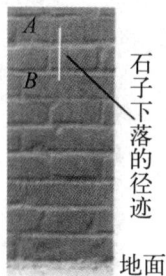

图 1.31

a．计算石子到达 A 点的速度大小 v_A；

b．估算这架照相机的曝光时间（结果保留一位有效数字）。

（2）速度随位移均匀变化的运动也确实存在。已知一物体做速度随位移均匀变化的变速直线运动，其速度与位移的关系式为 $v=v_0+kx$（v_0 为初速度，v 为位移为 x 时的速度）。

c．证明：此物体运动的加速度 a 和速度 v 成正比，且比例系数为 k；

d．如图 1.32 所示，两个光滑的水平金属导轨间距为 L，左侧连接有阻值为 R 的电阻，磁感应强度为 B 的匀强磁场垂直穿过导轨平面。有一质量为 m 的导体棒以初速度 v_0 向右运动，导体棒始终与导轨接触良好。除左边的电阻 R 外，其他电阻均不计。已知棒的运动是速度随位移均匀变化的运动，即满足关系式 $v=v_0+kx$。设棒向右移动最远的距离为 s（s 未知），求 k 值及当棒运动到 λs 时（$0<\lambda<1$）电阻 R 上的热功率。

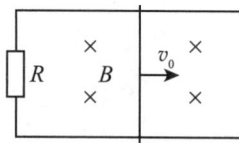

图 1.32

5．（2019 北京大兴一模）1897 年汤姆孙使用气体放电管，根据阴极射线在电场和磁场中的偏转情况发现了电子，并求出了电子的比荷。比荷是微观带电粒子的基本参量之一，测定电子的比荷的方法很多，其中最典型的是汤姆孙使用的方法和磁聚焦法。

（1）图 1.33 是汤姆孙使用的气体放电管的原理图。在阳极 A 与阴极 K 之间加上高压，A、A′ 是两个正对的小孔，C、D 是两片正对的平行金属板，S 是荧光屏。由阴极发射出的电子流经过 A、A′ 后形成一束狭窄的电子束，电子束由于惯性沿直线射在荧光屏的中央 O 点。若在 C、D 间同时加上竖直向下的匀强电场和垂直纸面向里的匀强磁场，调节电场和磁场的强弱，可使电子束仍沿直线射到荧光屏的 O 点，此时电场强度为 E，磁感应强度为 B。

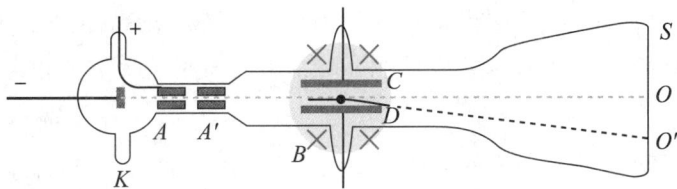

图 1.33

a. 求电子通过 A' 时的速度大小 v；

b. 若将电场撤去，电子束将射在荧光屏上的 O' 点，可确定出电子在磁场中做圆周运动的半径 R，求电子的比荷 $\dfrac{e}{m}$。

（2）图 1.34 是磁聚焦法测比荷的原理图。在阴极 K 和阳极 A 之间加电压，电子由阳极 A 中心处的小孔 P 射出。小孔 P 与荧光屏中心 O 点连线为整个装置的中轴线。在极板很短的电容器 C 上加很小的交变电场，使不同时刻通过这里的电子发生不同程度的偏转，可认为所有电子从同一点发散。在电容器 C 和荧光屏 S 之间加一平行 PO 的匀强磁场，电子从 C 出来后将沿螺旋线运动，经过一段时间再次汇聚在一点。调节磁感应强度 B 的大小，可使电子流刚好再次汇聚在荧光屏的 O 点。已知 K、A 之间的加速电压为 U，C 与 S 之间磁场的磁感应强度为 B，发散点到 O 点的距离为 l。

c. 我们在研究复杂运动时，常常将其分解为两个简单的运动形式。你认为题中电子的螺旋运动可分解为哪两个简单的运动形式？

d. 求电子的比荷 $\dfrac{e}{m}$。

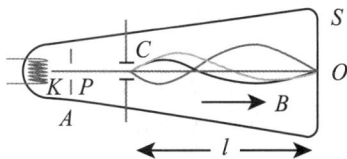

图 1.34

6.（2015 北京西城期末）如图 1.35 所示，在地面上方的水平匀强电场中，一个质量为 m、电荷量为 $+q$ 的小球，系在一根长为 L 的绝缘细线一端，可以在竖直平面内绕 O 点做圆周运动。AB 为圆周的水平直径，CD 为竖直直径。已知重力加速度为 g，电场强度 $E = \dfrac{mg}{q}$。下列说法正确的是

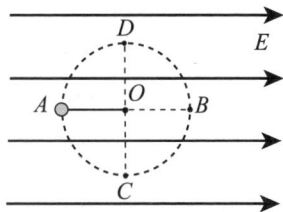

图 1.35

A. 若小球在竖直平面内绕 O 点做圆周运动，则它运动的最小速度为 $\sqrt{gL}$

B. 若小球在竖直平面内绕 O 点做圆周运动，则小球运动到 B 点时的机械能最大

C. 若将小球在 A 点由静止开始释放，它将在 $ACBD$ 圆弧上往复运动

D. 若将小球在 A 点以大小为 $\sqrt{gL}$ 的速度竖直向上抛出，它将能够到达 B 点

7.（2024 北京海淀二模）热气球的飞行原理是通过改变热气球内气体的温度以改变热气球内气体的质量，从而控制热气球的升降，可认为热气球在空中运动过程中体积及形状保持不变。

设热气球在体积、形状不变的条件下受到的空气阻力 $f=kv^2$，其方向与热气球相对空气的速度 v 相反，k 为已知常量。已知热气球的质量（含载重及热气球内的热空气）为 m 时，可悬浮在无风的空中，重力加速度为 g。不考虑热气球所处环境中空气密度的变化。

（1）若热气球初始时悬浮在无风的空中，现将热气球的质量调整为 $0.9m$（忽略调整时间），设向上为正，请在图 1.36 中定性画出此后热气球的速度 v 随时间 t 变化的图像。

（2）若热气球初始时处在速度为 v_0 的水平气流中，且相对气流静止。将热气球质量调整为 $1.1m$（忽略调整时间），热气球下降距离 h 时趋近平衡（可视为达到平衡状态）。

a．求热气球平衡时的速率 v_1 及下降距离 h 过程中空气对热气球做的功 W。

b．热气球达到平衡速率 v_1 后，若水平气流速度突然变为 0，经过时间 t 热气球再次达到平衡状态，求该过程中空气对热气球的冲量大小 I。

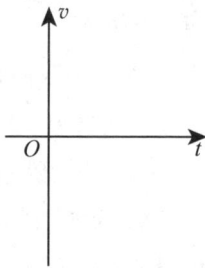

图 1.36

8.（2012 高考北京卷）匀强电场的方向沿 x 轴正方向，电场强度 E 随 x 的分布如图 1.37 所示，图中 E_0 和 d 均为已知量。将带正电的质点 A 在 O 点由静止释放。A 离开电场足够远后，再将另一带正电的质点 B 放在 O 点也由静止释放。当 B 在电场中运动时，A、B 间的相互作用力及相互作用能均为零；B 离开电场后，A、B 间的相互作用视为静电作用。已知 A 的电荷量为 Q，A 和 B 的质量分别为 m 和 $\dfrac{m}{4}$。不计重力。

（1）求 A 在电场中的运动时间 t。

（2）若 B 的电荷量为 $q=\dfrac{4}{9}Q$，求两质点相互作用能的最大值 E_{pm}。

（3）为使 B 离开电场后不改变运动方向，求 B 所带电荷量的最大值 q_m。

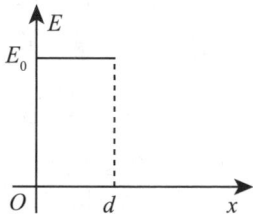

图 1.37

第二章　图像

物理规律常常是抽象的，这往往表现在难以理解的概念、大量的实验数据和复杂的公式上。而函数图像则显得简洁而形象，它能够直观地揭示数据背后的规律，还常被用来比较、分析、计算、论证各种物理问题。因此，函数图像在物理学中有极广泛的应用，是物理研究和学习的有力工具。

以图像在中学物理实验中的应用为例，我们首先收集一系列离散的测量数据并记录在了表格中。然而直接观察表格并不容易得出清晰的结论。现在我们建立了坐标系，把数据点描在了图中。假如你得到的是 x–t 图或 v–t 图，就可以直观地看出物体的运动状态（匀速或变速、加速度是否恒定）而不需额外的计算。假如你做出了电容器的 Q–U 图像，虽然有误差的干扰，但还是能发现 Q 与 U 之间存在着正比关系。如果你需要计算导体的电阻，可以取多组 $\dfrac{U}{I}$ 的平均值作为测量值，组数越多则计算量越大。而使用 U–I 图像，只需要绘制出一条直线，使数据点尽可能均匀分布于其两侧，在直线上取较远的两点计算斜率就能得到一个比较准确的值了。即使面对很多数据点，这种方法的计算量也几乎不会增加。另外，在图像中，若某个数据点明显偏离其他数据点所在曲线，很容易被识别出来，而想要在表格中找到它就困难多了。这个点可能是粗大误差，如果没能找到并剔除它，就可能会对最终结果产生不利的影响。

以上只是图像方法应用的冰山一角，但是已经展现了图像的作用和优势。我们不仅应该学会从图像中提取关键信息，还要能够主动地利用图像分析和解决问题。相信通过本章的学习，大家都能够更加熟练地运用这一方法。

2.1　方法指导

2.1.1　图像中包含的信息

为了更好地利用图像解决物理问题，我们需要充分解读图像中的各种信息。以下是图像包含的关键要素：坐标轴、图线的斜率、图线与坐标轴围成的图形面积以及特殊点。

1. 坐标轴

a. 观察图像时，首先认清坐标轴代表的物理量、范围、标度和单位

图 2.1（a），区分 F–r 图和 E_p–r 图，应注意检查纵轴代表的物理量是分子力 F 还是

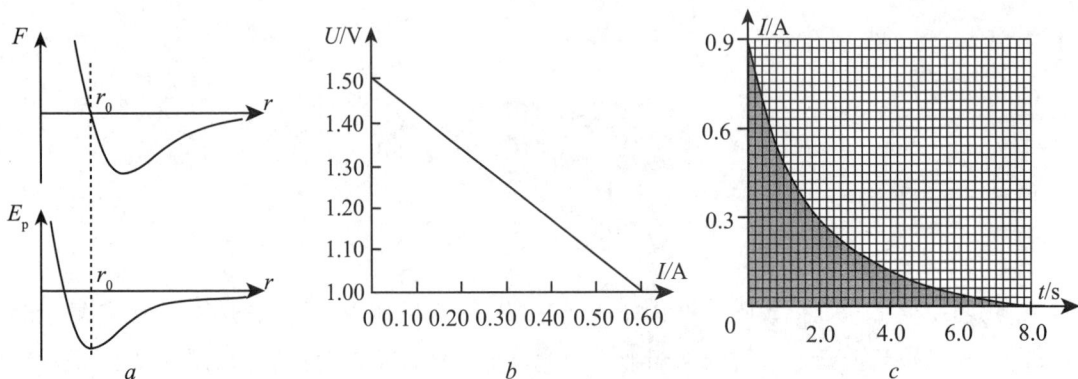

图 2.1

分子势能 E_p。

图 2.1（b），电源路端电压 U 与干路电流 I 的图像中，U 并未从零开始取值，所以电源内阻应为 $\dfrac{1.50-1.00}{0.60}=0.83\ \Omega$ 而非 $\dfrac{1.50}{0.60}=2.50\ \Omega$。

图 2.1（c），利用 I-t 图计算流过电路的电量，估算出线下的格数后，还要计算每格所代表的电量，两者的乘积才是最终的结果。图中每格代表的电量是 $0.03\ \text{A}\times 0.2\ \text{s}=0.006\ \text{C}$。

b．注意坐标轴所代表的物理量的正负号的含义

以图 2.1（a）所示图像举例。势能的正负号参与势能的大小比较，所以 E_p-r 图像显示：两分子的间距从 ∞ 趋近于零时，分子势能先减小后增大。而分子力 F 的正负号指示分子力的方向，不参与大小比较，所以，F-r 图像显示：两分子的间距从 ∞ 趋近于零时，分子先增大后减小再增大。

另外，当坐标轴代表的是矢量时，正半轴与负半轴只能指示与正方向相同或相反的一维分量，故图像只能描述一维情况。

2．斜率

a．查看斜率的意义

几何上，如图 2.2 所示的 A-B 图中，直线的斜率 $k=\dfrac{\Delta A}{\Delta B}$，曲线上某一点 P 的斜率就是曲线在该点的切线斜率。它是这样得到的：在 P 附近任取一点 Q，$\dfrac{\Delta A}{\Delta B}$ 是两点间割线的斜率，ΔB 趋近于零，P、Q 趋近于重合，这条割线就趋近于切线，如图 2.2（b）与图 2.2（c）。所以切线斜率就是 $\dfrac{\Delta A}{\Delta B}$ 在 ΔB 趋近于零时的极限 $k=\lim\limits_{\Delta B\to 0}\dfrac{\Delta A}{\Delta B}$。

物理上，$\dfrac{\Delta A}{\Delta B}$ 这种形式用来描述 A 随 B 变化的快慢，即 A 对 B 的变化率，这就是斜率的物理意义。图线是直线，说明变化率是定值，即 A 随 B 均匀变化。如果图线是曲线，那么各点的变化率一般是不同的。数学上，A-B 图线上某一点的斜率 k 等于该点 A 对 B 的导数。

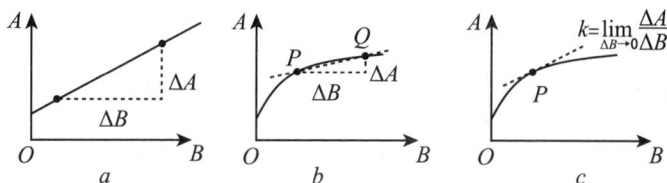

图 2.2

图线的斜率可能对应着一个确定的物理量。以下列举了几个常见的例子：

根据 $a = \dfrac{\Delta v}{\Delta t}$，可知 $v-t$ 图线的斜率代表加速度 a；

用 q 表示电容器的带电量，充、放电电流 $I = \dfrac{\Delta q}{\Delta t}$，所以 $q-t$ 图线斜率代表电流；

单匝线圈上的感应电动势 $E = \dfrac{\Delta \Phi}{\Delta t}$，所以 $\Phi - t$ 图线斜率代表单匝线圈感应电动势；

根据动量定理 $F_{合} \Delta t = \Delta p$，可知 $F_{合} = \dfrac{\Delta p}{\Delta t}$，所以 $p-t$ 图线斜率代表合力；

根据动能定理 $F_{合} \Delta x = \Delta E_{k}$，可知 $F_{合} = \dfrac{\Delta E_{k}}{\Delta x}$，所以 $E_{k}-x$ 图线斜率代表合力；

……

进行上述分析时需要注意：切线斜率是在 $\Delta B \to 0$ 的极限下取得的，根据"微元"的思想，在这段 ΔB 很小的过程内，A 可视为定值。例如，合力 $F_{合}$ 不是恒力时，总功本不可以写成 $F_{合} x$ 的形式，但是若只考查其中一段很小的 Δx，$F_{合}$ 就可视为恒力，动能定理就可以写成 $F_{合} \Delta x = \Delta E_{k}$ 的形式，$E_{k}-x$ 图线斜率的含义就明确了。

另外，应该特别注意区分斜率 $\dfrac{\Delta A}{\Delta B}$ 与坐标比值 $\dfrac{A}{B}$。如图 2.3（a）所示的 $v-t$ 图像为例，某一点的 $\dfrac{v}{t}$ 是该点与原点连线的斜率，它与加速度 $\dfrac{\Delta v}{\Delta t}$ 无关，也没有明确的物理意义。有些物理量是用 $\dfrac{A}{B}$ 的形式定义的，如电阻 $R = \dfrac{U}{I}$。如图 2.3（b）所示，灯丝的伏安特性曲线上某点代表的状态下，灯丝的电阻其实是该点与原点连线的斜率的倒数，和图线在这一点的斜率无关。区别在于：加速度（$\dfrac{\Delta v}{\Delta t}$）反映某时刻的速度与前后相邻时刻的速度相比发生的变化，与该时刻的速度无关；而电阻（$\dfrac{U}{I}$）却只表示研究对象在某一电压 U 下的导电性质，并不反映这种性质会如何随 U 的变化而变化。

不过，如图 2.3（c）所示，对于定值电阻，它的阻值正好等于直线斜率，即 $R = \dfrac{U}{I} = \dfrac{\Delta U}{\Delta I}$。也就是说，定值电阻的电压变化量与电流变化量比值仍是阻值。还有，如图 2.3（d）所示，电容 $C = \dfrac{Q}{U}$，它正好等于 $Q-U$ 图直线斜率，即 $C = \dfrac{Q}{U} = \dfrac{\Delta Q}{\Delta U}$。所以电容器在充放电时，电量变化量与电压变化量的比值仍是 C。可见，除非图像是正比例图

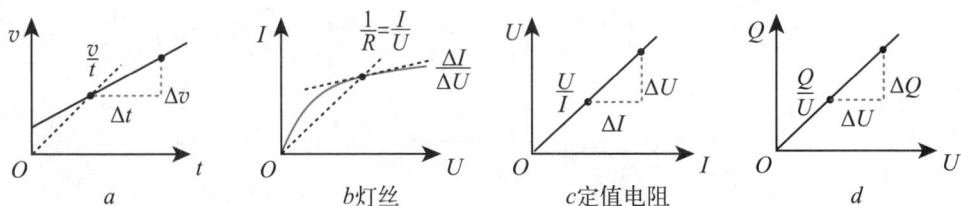

图2.3

线，否则 $\dfrac{\Delta A}{\Delta B}$ 与 $\dfrac{A}{B}$ 无关系。斜率和变化率是用 $\dfrac{\Delta A}{\Delta B}$ 定义的，不能与 $\dfrac{A}{B}$ 混淆。

b．建议先用斜率的绝对值判断对应物理量大小，再结合物理情境判断斜率正负（图线升降）的含义

如图2.4所示，这幅图描述了 x 轴上的电势分布，电场强度沿 x 轴方向。已知匀强电场中 $E=\dfrac{U}{d}$，其实 U 就是电势差 $\Delta\varphi$ 的绝对值，d 就是沿电场方向的位移 Δx 的绝对值，所以 $E=\left|\dfrac{\Delta\varphi}{\Delta x}\right|$。即便在非匀强电场中，只要 Δx 足够小，该式仍然成立。这说明，$\varphi-x$ 图线斜率的绝对值等于场强的大小。据此可以得出：$-d$ 到 0，以及 0 到 d 的范围内各点场强大小都相等，且 $E=\dfrac{\varphi_0}{d}$。再判断斜率正负代表的含义。$0\to d$ 范围内，图线斜率为负，即电势沿 x 正方向下降。我们知道，电场强度指向电势降低的方向，所以，$0\to d$ 范围内的场强沿 x 正方向，E 为正值。同理，$-d\to 0$ 的范围内，图线斜率为正，电势沿 x 正方向电势升高，所以场强指向 $-x$ 方向，E 为负值。故电场强度 E 与电势 φ 的关系可表示为 $E=-\dfrac{\Delta\varphi}{\Delta x}$，$x$ 其中负号表示场强方向与电势升高方向相反。

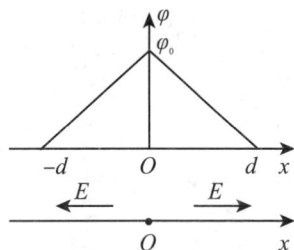

图2.4

3．图线与坐标轴围成的图形面积（以下简称面积）

a．$A-B$ 图线的面积描述了 A 对 B 的累积，即 $\sum A\Delta B$

以 $v-t$ 图为例，如果物体做匀速直线运动，那么物体的位移 $v\Delta t$ 正好等于面积 S。这个结论能否推广到变速直线运动呢？我们可以用微元累积的方法分析，如图2.5所示。

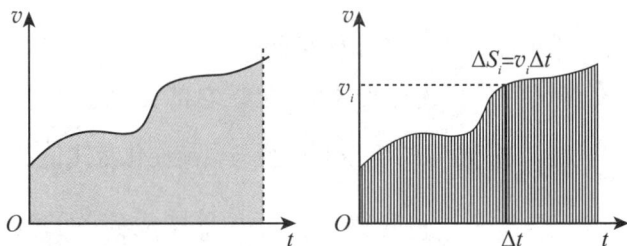

图2.5

第一步，微分，把运动过程分割成 n 段，则总时间 $t=n\Delta t$。n 很大时，每段时间间隔 Δt 极小，相应的图像也被切割成 n 块窄条；

第二步，由于 Δt 很短，每段过程的速度变化量都很小，可以认为每段都是匀速直线运动，它们的速度记为 $v_i(i=1，2，\cdots，i，\cdots，n)$，每块窄条也都近似为矩形，面积记为 S_i。每段过程的位移 $v_i\Delta t$ 等于对应的面积 S_i。

第三步，求和，$x=\sum v_i\Delta t=\sum S_i$，即物体的总位移 x 等于所有矩形面积之和，即图线总面积 S。不论物体做何直线运动，$v\text{-}t$ 图面积总是代表位移。换言之，$v\text{-}t$ 图面积代表了速度 v 对时间 t 的累积。

可将上述分析分析推广开来。在一段过程（$B\to B+\Delta B$）中，如果 A 保持恒定时有 $C=A\Delta B$，那么在 A 随 B 变化时，就有 $C=\sum A\Delta B$。$A\text{-}B$ 图的面积就代表 C，C 是 A 对 B 的累积。以下列举几个常见例子：

根据 $a=\dfrac{\Delta v}{\Delta t}$，有 $\Delta v=a\Delta t$，可知 $a\text{-}t$ 图面积代表速度变化量 Δv；

根据 $I=\dfrac{\Delta q}{\Delta t}$，有 $\Delta q=I\Delta t$，可知 $I\text{-}t$ 图面积代表流过电路的电量 Δq；

单匝线圈的感应电动势 $E=\dfrac{\Delta\Phi}{\Delta t}$，故 $\Delta\Phi=E\Delta t$，可知 $E\text{-}t$ 图面积代表磁通量变化 $\Delta\Phi$；

根据冲量定义 $I=F\Delta t$，可知 $F\text{-}t$ 图面积代表冲量；

根据功的定义 $W=F\Delta x$，可知 $F\text{-}x$ 图面积代表功；

电场强度大小 $E=\left|\dfrac{\Delta\varphi}{\Delta x}\right|$，故 $|\Delta\varphi|=E|\Delta x|$，可知 $E\text{-}x$ 图面积代表电势差；

……

显而易见，此处举出的例子与前面讲解斜率时使用的例子几乎相同。稍加观察就可以发现，形如 $a=\dfrac{\Delta v}{\Delta t}$（$\Delta v=a\Delta t$）的式子同时包含了一对变化率（$v\text{-}t$ 图线斜率）和累积量（$a\text{-}t$ 图面积）。

另外，应特别注意区分 AB 与 $\sum A\Delta B$。例如，电源输出功率 $P=UI$，常被误认为输出功率对应电源的 $U\text{-}I$ 图面积。路端电压为 U_0 时，电流为 I_0，输出功率 U_0I_0 对应着图 2.6 中阴影部分的面积，$U\text{-}I$ 图线与坐标轴围成的区域则用网格线标示，两块区域的面积并不相等。究其原因，输出功率 P 反映的是电路当前的状态（U_0、I_0），与其他状态无关。而 $U\text{-}I$ 图像面积则由 $0\to I_0$ 部分的 $U\text{-}I$ 图线决定，与当前的 U_0、I_0 几乎无关。换言之，功率是状态量，而图像面积是过程量，状态量不与图像面积对应。从表达式的形式上看，两者（AB 与 $\sum A\Delta B$）也有明显区别。总之，物理量前有无"Δ"差异很大，一定要注意区分。

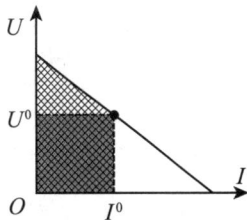

图 2.6

b．建议先用面积的大小判断对应物理量的大小，再结合物理情境判断物理量的正负

如图 2.7 所示，以弹簧原长处为原点，建立坐标轴。用外力拉动弹簧，使弹簧伸长，求弹簧弹力做功。做出弹力大小和位移大小的关系图像，面积 S 代表弹力做功的绝对值，但是仔细分析会发现，伸长过程中弹力是做负功的，因此 $W_{弹} = -S = -\dfrac{1}{2}kx^2$。如果外力拉动弹簧匀速伸长，那么拉力做正功，且与弹力做功大小相等，那么拉力做功就等于 $+S$。

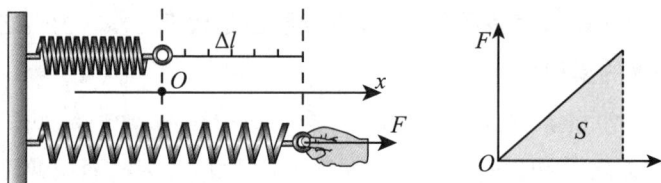

图 2.7

图 2.8 是一幅电场强度 E 与位置 x 的关系图像，它显示了 x 轴上的电场分布，可看出正半轴和负半轴上的电场分布具有对称性。如何根据这幅图判断 Ox 轴上的电势分布呢？根据前面的分析得出，E-x 图的线下面积代表电势差的大小。首先，比较关于原点对称的两点 AA' 的电势。以 O 点作为比较的基准，两块阴影面积分别代表了 AA' 与 O 的电势差大小，显然它们是相等的，为 S_1。至于电势差的正负，则应通过场强的方向来判断。正方向已给定，正半轴的场强沿负方向，负半轴的场强沿正方向，故 O 比 AA' 的电势都高，即 $U_{A'O} = -S_1$，$U_{OA} = +S_1$，AA' 的电势相等；其次，再看 A 右侧一点 B，网格区域面积 S_2 代表 AB 的电势差大小，A 的电势高于 B 的电势，所以 $U_{AB} = +S_2$。

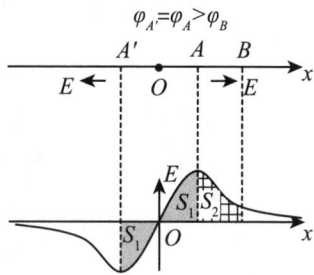

图 2.8

4．特殊点

a．图线与坐标轴的交点

图线与坐标轴交点的坐标叫作截距。截距的意义可以从图线方程上判断，也可以通过分析交点的物理情景获得。

例如，光电效应实验中，遏止电压 U_c 与入射光频率 v 的图像如图 2.9 所示。根据光电效应方程 $E_k = hv - W_0$ 与光电流被遏止时满足的 $-eU_c = 0 - E_k$，可得 $U_c = \dfrac{h}{e}v - \dfrac{W_0}{e}$。当 $U_c = 0$ 时，有 $hv = W_0$，所以 $v = \dfrac{W_0}{h} = v_c$；当 $v = 0$ 时，$U_c = -\dfrac{W_0}{e}$。

若未能得到图线方程，也可结合物理情景分析。图线与横轴相交，意为 $U_c = 0$ 时光电流也恰好为零，说明光子恰好未能逸出

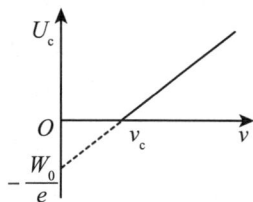

图 2.9

金属表面，所以 $v = v_c$。图线与纵轴相交，意为：没有光射入，但 U_c 取值适当，光电流也恰好为零。这需要把遏止电压变成加速电压，且电场做功与金属对电子做功之和为零，故 $U_c = -\dfrac{W_0}{e}$。在实验中，这种情况是不会发生的，这仅是基于图线所表达的物理意义的推理。

b. 图线与图线的交点

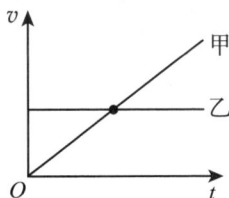

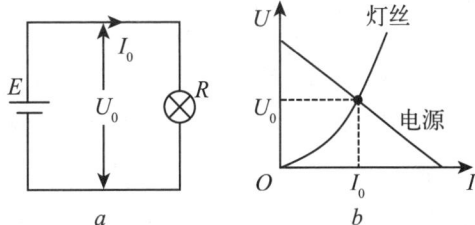

图 2.10 图 2.11

追及相遇问题中，做出沿同一直线运动的甲、乙的 v–t 图线，如图 2.10 所示。它们的交点，代表着此时刻两物体共速，此时刻甲乙的相对位置关系是解决它们能够相遇以及最大最小距离的关键。

将一电源与灯泡连接在一起，求灯泡的电压 U_0 和电流 I_0，如图 2.11（a）所示。这个问题看似简单，实则不易。要知道灯泡的分压，应先求其电阻 R。但是灯丝的阻值并不恒定，会随着电压的变化而变化。我们不知道它的电压是多少，就不能确定它的阻值。这就成了一个死循环。而这个问题可以用图像解决，如图 2.11（b）所示。对灯丝来说，它的电压 U、电流 I 的所有可能值都在灯丝的 U–I 图线上。同时，U、I 也是电源的路端电压和干路电流，它们的所有可能取值也要在电源的 U–I 图线上。那么 U_0、I_0 的取值一定是电源与灯丝的 U–I 图线交点的纵坐标和横坐标。采用图像的方法，我们就可以直观地判断电源和电路元件组成回路的工作状态。对于非线性元件，这种方法是常用且方便的。

2.1.2 分析图像的几种常见方法

1. 推导图线方程

图线方程几乎包含了图线的所有信息，所以是分析图像的理想方式。

2. 考查图线上特殊点横纵坐标的物理意义

3. 定性分析图线的斜率或面积的变化

以上两种方法是定性半定量的方法。当图线方程难以得出或者过于复杂难以处理时，常常用这两种方法做定性判断。虽然逻辑严密性可能有所欠缺，但在某些特定场合下仍然有效。

以电源的输出功率 P 随电流 I、路端电压 U、外电路电阻 R 变化的图像做简单说明。

有同学可能根据 $P=UI$ 得出 P 正比于 I 的结论，但是 U 会随着 I 的变化而变化，所以这个结论是错误的。此处需要重点注意：应尽量减少变量的数量，多利用不变量或已知量来推导物理量之间的关系。电源的电动势 E 和内阻 r 是不变量，所以把 U 用 E、r 表示出来，再与 I 相乘，得到 $P=EI-I^2r$，故 P-I 图为一过原点且开口向上的抛物线。同理，不能认为 P 正比于 U，而是推导出 $P=UI=-\dfrac{1}{r}U^2+\dfrac{E}{r}U$，所得图线形状与 P-I 图相似。再来看 P-R 图。P 与 R 的方程是 $P=\dfrac{RE^2}{(r+R)^2}$，不易直接根据方程画出图线，此时可尝试第二种方法，考查图线上的一些特殊点，如图 2.12（c）所示：首先，当 $R=0$，即电源短路时，$P=0$，所以图线过原点；其次，当 R 等于电源内阻 r 时，P 取最大值，所以找到了图线的最高点；最后，考虑 R 趋近于无穷时，即断路的情况，此时 P 自然为零。也就是在无限远处图线与横轴相交，即图线应该是横轴的一条渐近线。综上，我们就能定性画出这条图线了。这种方法的优点在于从物理情境出发，有效规避了数学计算，在判断复杂曲线时能够起到事半功倍的效果。

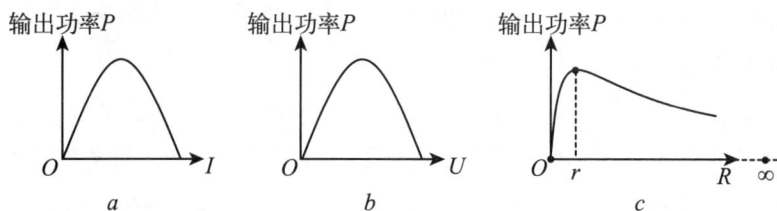

图 2.12

2.2 典型例题

【例2-1】（2019北京朝阳一模）某物理兴趣小组利用如图2.13所示的电路给一个原来不带电的电容器充电。在充电过程中，电路中的电流为i，电容器所带的电荷量为q，两极板间的电势差为u，电容器储存的能量为$E_电$。下面的四幅示意图分别表示i、q、u和$E_电$随时间t的变化关系，其中可能正确的是

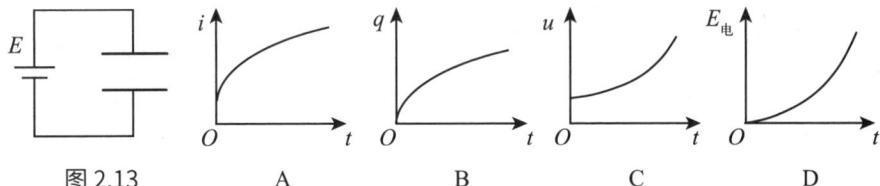

图2.13　　　　A　　　　　B　　　　　C　　　　　D

分析：i、q、u、$E_电$随时间t的变化规律是比较复杂的，高中阶段难以直接推导它们与时间t的方程。另外，仅凭充放电初末时刻这样的特殊点只能确定图线是上升还是下降的，不能确定具体的形状。$q-t$图、$u-t$图、$E_电-t$图的图像面积又都没有明确的物理意义，所以一般只能考查图线的斜率的物理意义，通过推导斜率如何随时间变化来判断。

解：正确选项为B。

设电源电动势为E、内阻为r，电容器的电容为C。依据闭合电路欧姆定律，充电过程中，$E=u+ir$，故$i=\dfrac{E-u}{r}$。充电初始，$u=0$，$i_0=\dfrac{E}{r}$；之后的充电过程中，u增加，则i减小；充电结束，$i=0$。故A错误。

任意时间Δt内，q的变化量Δq等于电路中任一截面上流过的电量，根据电流定义式$i=\dfrac{\Delta q}{\Delta t}$可知，$q-t$图线斜率代表电流$i$，是逐渐减小的。故B正确。

u始终正比于q，所以$u-t$图线形状与$q-t$图线形状相同。故C错误。

u与ir之和始终不变，它们的变化量必然是等大异号的，即$\Delta u+r\Delta i=0$。等式除以Δt，简单变换得$\dfrac{\Delta i}{\Delta t}=-\dfrac{1}{r}\dfrac{\Delta u}{\Delta t}$，所以$i-t$图斜率与$u-t$图斜率成正比，负号表示两图线的升降不同。$i-t$图也是一条逐渐变得平缓的曲线。

$E_电-t$图中研究其斜率的关键在$\Delta E_电$，充电过程中的电流方向如图2.14所示。电流将正电荷移出负极板，同时也将等量正电荷送入正极板，也就是电源不断将正电荷由低电势处移动到高电势处，此过程中电流克服静电力做功，电容器储存的电势能增加。根据静电力的功能关系，电势能的增量等于克服静电力做功的数值，即$\Delta E_电=W_{克电}$。

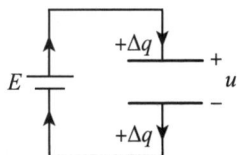

图2.14

需要注意，将电容器从不带电充至带电q的过程中，u是不断增大的，不是定值，所

以不能随意地写出 $W_{克电}=uq$。只有在搬运一份极小的电量 Δq 的过程中，u 才可视为不变，该过程的电势能的增量 $\Delta E_{电}=u\Delta q$。这段过程对应的时间 Δt 也是极短的，$\dfrac{\Delta q}{\Delta t}$ 可认为是瞬时电流 i，所以 $\dfrac{\Delta E_{电}}{\Delta t}=\dfrac{\Delta q}{\Delta t}u=iu$，这正是 $E_{电}-t$ 图切线斜率，它代表充电过程中克服静电力做功的功率。

充电开始时，$u=0$；充电结束时，$i=0$。故充电起止时刻图线斜率均为零，而中间过程斜率不为零，所以我们可以大致画出如图 2.15 所示的图线。故 D 错误。

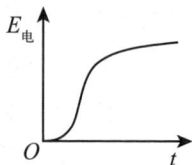

图 2.15

故选 B。

点拨： 一定要注意 $A-B$ 图线的斜率是 $\dfrac{\Delta A}{\Delta B}$ 而不是 $\dfrac{A}{B}$，这决定了我们要关注的是一段过程中 A、B 的变化量而不是某一个状态下 A、B 的值。要得到 ΔA 或 ΔB 有（可能不限于）以下两种方式：

（1）写出关于 A 或 B 的某物理规律，变换出 ΔA、ΔB。例如，先写出了关于 i 的公式 $E=u+ir$，再得出 Δi 满足的式子 $0=\Delta u+r\Delta i$，最终得到 $i-t$ 图线的斜率 $\dfrac{\Delta i}{\Delta t}$ 与 $\dfrac{\Delta u}{\Delta t}$ 的关系。当然，这就是 i 对时间 t 求导的运算。

（2）虽然不知道关于 A、B 的函数关系式，但是某些物理规律直接指出了 ΔA 或 ΔB 由谁决定。例如，$E_{电}$ 的表达式难以写出，但是已知 $\Delta E_{电}=W_{克电}$，$W_{克电}$ 是更容易被求解的，这就指出了解决问题的方向。

【例 2-2】 欧姆表的刻度为什么左密右疏？

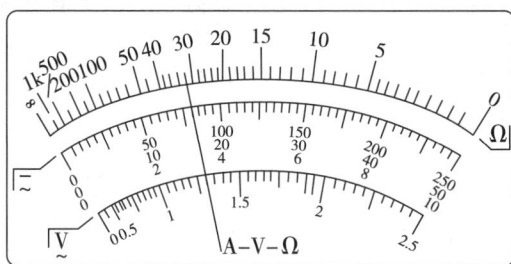

图 2.16

分析： 首先，应对"刻度的疏密"的认识定量化：指针摆过相同的角度 $\Delta\theta$，指示的待测电阻阻值的变化 ΔR_x 越大，刻度就越密。由于流过磁电式电表的电流 I 与指针的摆角 θ 成正比，所以可以进一步表述为：电流的变化 ΔI 相同，ΔR_x 越大，刻度就越密；其次，列出 I 与 R_x 的函数关系，画出 $I-R_x$ 图像，就能直观地比较刻度疏密了。

解： 根据欧姆表的电路图 2.17，可得 $I=\dfrac{E}{R_x+r+R_g+R}$，式中 r、R、R_g 均为定值。

容易做出 I-R_x 图像，如图 2.18 所示。I 较小时，相同的电流变化 ΔI 指示的待测电阻阻值变化 ΔR_x 更大，即 $\Delta R_{x2} > \Delta R_{x1}$。

∵指针摆角 θ 正比于 I，∴ θ 较小处，也就是表盘左侧刻度更密集。

点拨： 欧姆表直接地测量电流 I，再利用 I 与 R_x 的关系间接测量出 R_x。欧姆表的刻度的疏密与 $\dfrac{\Delta I}{\Delta R_x}$ 有关。物理学中，像这样的间接测量是很普遍的。类似地，当我们想通过直接测量物理量 A 来间接得出物理量 B 的时候，仪器的刻度（指示 B 的数值）的疏密就由 $\dfrac{\Delta A}{\Delta B}$ 决定了。若 A 与 B 为线性关系，则 $\dfrac{\Delta A}{\Delta B}$ 恒定，刻度就是均匀的。

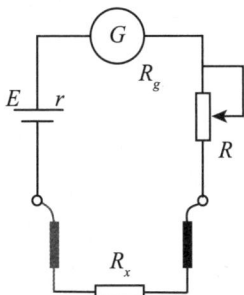

图 2.17

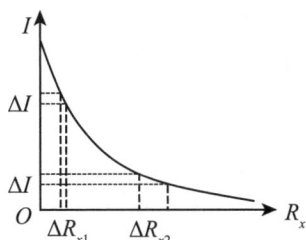

图 2.18

从另一个角度重新审视：如图 2.19 所示，R_x 较小时，相同的 ΔR_x 对应的 ΔI 更大，即 $\Delta I_1 > \Delta I_2$。也就是说，待测电阻阻值较小时，相同的阻值变化会引发指针更大角度的摆动，换言之，测量小阻值电阻时，欧姆表更灵敏。不难看出，$\dfrac{\Delta I}{\Delta R_x}$ 越大，欧姆表越灵敏。因此，可以将 $\dfrac{\Delta I}{\Delta R_x}$ 定义为欧姆表的灵敏度。这种定义方式也可以推广至其他间接测量的情境。

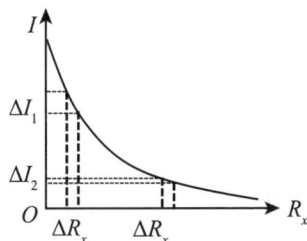

图 2.19

原则上可以利用求导运算得出 $\dfrac{\Delta A}{\Delta B}$，但是有时求导运算比较烦琐，有时甚至没有严格的 A 与 B 的函数关系式而只有一些实验数据，这时候利用图像的优势就体现出来了。

【例 2-3】 用图像的方法求旋转切割的电动势

分析： 求感应电动势有两种常用方法：法拉第电磁感应定律 $E = n\dfrac{\Delta \Phi}{\Delta t}$ 或者其推论 $E = BLv$。此处使用后者

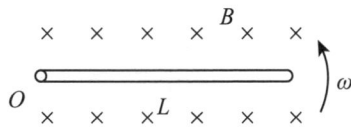

图 2.20

的难点在于杆上各点切割磁感线的速度并不相同。方法上，可以采用微元累积的思想，但是电动势累积的总和要如何求解呢？知道了图像面积往往与某个累积量相关联，我们就可以考虑用图像的方式解题了。

如图 2.21 (a) 所示，以 O 为原点，建立沿杆的坐标轴 Ox。在轴上标记一系列间距很小的点，其坐标分别为 x_1, x_2, $\cdots$, x_n, $\cdots$这些点的线速度分别为 v_1, v_2, $\cdots$, v_n, $\cdots$由于点间距很小，可认为第 n 点与第 $n+1$ 点间的一小段杆以 v_n 的速度切割磁感线，如图 2.21 (b) 所示，电动势为 $B(x_{n+1}-x_n)v_n$，以此推广至全杆上所有小段。所求电动势就是每一小段上的电动势之和，即

$$E=B\sum(x_{n+1}-x_n)v_n$$

为求 $\sum(x_{n+1}-x_n)v_n$，我们在 $v-x$ 图中观察，如图 2.21 (c) 所示，$v-x$ 图线是过原点的直线，容易发现 $(x_{n+1}-x_n)v_n$ 正是图线下一条窄矩形的面积。这项求和正是图线下一系列矩形的面积之和，当相邻两点的间距趋近于零时，它就等于图线下的三角形面积。用我们熟悉的语言表示，就是：$\sum v\Delta x$ 代表 $v-x$ 图的图像面积。容易求得 $v-x$ 图像面积为 $\frac{1}{2}L^2\omega$，所以电动势等于 $\frac{1}{2}BL^2\omega$。

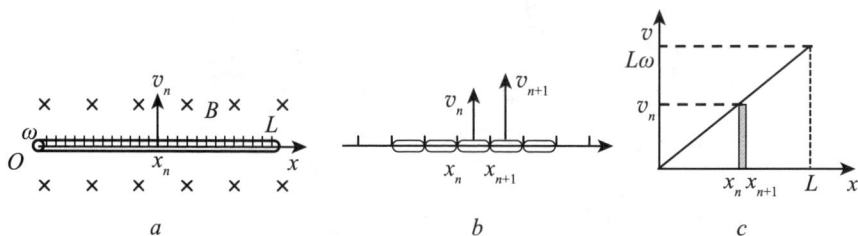

图 2.21

本题还有另外一种写法。如图 2.22 (a) 所示，取一块宽 L，高 $\frac{1}{2}L\omega$ 的矩形（图中阴影部分），它的面积与 $v-x$ 图像面积（图中网格线部分）是相等的。这说明，如果杆上每一小段都以 $\frac{1}{2}L\omega$ 的速度切割磁感线，所产生的总电动势是一样的，因此我们称 $\frac{1}{2}L\omega$ 为平均切割速度 $\bar{v}$，它正好是杆的两端切割速度的中间值。即使杆的两端速度都不为零，也是一样的，如图 2.22 (b) 所示。所以杆的平均切割速度可写为 $\bar{v}=\dfrac{v_0+v}{2}$。但是一定不要滥用这个式子。因为一旦 $v-x$ 图线是一条曲线，$\bar{v}$ 就不一定等于 $\dfrac{v_0+v}{2}$ 了，如图 2.22(c) 所示。所以求解平均切割速度之前，必须检查 v 与 x 是否成线性关系，并在解题过程中予以声明。

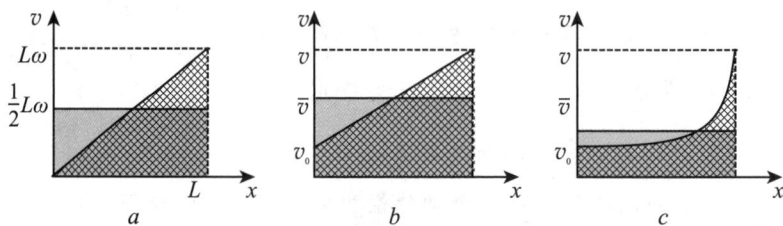

图 2.22

解：以 O 为原点，建立沿杆的坐标轴 Ox。

方法一：做 $v-x$ 图。

将杆分割成很多长度 Δx 极小的部分，可认为每一部分上各点都以相同速度切割磁感线。杆上总电动势为 $E=B\sum v\Delta x$。

$\sum v\Delta x$ 代表 $v-x$ 图的图像面积，为 $\frac{1}{2}L^2\omega$，所以 $E=\frac{1}{2}BL^2\omega$。

方法二：$\because$ 杆上各点的线速度 v 与 x 成线性关系

$\therefore$ 全杆切割磁感线的平均速度 $\bar{v}=\frac{0+L\omega}{2}=\frac{L\omega}{2}$，总电动势 $E=BL\bar{v}=\frac{1}{2}BL^2\omega$。

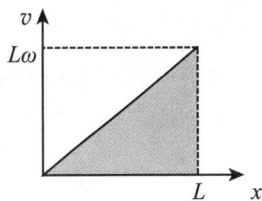

点拨：求累积量联系着求和乃至积分运算，对高中生来说可能会有些困难，而用求图像面积的方式更简单直观，因此求累积量的问题常常会与图像联系起来。例如，若 A 与 B 为线性关系，求 $A-B$ 图像面积就能够简便准确地得到 A 对 B 的累积量；若 A 与 B 为非线性关系，我们也可以用"数格子"的方式估算 $A-B$ 图像面积。

另外，利用图像也可以帮助我们理解平均值的概念，因为平均值往往是用累积量定义的，如：力对时间的平均值 $=\dfrac{\text{力对时间的累积}}{\text{总时间}}$。诸如"平均值等于初末值的平均的前提是什么""力对时间的平均与力对位移的平均是否相同"这样的问题在图像中可能就不难理解了。

【例 2-4】实验"力 F 不变，探究加速度 a 与质量 M 的关系"有两项关键要求：平衡摩擦力、砂桶质量 $m\ll M$。请画出不满足任一项要求的 $a-\dfrac{1}{M}$ 图像并说明原因。

分析：首先尝试列出上述条件不能满足时的图线方程。依据图线方程可能直接画出图像，若方程复杂不易直接画出，再尝试斜率、特殊点等定性半定量方法。

解：如图 2.23 所示，设绳拉力 F_T，斜面倾角为 θ，小车重力沿斜面分力为 $G_x=Mg\sin\theta$，小车所受阻力为 $f=\mu Mg\cos\theta$。

（1）满足 $m\ll M$，但未能平衡摩擦力

方法一：推导图线方程

分别对小车和砂桶列牛顿第二定律：

$F_\mathrm{T}+Mg\sin\theta-\mu Mg\cos\theta=Ma$

$mg-F_\mathrm{T}=ma$

两式相加，得 $mg+Mg\sin\theta-\mu Mg\cos\theta=(m+M)a$

由于 $m\ll M$，所以 $m+M\approx M$，将上式整理为 $a=mg\dfrac{1}{M}+g\sin\theta-\mu g\cos\theta$

式中 mg、θ、μ 都是定值。可见 $a-\dfrac{1}{M}$ 图线为一直线。但是未能平衡摩擦力，导致纵

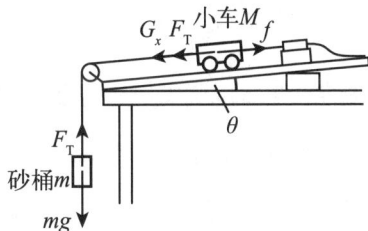

图 2.23

截距 $g\sin\theta - \mu g\cos\theta \neq 0$。$\theta$ 过大，则纵截距为正，图线如图 2.24 中 ①所示；θ 过小，则纵截距为负，图线如图 2.24 中②所示。

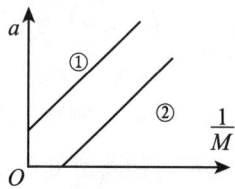

图 2.24

方法二：考查特殊点——横纵截距

$\dfrac{1}{M} \to 0$，$M \to \infty$，有限大小的力是不能使小车获得加速度的，故图线本应过原点。但是，如果 θ 过大，导致小车重力分力大于阻力，那么即使 $M \to \infty$ 小车仍会向下加速，因为此二力之和产生的加速度

$$a' = \frac{Mg\sin\theta - \mu Mg\cos\theta}{M} = g\sin\theta - \mu g\cos\theta$$

与 M 无关，所以图线的纵截距为正值。

如果 θ 过小，则最大静摩擦 $f_{\mathrm{m}} = \mu Mg\cos\theta > Mg\sin\theta$。当 $mg = \mu Mg\cos\theta - Mg\sin\theta$ 时，a 恰好为零。显然，$a=0$ 时，M 是一有限大小的正值，$\dfrac{1}{M} \neq 0$，所以图线与横轴的正半轴相交。

（2）已平衡摩擦力，但未满足 $m \ll M$

方法一：推导图线方程

摩擦力平衡后，小车和砂桶的牛顿第二定律写成 $F_{\mathrm{T}} = Ma$，$mg - F_{\mathrm{T}} = ma$

整理得 $a = \dfrac{mg}{M + m}$

当 $\dfrac{1}{M}$ 足够小，即 $M \gg m$ 时，可认为 $a = mg\dfrac{1}{M}$，$a - \dfrac{1}{M}$ 图线为一过原点的直线。

当 $\dfrac{1}{M}$ 过大，m 不可被忽略时，为了得到 a 与 $\dfrac{1}{M}$ 的关系，可将分子分母同除以 M，

得 $a = \dfrac{mg\dfrac{1}{M}}{m\dfrac{1}{M} + 1} = g\left(1 - \dfrac{1}{m\dfrac{1}{M} + 1}\right)$

依靠中学数学知识，同学们是可以大致画出 $a - \dfrac{1}{M}$ 图线的。如果你觉得做到这点有困难，也可以尝试以下方法来判断 $\dfrac{1}{M}$ 过大时的图线。

方法二：图线上的点与原点连线斜率

$\dfrac{1}{M}$ 过大时，a 与 $\dfrac{1}{M}$ 的函数关系是有一点复杂的，图线斜率没有明确的物理意义，也难以判断其变化规律，对图像面积也一样。但是观察 a 与 $\dfrac{1}{M}$ 的关系式能够发现，图线上的点与原点连线的斜率 k 容易得出 $k = \dfrac{a}{\dfrac{1}{M}} = \dfrac{mg}{m\dfrac{1}{M} + 1}$

随着 $\dfrac{1}{M}$ 的增大，k 是减小的，如图 2.25 中所示的 A、B、C 三点。所以，$\dfrac{1}{M}$ 较大时，随着 $\dfrac{1}{M}$ 的增大，图线会向下弯曲。

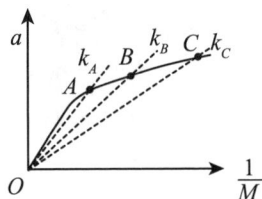

图 2.25

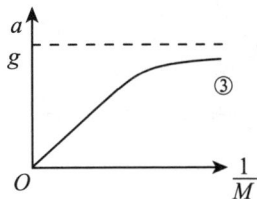

图 2.26

方法三：考查特殊点

很容易想到唯一一个特殊点：$\dfrac{1}{M} \to \infty$，也就是 $M \to 0$ 时。当想象小车轻的像一粒尘埃时，那么砂桶拉着一粒尘埃加速，加速度就是 g。$a - \dfrac{1}{M}$ 图线是单调递增的，且图线延伸至无穷远处才与直线 $a = g$ 相交，说明图线是直线 $a = g$ 的一条渐近线，如图 2.26 所示。

点拨：大部分情况下，推导图线方程是解决图像问题的首选方法，尤其是图像成线性的时候。因为线性关系是最易于推导的。此外，在需要说明理由时，推导方程是论述最充分的方式。例如，未平衡摩擦力时，我们虽然通过分析特殊点的方式得到了 $a - \dfrac{1}{M}$ 图线与横纵轴的交点位置，但是无法据此证明图线是线性的。

即便图像是非线性的，推导出方程往往也有帮助。根据方程，我们可以判断出图线的单调性、函数极值、图线斜率或点与原点连线的斜率，甚至可以实现"化曲为直"的操作，即重新选择横纵坐标代表的物理量，使图线变为线性。

当然，采用特殊点、斜率、面积等定性半定量方法的优势也是显而易见的：快速简便，避免了复杂的推导过程，若应用得当，其效果也威力十足。但是仅凭这些方法可能不足以把握图像的全貌。因此，当我们被要求做出一条完整的图像，应该以推导方程为主要手段，定性半定量方法作为辅助。在给定的图像中做出选择时，可以先使用定性半定量方法检验，遇到困难时再尝试推导方程来解决。

【例 2-5】分别用图 2.27 中的甲、乙两种电路采集多组 U、I，做 $U\text{-}I$ 图（如图 2.27 丙所示），测量电源的电动势和内阻。不考虑偶然误差，试分析评价两种方法的准确程度。

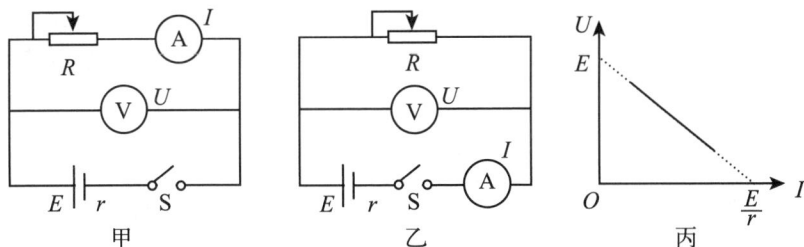

图 2.27

分析：设电压表示数为 U，内阻为 R_V；电流表示数为 I，内阻为 R_A；滑动变阻器接

入电路的阻值为 R。接下来用前面归纳的方法分别求解两种方法的测量值：推导图线方程和分析特殊点的横纵坐标。对于第一种方法，我们要推导的是测量值 U、I 实际满足的方程。由于系统误差的存在，U、I 并不一定等于真值，所以应将真值用测量值 U、I 表示出来带入闭合电路欧姆定律即可。第二种方法，只要分析清楚实测的 U–I 图线的横截距（$U=0$ 时 I 的值）与纵截距（$I=0$ 时 U 的值），就能得到测量值了。虽然实验中不能做到令 $I=0$ 和 $U=0$，但是我们完全可以根据电路结构，用推极限的方式得到横纵截距。

解：方法一：

甲图中，U 正是路端电压，而 I 却不是真正的干路电流 $I_{真}$。由于电压表分走了一部分电流 $I_V = \dfrac{U}{R_V}$，所以 $I_{真} = I + I_V = I + \dfrac{U}{R_V}$。那么，$U$、$I$ 实际满足的方程应为

$$U = E - \left(I + \frac{U}{R_V} \right) r$$

整理后得到 $U = \dfrac{R_V}{R_V + r} E + I \dfrac{R_V r}{R_V + r}$

这才是实测的 U–I 图线对应的方程。其纵截距为电动势测量值 $E_{测}$，斜率绝对值为内阻测量值 $r_{测}$，那么 $E_{测} = \dfrac{R_V}{R_V + r} E$，$r_{测} = \dfrac{R_V}{R_V + r} r$

乙图中，I 正是干路电流，而 U 不是真正的路端电压 $U_{真}$。由于电流表分担了一部分电压 $U_A = I R_A$，所以 $U_{真} = U + U_A = U + I R_A$。那么，$U$、$I$ 实际满足的方程是

$$U + I R_A = E - I r$$

整理后得到 $U = E - I(r + R_A)$

所以 $E_{测} = E$，$r_{测} = r + R_A$

方法二：

甲图中，$R \to \infty$，即电流表所在支路断路时，$I=0$，如图 2.28 甲–a 所示。电压表作与电源组成闭合回路。R_V 并非无穷大，所以 $U < E$，$U = \dfrac{R_V}{R_V + r} E$。当 $R_A + R \to 0$，即电压表被短路时，$U=0$，如图 2.28 甲–b 所示。此时的 I 就是电源的短路电流，即 $I = \dfrac{E}{r}$。

综上，实测 U–I 图线如图 2.28 甲–c 所示，不难得出 $E_{测} = \dfrac{R_V}{R_V + r} E$，$r_{测} = \dfrac{R_V}{R_V + r} r$。

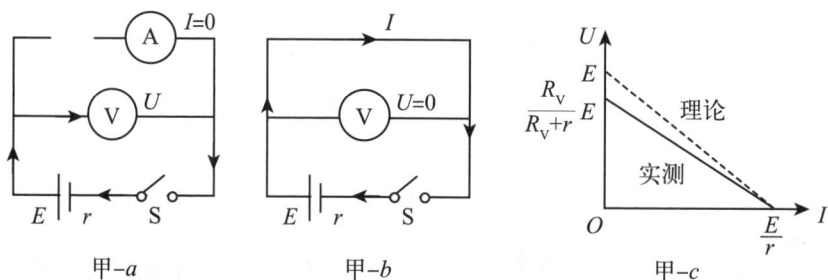

图 2.28

乙图中，电压表与滑动变阻器的并联总阻值→∞时，$I=0$，如图 2.29 乙-a 所示。外电路实际上处于断路状态，电流表无分压，U 正是电源的开路电压，所以 $U=E$。当 $R \to 0$，即电压表被短路时，$U=0$，如图 2.29 乙-b 所示。电流表与电源组成闭合回路，故 $I=\dfrac{E}{r+R_A}$。综上，实测 $U-I$ 图线如图 2.29 乙-c 所示，不难得出 $E_{测}=E$，$r_{测}=r+R_A$。

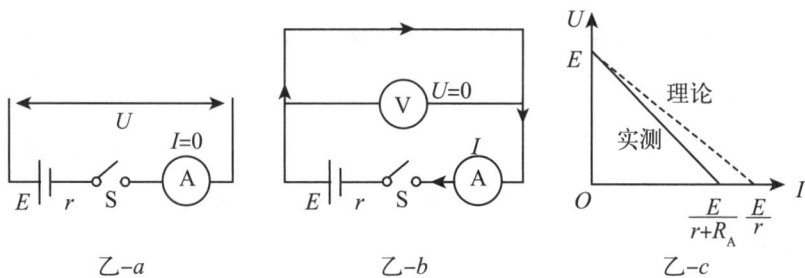

图 2.29

根据以上讨论可以推知，当 $R_V \gg r$ 时，甲方法测得的电动势和内阻的误差都比较小，而当 $r \gg R_A$ 时，乙测得的内阻测量误差较小。常用电压表的 3 V 挡和电流表的 0.6 A 挡测量干电池的电动势和内阻。干电池的内阻 r 远小于 R_V，却与 R_A 接近，所以测量干电池的电动势和内阻时选用图 2.27 甲所示电路误差更小。

【例 2-6】（2022 北京西城高三上学期期末）蹦极是极限运动的一种。为保证安全，要研究下落最大距离与人的质量、弹性绳弹性系数、阻力等诸多因素的关系。实际情况比较复杂，可简化为如下模型：弹性绳视为轻弹簧，质量可忽略不计，弹力的大小 $F=kx$，弹性势能 $E_p=\dfrac{1}{2}kx^2$，其中 x 是弹性绳的形变量，k 是劲度系数；人视为质点，始终在一竖直线上运动。已知，蹦极用弹性绳原长为 L_0，劲度系数为 k，重力加速度为 g。

实际上，人在运动过程中受到的空气阻力较小，可忽略不计。甲、乙两人质量分别为 m_1、m_2，且 $m_1 > m_2$，分别用同一弹性绳蹦极，以平台为原点，向下为正方向，两人下落最大位移分别为 h_1、h_2。图 2.31 所示为甲下落过程中加速度 a 与下落位移 h 之间的关系图。请在图 2.31 中画出乙下落过程中加速度与下落位移的关系图，并尝试利用 $a-h$ 图证明 $h_1 > h_2$。

图 2.30

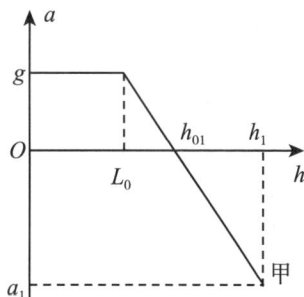

图 2.31

分析： 要画出乙的 $a-h$ 图，最好先推导图线方程。图线方程由牛顿第二定律给出。从 O 点下落至原长的过程，$a=g$，甲、乙的 $a-h$ 图线相同。

弹性绳张紧的过程，$mg-k(h-L_0)=ma$，得 $a=-\dfrac{k}{m}h+\dfrac{kL_0}{m}+g$，这代表 $a-h$ 图中向下倾斜的直线，斜率大小为 $\dfrac{k}{m}$。$\because m_2<m_1 \therefore$ 乙的 $a-h$ 图线斜率更大。

也可以用特殊点分析出该结论。图线的横截距代表平衡位置的坐标 $h_0=\dfrac{mg}{k}$。$\because m_2<m_1 \therefore h_{02}<h_{01}$，即乙图线的横截距更小。

但是目前还不能确定乙图线的终点的大致位置。为此我们要找到乙在最低点的位置 h_2 和加速度大小 a_2，与甲在最低点的位置 h_1 和加速度大小 a_1 比较。由于没能通过图线方程、斜率和特殊点得到最低点的信息，所以转而考查图像面积。

$a-h$ 图面积大小可表示为 $S=\sum a\Delta h$。如果对这个式子感到陌生，那么可以类比推理图像面积物理意义的步骤分析一遍：①若加速度大小 a 恒定，那么 $a-h$ 图像区域是一块矩形，面积大小 $S=a\Delta h$。根据匀变速直线运动的规律可知 $a\Delta h=\dfrac{1}{2}\left|v_t^2-v_0^2\right|$②若 a 不恒定，将整个过程和图像细密分割成很多小段，再利用①的结论对所有小段的 $a\Delta h$ 求和，得到 $a-h$ 图像面积大小 $S=\sum a\Delta h=\dfrac{1}{2}\left|v_t^2-v_0^2\right|$。

也可以将 $a-h$ 图与熟知的 $F-x$ 图联系。当 F 指合力时，$F-x$ 图就是 $ma-x$ 图。$F-x$ 图图像面积等于总功的大小，也就等于动能变化量绝对值 $|\Delta E_k|$。那么 $a-x$ 图图像面积 $S=\dfrac{|\Delta E_k|}{m}=\dfrac{1}{2}\left|v_t^2-v_0^2\right|$，即 S 与初末速度的方差绝对值成正比。

如前面所讲，还要关注正负号的问题。本题中，图像在横轴之上时，人做加速运动，$v_t^2-v_0^2=+2S$；图像在横轴以下时，人做减速运动，则 $v_t^2-v_0^2=-2S$。如果一段过程的图像既有横轴以上的部分（面积 S_1），又有横轴以下的部分（面积 S_2），那么 $v_t^2-v_0^2=S_1-S_2$。

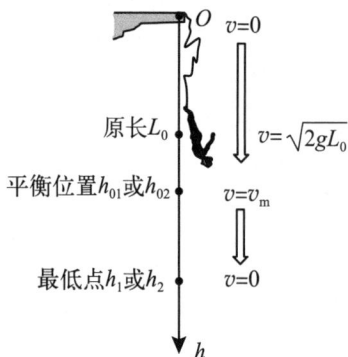

图 2.32

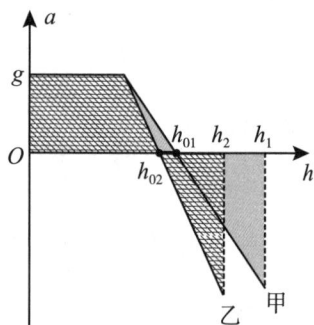

图 2.33

如图 2.32 所示，从 O 点到平衡位置速度由 0 增大到 v_m，从平衡位置到最低点速度由 v_m 减小到 0。所以两段过程对应的图像面积是相等的，即在 h 轴上的图像面积 $S_上$ 等于在 h 轴下的图像面积 $S_下$。图 2.33 中上下两块阴影部分面积为 $S_{上甲}$ 与 $S_{下甲}$，上下两块网格线部分面积为 $S_{上乙}$ 与 $S_{下乙}$。显然，$S_{上甲} > S_{上乙}$，所以 $S_{下甲} > S_{下乙}$。若 $h_2 \geq h_1$，则必有 $S_{下甲} < S_{下乙}$。这是不可能的，因此 $h_2 < h_1$。

再看乙在最低点的加速度大小 a_2。在原长以下，人做简谐振动。我们常利用对称性解决简谐振动的问题，要求最低点的加速度，可以考查最高点。如图 2.34 所示，假设人在原长上方运动时，弹性绳能施加向下的弹力，那么人就能做完整的简谐振动。甲、乙向上经过原长的速度都是 $\sqrt{2gL_0}$，到达简谐振动最高点（在 O 点下方）的速度都是 0。所以从原长到简谐振动最高点的过程，甲、乙的 a–h 图像面积相等。可以大致画出甲、乙的图像并加以比较，如图 2.35 所示。甲、乙对应的图像区域都是梯形，分别用阴影和网格线标记。可以看出，乙的梯形的高必须更小，下底必须更长（即乙在最高点的加速度更大），阴影区域和网格线区域的面积才有可能相等。那么根据对称性可知，乙在最低点的加速度 a_2 更大。

综合以上分析，$h_1 > h_2$，$a_1 < a_2$，乙图线的终点位于甲图线终点的左下方。

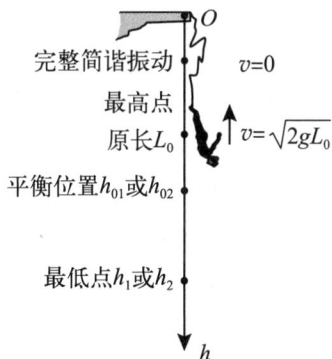

图 2.34

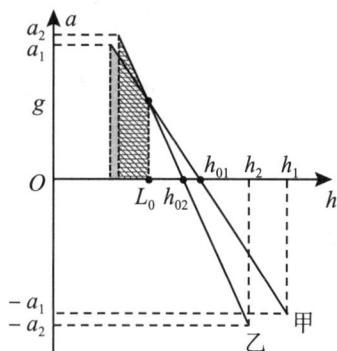

图 2.35

解： 图线如图 2.36 所示。

根据牛顿运动定律 $F=ma$ 及功的定义式 $W=Fs\cos\theta$，类比直线运动中由 v–t 图像求位移的方法，可知人下落过程中受合力做的功与 a–h 图中图线与横轴围成的"面积"成正比，下落全过程人的动能变化量为 0，根据动能定理可知合力对人做的总功也为 0，即横轴以上的"面积"与横轴以下的"面积"应大小相等。

由 a–h 图可知，乙图线横轴以上的"面积"小于甲图线横轴以上的"面积"，因此，乙图线横轴以下的"面积"也应小于甲图线横轴以下的"面积"，所以 $h_1 > h_2$。

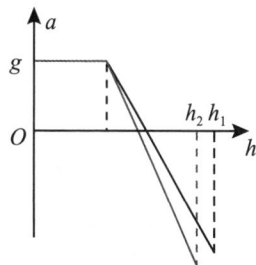

图 2.36

2.3 巩固练习

1.（2020 北京海淀二模）一货箱随竖直升降机运动的速度—时间图像如图 2.37 所示，取竖直向上为正方向，下列说法中正确的是

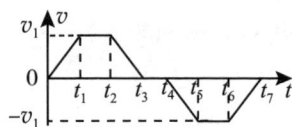

图 2.37

A．在 t_2 时货箱运动到最高位置

B．在 $t_2 \sim t_3$ 时间内，货箱所受的合力竖直向上且不断减小

C．在 $t_4 \sim t_5$ 时间内，货箱处于失重状态

D．在 $t_6 \sim t_7$ 时间内，货箱的机械能可能保持不变

2.（2021 北京丰台二模）一物理学习小组在竖直电梯里研究超重失重现象：力传感器上端固定在铁架台上，下端悬挂一个质量为 m 的钩码。当电梯在 1 楼和 3 楼之间运行时，数据采集系统采集到拉力 F 随时间 t 的变化如图 2.38 所示。忽略由于轻微抖动引起的示数变化，下列说法正确的是

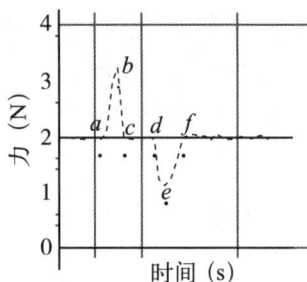

图 2.38

A．a 到 b 过程中电梯向上运动，b 到 c 过程中电梯向下运动

B．a 到 c 过程中钩码的机械能先增加后减小

C．图形 abc 的面积等于图形 def 的面积

D．a 到 b 过程中钩码处于超重状态，b 到 c 过程中钩码处于失重状态

3.（2020 北京门头沟一模）下列对图 2.39 中的甲、乙、丙、丁四个图像叙述正确的是

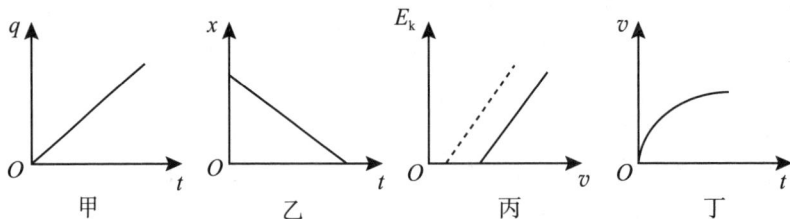

图 2.39

A．图甲是流过导体某个横截面的电量随时间变化的图像，则电流在均匀增大

B．图乙是某物体的位移随时间变化的图像，则该物体受不为零的恒定合力作用

C．图丙是光电子最大初动能随入射光频率变化的图像，则与实线对应金属的逸出功比虚线的大

D．图丁是某物体的速度随时间变化的图像，则该物体所受的合力随时间增大

4．（2022 北京海淀二模）如图 2.40 所示，若令 x 轴和 y 轴分别表示某个物理量，则图像可以反映某种情况下物理量之间的关系，在有些情况中，图线上任一点的切线斜率、图线与 x 轴围成的面积也有相应的物理含义。A 为图线上一点，过 A 点作图线的切线交 y 轴于 M 点，过 A 点作垂线交 x 轴于 N 点，切线 AM 的斜率记为 k，图中的阴影面积记为 S。下列说法正确的是

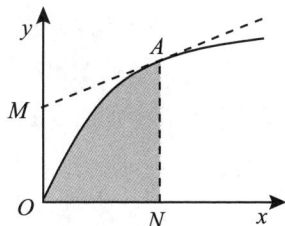

图 2.40

A．对于一段只含有电热元件的电路，若 x 轴表示电流 I，y 轴表示电压 U，面积 S 可以表示电流在这段电路中做功的功率

B．对于做直线运动的物体，若 x 轴表示速度 v，y 轴表示物体所受的合外力 F，面积 S 可以表示某速度时对应的合外力做功的瞬时功率

C．对于某电容器的充电过程，若 x 轴表示时间 t，y 轴表示电量 q，斜率 k 可以表示电容器在充电过程中对应时刻的电流大小

D．对于做圆周运动的物体，若 x 轴表示半径 r，y 轴表示线速度 v，斜率 k 可以表示对应半径的角速度大小

5．（2021 北京西城一模）如图 2.41 所示的 U–I 图像中，直线 A 为电源的路端电压与电流的关系，直线 B、C 分别是电阻 R_1、R_2 的电压与电流的关系。若将这两个电阻分别直接与该电源连接成闭合电路，则

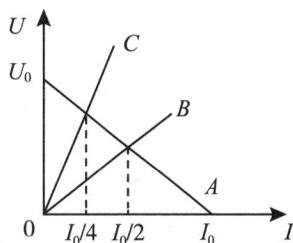

图 2.41

A．两个电阻的电功率相等

B．R_1 接在电源上时，电源的输出功率较大

C．R_2 接在电源上时，电源内阻的热功率较大

D．两种情况下，电源中非静电力做功的功率相等

6．（2021 北京东城一模）图 2.42 甲表示某压敏电阻的阻值 R 随压力 F 变化的情况，将它平放在电梯地板上并接入图 2.42 乙所示的电路中，在其受压面上放一物体，即可通过电路中数字电流表的示数 I 来探查电梯的运动情况。电梯静止时数字电流表示数为 I_0。下列说法正确的是

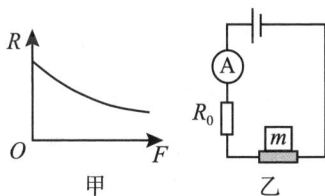

图 2.42

A．若示数 I 不变说明电梯正在匀速运动

B．若示数 I 在增大说明电梯的速度在增大

C．若示数 $I > I_0$ 说明电梯可能在加速向上运动

D．若示数为 I_0 说明电梯一定处于静止状态

7. （2021北京海淀二模）在用单摆测量重力加速度的实验中，用多组实验数据做出周期（T）的平方和摆长（L）的 T^2-L 图线，可以求出重力加速度 g。已知两位同学做出的 T^2-L 图线如图 2.43 中的 a、b 所示，其中 a 和 b 平行，图线 a 对应的 g 值很接近当地重力加速度的值。相对于图线 a，关于图线 b 的分析正确的是

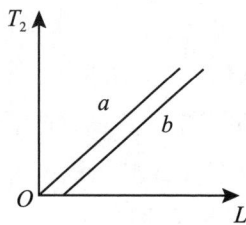

图 2.43

A．可能是误将绳长记为摆长 L

B．可能是误将悬点到小球下端的距离记为摆长 L

C．可能是误将 49 次全振动记为 50 次

D．根据图线 b 不能准确测出当地的重力加速度

8. （2022北京东城二模）如图 2.44 所示，一平行板电容器充电后与电源断开，负极板接地，两板间的 P 点固定一个带正电的检验电荷。用 C 表示电容器的电容，E 表示两板间的电场强度的大小，φ 表示 P 点的电势，W 表示正电荷在 P 点的电势能。若正极板保持不动，将负极板缓慢向左平移一小段距离 l_0，上述各物理量与负极板移动距离 x（$x \leq l_0$）的关系图像中正确的是

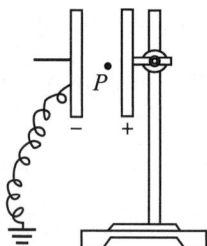

图 2.44

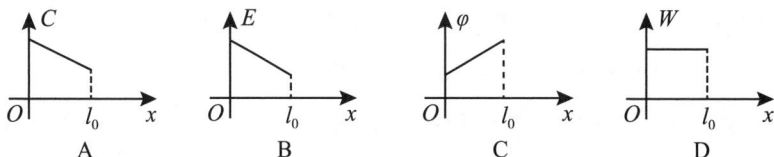

9. 某一静电场中，一条电场线与 x 轴重合，且其电场强度 E 在 x 轴上的分布如图 2.45 所示，B、C 是 x 轴上关于坐标原点对称的两点，一个带负电的粒子放置在 B 点，仅在电场力作用下，由 B 点自静止开始，以 O 为中心、沿 x 轴方向在 B、C 间做周期性往复运动。下列说法中正确的是

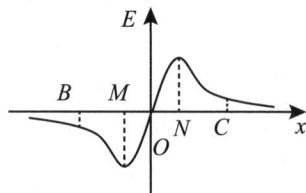

图 2.45

A．O 点电势为零

B．从 B 运动到 O 的过程中粒子先加速后减速

C．静电场中 B 点和 C 点的电势相等

D．该粒子运动过程中满足机械能守恒

10. （2022北京朝阳一模）某课外活动小组用铜片、铝片和自来水制作了由多个自来水电池构成的电池组。为了测量电池组的电动势 E 和内阻 r，他们选用数字电压表（内阻大于 10 MΩ）、电阻箱（0~9999 Ω）以及开关与该电池组连接成电路进行实验。

（1）请在图 2.46 的方框中画出实验电路原理图。

图 2.46

（2）按照设计的电路图连接电路后，调节电阻箱接入电路的阻值 R，并同时记录数字电压表的读数 U。以 $\frac{1}{U}$ 为纵轴、$\frac{1}{R}$ 为横轴建立直角坐标系，描出数据点，得到图 2.47 所示的图线。已知图线在纵轴上的截距为 b，斜率为 k，由此可以求得电池组的电动势 $E =$ _____，内阻 $r =$ _____。（用 b 和 k 表示）

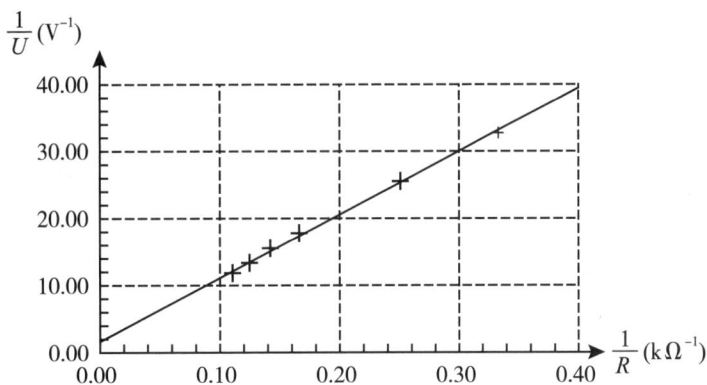

图 2.47

（3）该小组的同学想用上面数字电压表和电阻箱探究某光伏电池的特性。他们通过查阅资料知道，光伏电池在特定光照条件下的伏安特性曲线如图 2.48 所示，则他们得到的 $U-R$ 图像可能是图 2.49 中的_____。

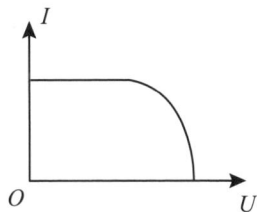

图 2.48

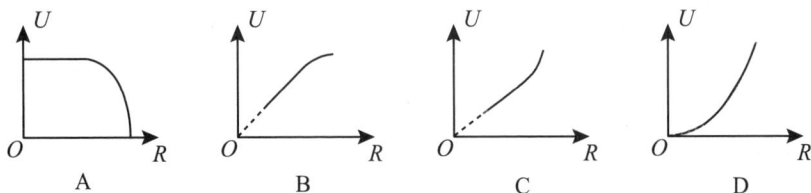

图 2.49

11. （2022 北京西城二模）某同学用传感器做"观察电容器的充放电"实验，采用的实验电路如图 2.50 所示。

（1）将开关先与"1"端闭合，电容器进行_____（选填"充电"或"放电"），稍后再将开关与"2"端闭合。

在下列四个图像中，表示以上过程中，通过传感器的电流随时间变化的图像为_____，电容器两极板间的电压随时间变化的图像为_____。（填选项对应的字母）

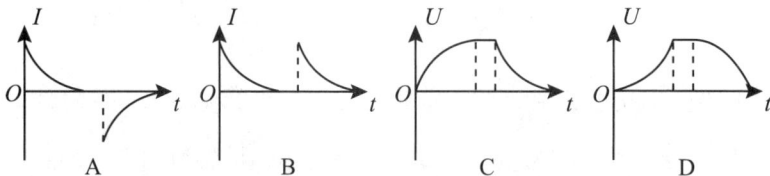

图 2.50

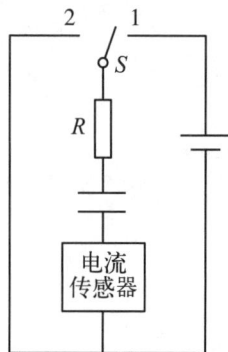

A　　　　B　　　　C　　　　D

（2）该同学用同一电路分别给两个不同的电容器充电，电容器的电容 $C_1 < C_2$，充电时通过传感器的电流随时间变化的图像如图 2.51 中①②所示，其中对应电容为 C_1 的电容器充电过程 $I\text{-}t$ 图像的是_____（选填①或②）。请说明你的判断依据。

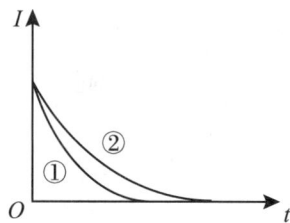

图 2.51

12. （2022 北京海淀二模）把铜片和锌片相隔约 2 cm 插入一个苹果中，就制成了一个水果电池。铜片是电池的正极，锌片是负极。用下列方法可测量该水果电池的电动势和内阻。

将水果电池、电阻箱和数字电压表（可视为理想电表），按照如图 2.52 所示的电路连接起来。调节电阻箱，测得多组电阻箱的阻值 R 和对应的电压 U，记录的数据如下表所示。

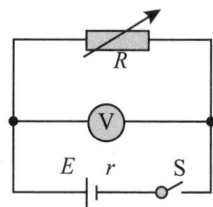

图 2.52

	1	2	3	4	5	6	7
R/Ω	2000	3000	☆	6000	9000	20000	80000
U/V	0.290	0.382	0.454	0.560	0.664	0.839	0.990

（1）表中数据☆对应电阻箱示数如图 2.53 所示，其读数为_____Ω。

（2）处理数据时，首先计算出每个电压值 U 的倒数 $\dfrac{1}{U}$ 和电阻值 R 的倒数 $\dfrac{1}{R}$，再绘制 $\dfrac{1}{U}\text{-}\dfrac{1}{R}$ 图像。根据表中测得的多组数据，经过换算，将数据对应的坐标点标注在图 2.54 中，请在该图中标出表中第 3 组数据对应的坐标点，并画出 $\dfrac{1}{U}\text{-}\dfrac{1}{R}$ 图线。

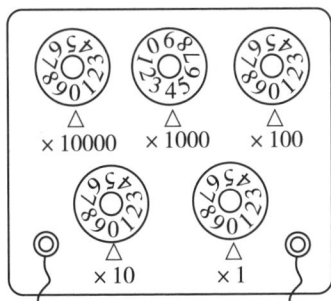

图 2.53

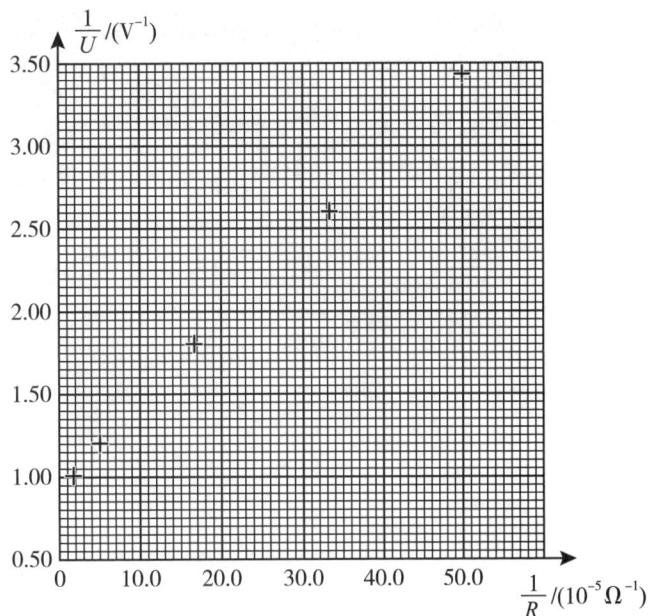

图 2.54

（3）在 $\dfrac{1}{U} - \dfrac{1}{R}$ 图线中，当 $\dfrac{1}{R} = 0$ 时，外电路处于_____状态（选填"断路"或"短路"）。

（4）根据图 2.54 可知，水果电池的电动势 $E =$ _____V（保留 2 位有效数字）。

（5）若将图 2.52 所示电路中的数字电压表替换为内阻未知（约 3 kΩ）的指针式电压表，仍按上述方法测量该水果电池的电动势和内阻。请结合图 2.54 判断是否可行，并说明理由。

13. （2023 北京朝阳二模）图 2.55 为探究加速度与质量的关系的实验装置示意图。保持钩码质量 m 一定，某同学在处理数据时，以小车加速度的倒数 $\dfrac{1}{a}$ 为纵轴、以小车质量 M 为横轴，作出 $\dfrac{1}{a} - M$ 的图像如图 2.56 所示，发现图像有纵截距，他认为这是由于实验中没有完全平衡摩擦力而造成的，请论证该同学的观点是否正确。

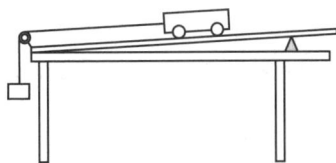

图 2.55

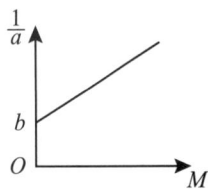

图 2.56

14. （2024 北京西城二模）从物体的运动情况确定其受力特征是力学研究的一个重要思路。为检测再生制动的性能，在汽车速度为 v_0 时，研究人员只开启再生制动方式，测绘了汽车速度随位移变化的关系图线如图 2.57 所示，图线是一条直线，其斜率的绝对值为 k。根据加速度的定义，结合图像，推导汽车加速度 a 随 v 变化的规律及受到的制动力 F 随 v 变化的规律。

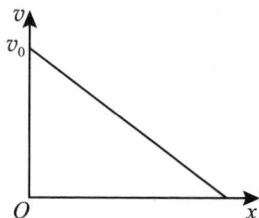

图 2.57

15. （2024 北京西城上学期期末）月球是与地球关系密切的天体，研究月球及其运动有助于了解它对地球的影响。

（1）已知地球质量为 M，引力常量为 G。假设月球绕地球做半径为 r 的匀速圆周运动，求月球的速度大小 v。

（2）月球绕地球的轨迹实际为一个椭圆，如图 2.58 所示。地球位于椭圆的一个焦点上。椭圆的四个顶点分别为 A、B、C、D。月球在近地点 A 时速度为 v_1，加速度为 a_1，在远地点 B 时速度为 v_2，加速度为 a_2。月球从 C 经 A 到 D 的时间为 t_1，从 D 经 B 到 C 的时间为 t_2。试判断三组物理量的大小关系：v_1_____v_2，a_1_____a_2，t_1_____t_2。（选填"＞""＝"或"＜"）

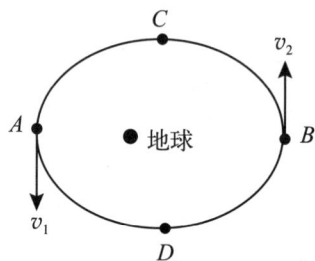

图 2.58

（3）a. 如图 2.59 所示，地月距离为 L。以地心作为坐标原点，沿地月连线建立 x 轴，在 x 轴上有一个探测器。由于地球和月球对探测器的引力做功与路径无关，探测器具有与其位置相关的引力势能。仅考虑地球和月球对探测器的作用，可得探测器引力势能 E_p 随位置变化关系如图 2.60 所示。探测器在 $x=kL$ 处引力势能最大，已知 k，求地球与月球的质量之比。

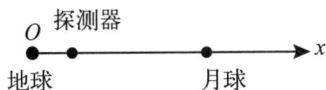

图 2.59

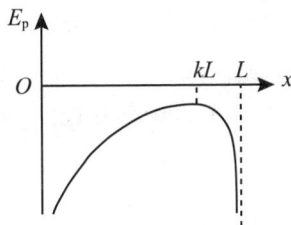

图 2.60

b．类比引力作用。真空中有两个点电荷固定在 x 轴上，$+Q$ 位于坐标原点，$+4Q$ 位于 $x=L$ 处，如图 2.61 所示。一质量为 m，电荷量为 $-q$ 的点电荷以一足够大的初速度从 $x=0.1L$ 处沿 x 轴正方向运动。在图 2.62 中画出该点电荷从 $0.1L$ 运动到 $0.9L$ 的过程中，它的动能 E_k 随位置 x 变化的图像，并在 x 轴上标出你能确定的关键点的坐标。

图 2.61

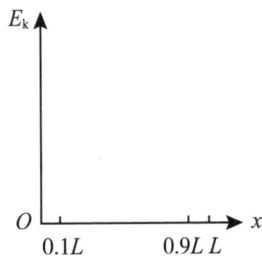

图 2.62

16．（2020 朝阳一模）小明学习自感后进行了以下实验。在图 2.63 甲所示的电路中，E 为电源，L 为线圈，闭合开关使灯泡 A 发光，然后断开开关，发现灯泡 A 不会立即熄灭，而是持续一小段时间再熄灭。

（1）断开开关后，灯泡上的电流方向_____（选填"向左"或"向右"）；若在线圈中插入铁芯后再重复该实验，则断开开关后灯泡上电流持续的时间_____（选填"变长"、"变短"或"不变"）。

（2）小明为了进一步研究影响灯泡上电流持续时间的因素，保持线圈一定，仅更换电源（内阻不计）或仅更换灯泡进行实验，并用电流传感器（图中未画出）测量开关断开后灯泡中的电流 i 随时间 t 的变化。其中的一组图像如图 2.63 乙所示。

若①②两条曲线对应的电源电动势分别为 E_1、E_2，则其大小关系为_____；

若①②两条曲线对应的灯泡电阻分别为 R_1、R_2，则其大小关系为_____。

（3）已知穿过螺线管的磁通量 Φ 与其电流 i 成正比，且断开开关后小灯泡持续发光的能量来源于线圈储存的磁场能，假设线圈中储存的磁场能 E_0 全部转化为电路中的电能。请在图 2.63 丙中作出 Φ-i 图像并推证 $E_0 \propto I_0^2$（式中 I_0 为开关闭合时线圈中的稳定电流值）。

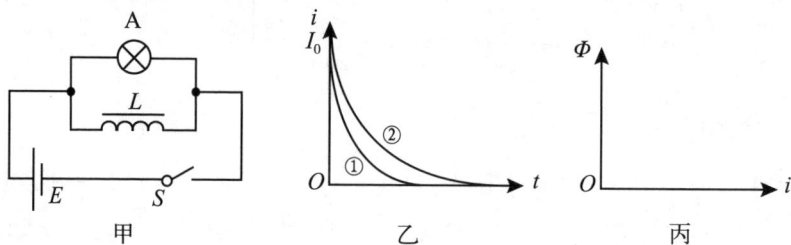

图 2.63

第三章 守恒

守恒思想在人类探索自然的历史中源远流长。它最初源于朴素的宗教信仰，随后在各个自然科学领域发展，日益完备严谨。如今，守恒思想已成为人类认识自然的基本观点，也是探索发现新事物的重要方法。劳厄也曾说过："物理学的任务是发现普遍的自然规律。因为这样的规律的最简单的形式之一表现为某种物理量的不变性，所以对于守恒量的寻求不仅是合理的，而且也是极为重要的研究方向。"

追寻守恒量和建立守恒思想是中学物理学习的关键主题之一。例如，伽利略在研究斜面上小球的运动时发现，无论对侧斜面陡些或缓些，小球的速度总会在斜面上的某点变为 0，这点距斜面底端的竖直高度与它出发时的高度相同，看起来小球似乎"记得"自己起始的高度，这一现象背后的守恒量就是"能量"。机械运动过程中，物体的动能、重力势能、弹性势能可以相互转化，机械能的总量保持不变，称为机械能守恒定律。在物理学习中，我们建立理想模型，应用这一定律研究了蹦极、蹦床、摆动等经典运动的特点；在宇宙航行学习中推导得出了第二宇宙速度。

随着物理学不断发展，人们在各个研究领域发现各种物理现象之间存在普遍的联系，逐步建立了各种能量的概念。在定量描述和研究过程中，功、热等概念到了明确的界定。焦耳通过长达 40 年的热功当量实验，为热力学第一定律和能量守恒定律建立提供了精确且坚实的实验基础。

在过往的学习中，我们利用电场力做功计算了粒子在各种加速器中运动获得的动能；在电路问题中，我们探讨了电源通过非静电力做功提供电能的方式，利用能量守恒定律推导得出闭合电路电动势与内外电压的关系、路端电压与负载的关系、闭合电路欧姆定律，并推导出纯电阻和非纯电阻电路的电压、电流关系；在电磁感应现象的学习中，我们认识到楞次定律及其推广应用的本质正是能量守恒定律的要求和体现，建立了理想变压器原副线圈电流关系。我们还揭示了 LC 电磁振荡中电场能与磁场能的相互转化，使 LC 电磁振荡过程变得清晰简洁，并认识到 LC 电磁振荡与经典力学中简谐振动的对应联系。

在微观世界中，尽管能量不再连续，但能量守恒定律依然适用。爱因斯坦的光量子假说和光电效应方程，玻尔在氢原子模型中提出的"频率条件"，本质都是能量守恒定律的体现。爱因斯坦质能方程从更深刻、更普遍的意义上建立了质量和能量之间的联系，也从一个侧面揭示了质量的物理本质，成为研究宏观和微观现象的普遍规律。

台球的碰撞、火箭的发射、微观粒子的散射、放射性元素的衰变，这些运动看似有着天壤之别，而背后却隐藏着自然界另一个重要的守恒量——动量。历史上，"运动不灭"的思想早已形成，但关于"如何描述运动量多少"的问题，却经历了长达半个世纪的争论。这场争论的解决，促进了机械能概念及功能关系的认识，并使动量与动量守恒定律得以独立发展，成为人们认识自然的重要工具。火箭发射过程是典型的反冲运动，根据动量守恒定律，可以得出火箭加速的速度变化公式。动量守恒定律的普遍适用性成为打开微观世界大门的钥匙：查德威克用 α 粒子轰击铍核，根据弹性碰撞进行推算，最终发现了中子；从动量守恒定律和能量守恒定律出发，研究光子与自由电子的相互作用，解释康普顿效应，确认了光子具有动量，完善了对光粒子性的认识；在核反应堆的裂变反应中，选择慢化剂也需要从粒子弹性碰撞的角度考虑。

电荷守恒定律和质量守恒定律是物质守恒的典型代表，在放射性元素的衰变和核反应过程中，要同时满足电荷数和质量数守恒；在电荷、气体、液体的恒定流动问题中，空间任意一点物质的多少不随时间变化，物质的分布是恒定的，这是由于任意时间内流入闭合面的物质量，等于流出的物质量，可称为"恒定条件"，是电荷守恒和质量守恒的体现。

利用守恒思想解决问题的核心在于在变化、运动过程中确定守恒量，并依据守恒量建立变化量之间的联系。

3.1 机械能守恒定律

1. 机械能守恒定律的内容：在只有重力和弹力做功的系统内，动能与势能相互转化，机械能总量保持不变，叫作机械能守恒。

2. 机械能守恒定律的条件：系统外力做功为 0，且系统内除重力、弹力以外其他力做功为 0，则系统的机械能保持不变。

（机械能定理：系统机械能的变化量，等于系统所受外力的总功与系统内除重力、弹力以外其他力的总功的代数和。）

【例 3-1】（2021 年石景山期末） 如图 3.1 所示，在光滑水平桌面上，弹簧的一端固定，另一端连接一个物块，弹簧质量不计，劲度系数为 k，物块（可视为质点）的质量为 m，静止在 O 点，此时弹簧处于原长状态。以 O 点为坐标原点，水平向右为 x 轴正方向，建立坐标系 O-x。用外力将物块从 O 点缓慢向右拉

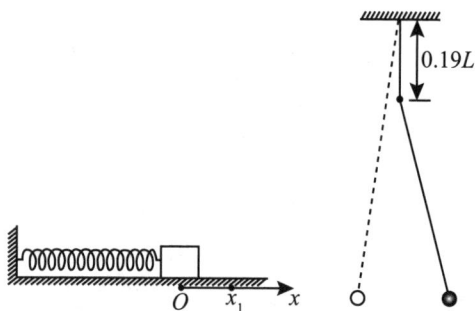

图 3.1

至某一位置 x_1 处，弹簧始终处于弹性限度内。

（1）请画出弹簧弹力大小 F 随物块位移大小 x 变化的示意图；并根据 F-x 图像求物块在位置 x_1 处具有的弹性势能。

（2）证明外力 F 撤掉后物块做简谐运动的系统机械能与振幅的平方成正比。

（3）在摆角很小的情况下，单摆的运动是简谐运动。如图 3.1 所示，一单摆的摆长为 L，在悬点的正下方 $0.19L$ 处有一小钉，设摆角很小，求单摆的左右两侧振幅之比 $A_1 : A_2$。

分析： 简谐运动遵循机械能守恒定律，水平弹簧振子中的势能是弹性势能，单摆中的势能是重力势能，在简谐运动中势能的数学形式都可以表示为 $E_p = \dfrac{1}{2}kx^2$。第（3）问中摆绳与钉子相碰前后，小球的动能不变，仍满足机械能守恒。

解：（1）F 随物块位移 x 变化的示意图如图 3.2 所示。由图像面积 F 所做的功 $W_F = -\dfrac{1}{2}kx_1^2$

图 3.2

由弹簧弹力做功与弹性势能变化的关系，以弹簧原长处为弹性势能零点，从弹簧原长到位置 x_1 处，

$$W_F = -\Delta E_p, \quad -\frac{1}{2}kx_1^2 = 0 - E_p, \quad 即 \ E_p = \frac{1}{2}kx_1^2$$

（2）由机械能守恒定律，从某位置到振幅处，$E_{机} = E_k + E_p = \dfrac{1}{2}kA^2$

（3）在摆角很小的情况下，单摆的运动为简谐运动

$$mg\sin\theta = -kx$$

$$mg\frac{x}{L} = -kx$$

$$k = \frac{mg}{L}$$

又因为机械能守恒 $\dfrac{1}{2}k_1 A_1^2 = \dfrac{1}{2}k_2 A_2^2$，即 $\dfrac{A_1}{A_2} = \sqrt{\dfrac{k_2}{k_1}} = \sqrt{\dfrac{\dfrac{mg}{0.81L}}{\dfrac{mg}{L}}} = \dfrac{10}{9}$

点拨： 本题中简谐运动中势能的表达式是利用水平弹簧振子推导得出的，但对于任意简谐运动其回复力总满足 $F_{回} = -kx$，则从平衡位置到任意 x 处，回复力做功的表达式都可写成 $W_{回} = -\dfrac{1}{2}kx^2$，故回复力对应的势能表达式相同，区别在于回复力系数 k 不同。

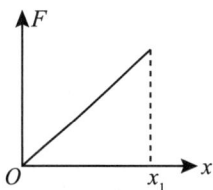

3.2 动量守恒定律

1. 动量守恒定律：如果一个系统不受外力，或者所受合外力的矢量和为 0，这个系统的总动量保持不变。

2. 两种适用情况：

（1）如果系统所受外力远小于内力（如碰撞、爆炸等过程），外力冲量的作用可以忽略，认为系统的动量守恒。

（2）如果系统所受到的外力不为零，但系统在某一方向不受外力、或外力的矢量和等于 0、或所受外力远小于内力，那么该方向上的动量守恒。

【例 3-2】（2017 年朝阳一模）动量守恒定律是一个独立的实验定律，它适用于目前为止物理学研究的一切领域。运用动量守恒定律解决二维问题时，可以在相互垂直的 x、y 两个方向上分别研究。

（1）如图 3.3 甲所示，质量分别为 m_1、m_2 的球 1 和球 2 构成一系统，不考虑系统的外力作用。球 1 以速度 v_1（方向沿 x 轴正向）与静止的球 2 碰撞，若速度 v_1 不在两球球心的连线上，碰撞之后两球的速度 v'_1、v'_2 都会偏离 v_1 的方向，偏角分别为 θ、φ，且 v_1、m_1、m_2、θ、φ 均已知。

a．请写出计算 v'_1、v'_2 的大小时主要依据的关系式；

b．请分析说明球 1 对球 2 的平均作用力 F 的方向。

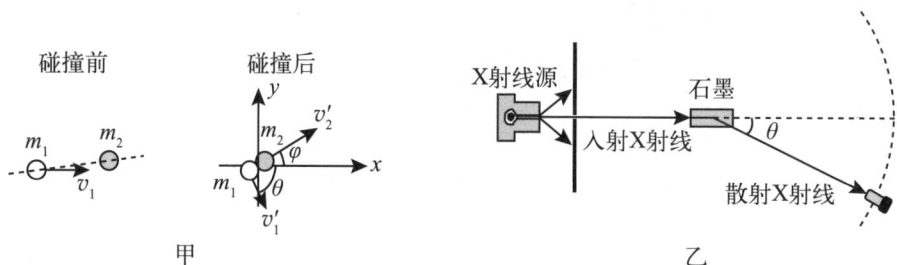

图 3.3

（2）如图 3.3 乙所示，美国物理学家康普顿及其团队将 X 射线入射到石墨上，发现被石墨散射的 X 射线中除了有与入射波长相同的成分外，还有与入射波长不同的成分。我国物理学家吴有训在此项研究中也做出了突出贡献，因此物理学界也把这一效应称为"康普顿—吴效应"。由于这一现象很难用经典电磁理论解释，所以康普顿提出光子不仅有能量，也具有动量，光子的动量 p 与其对应的波长 λ 之间的关系为 $p = \dfrac{h}{\lambda}$（h 为普朗克常量）。进一步研究表明 X 射线的散射实质是单个光子与单个电子发生碰撞的结果。由于电子的速度远小于光的速度，可认为电子在碰撞前是静止的。现探测到散射 X 射线的波长不同于入射 X 射线的波长，请你构建一个合理的相互作用模型，解决以下问题：

a. 请定性分析散射后 X 射线的波长 λ' 与入射 X 射线的波长 λ 的大小关系；

b. 若已知入射 X 射线的波长为 λ，散射后 X 射线的波长为 λ'。设散射 X 射线相对入射方向的偏转角为 θ。求 $\theta = \dfrac{\pi}{2}$ 时电子获得的动量。

分析： 解决斜碰问题的基本规律之一是动量守恒定律。为此，需要建立二维平面直角坐标系，并对动量进行分解，以便列出动量守恒定律的分量式。一般可以选取原速度方向和垂直原速度方向建立 x 轴和 y 轴，也可以选取两球连心线方向和垂直连心线方向建立 x 轴和 y 轴。

解：（1）a. 以碰撞后 x 轴、y 轴为正方向，分别列出两轴的动量守恒表达式。

x 轴　　有 $m_1 v_1 = m_1 v_1' \cos\theta + m_2 v_2' \cos\varphi$

y 轴　　有 $m_2 v_2' \sin\varphi - m_1 v_1' \sin\theta = 0$

b. 对球 2，根据动量定理得 $F\Delta t = m_2 v_2' - 0$

可知，F 的方向与 v_2' 相同，与水平方向夹角为 φ。

（2）a. 依题意，建立如（1）中的碰撞模型。入射 X 射线的光子能量为 $E = h\dfrac{c}{\lambda}$

散射后 X 射线的光子能量为 $E' = h\dfrac{c}{\lambda'}$

入射光把一部分能量给了电子，则散射后光子的能量减小，

可知 $E > E'$，即 $h\dfrac{c}{\lambda} > h\dfrac{c}{\lambda'}$，则有 $\lambda < \lambda'$

b. 设散射后电子获得的动量为 p_e，方向与 X 射线入射方向夹角为 φ，由（1）结论可知，入射方向有 $\dfrac{h}{\lambda} = p_e \cos\varphi + \dfrac{h}{\lambda'} \cos\theta$

垂直方向有 $0 = p_e \sin\varphi - \dfrac{h}{\lambda'} \sin\theta$

代入 $\theta = \dfrac{\pi}{2}$，解得 $p_e = h\sqrt{\dfrac{1}{\lambda^2} + \dfrac{1}{\lambda'^2}}$

点拨： 研究康普顿散射过程时，除了考虑动量守恒定律，还需考虑能量守恒定律，电子的能量需要考虑相对论效应，计算过程较为复杂，通常在中学不做讨论。

3.3 物质守恒定律

【例 3-3】（2019 北京西城一模）守恒定律是自然界中某种物理量的值恒定不变的规律，它为我们解决许多实际问题提供了依据。在物理学中这样的守恒定律有很多，例如：电荷守恒定律、质量守恒定律、能量守恒定律等等。

（1）根据电荷守恒定律可知：一段导体中通有恒定电流时，在相等时间内通过导体不同截面的电荷量都是相同的。

a. 已知带电粒子电荷量均为 q，粒子定向移动所形成的电流强度为 I。求在时间 t 内通过某一截面的粒子数 N；

b. 直线加速器是一种通过高压电场使带电粒子加速的装置。带电粒子从粒子源处持续发出，假定带电粒子的初速度为零，加速过程中做的匀加速直线运动。如图 3.4 甲所示，在距粒子源 l_1、l_2 两处分别取一小段长度相等的粒子流 Δl。已知 $l_1 : l_2 = 1 : 4$，这两小段粒子流中所含的粒子数分别为 n_1 和 n_2，求：$n_1 : n_2$。

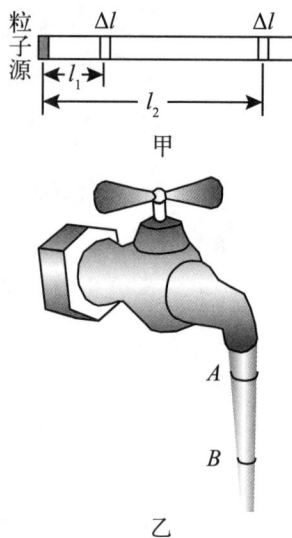

（2）在实际生活中经常看到这种现象：适当调整开关，可以看到从水龙头中流出的水柱越来越细，如图 3.4 乙所示，垂直于水柱的横截面可视为圆。在水柱上取两个横截面 A、B，经过 A、B 的水流速度大小分别为 v_1、v_2；A、B 直径分别为 d_1、d_2，且 $d_1 : d_2 = 2 : 1$。求：水流的速度大小之比 $v_1 : v_2$。

分析： 本题电荷在电路和直线加速器中，都可以看作是一种恒定"流动"。第（1）a 问，需要计算的是一段时间通过某一截面的粒子数；第（1）b 问，研究的是长度为 Δl 的一段粒子流，由于 Δl 极短，其中的带电粒子速度不变且都相等，经过极短时间 t，这些带电粒子全部从 Δl 右截面流出。根据电荷守恒定律，这与 t 时间内从 Δl 左截面流入的粒子数相等，也等于 t 时间内从粒子源"持续"发出的粒子数。（2）是水的恒定流动问题，根据质量守恒定律，相等时间通过不同截面的体积相等；不同位置水流的速度关系还遵循机械能守恒定律。

解：（1）a. 电流 $I = \dfrac{Q}{t}$，电量 $Q = Nq$，粒子数 $N = \dfrac{Q}{q} = \dfrac{It}{q}$

b. 根据 $v = \sqrt{2ax}$ 可知在距粒子源 l_1、l_2 两处粒子的速度之比 $v_1 : v_2 = 1 : 2$

极短长度内可认为速度不变，根据 $v = \dfrac{\Delta x}{\Delta t}$，得 $t_1 : t_2 = 2 : 1$

根据电荷守恒，这两段粒子流中所含粒子数之比 $n_1 : n_2 = t_1 : t_2 = 2 : 1$

（2）根据质量守恒，相等的时间通过任一截面的质量相等，即水的流量相等。

也即 $v \cdot \frac{\pi}{4} d^2$ 处处相等。故，这两个截面处水流的流速之比 $v_1 : v_2 = d_2{}^2 : d_1{}^2 = 1 : 4$

点拨：在解决诸如恒定电流、水的恒定流动问题时，电荷守恒定律、质量守恒定律是分析不同位置流动关系的突破口。不同位置流速不同，可能导致粒子数密度或流体横截面积的变化，而不同位置间的流速关系又遵循功能关系或能量守恒定律。

3.4 能量守恒定律

能量既不会凭空产生，也不会凭空消失，它只能从一种形式转化为其他形式，从一个物体转移到别的物体，在转化或转移的过程中，能量的总量保持不变。也可以说，孤立系统中的总能量保持不变。

【例 3-4】（2018 高考北京卷）（1）静电场可以用电场线和等势面形象描述。

a. 请根据电场强度的定义和库仑定律推导出点电荷 Q 的场强表达式；

b. 点电荷的电场线和等势面分布如图 3.5 所示，等势面 S_1、S_2 到点电荷的距离分别为 r_1、r_2。我们知道，电场线的疏密反映了空间区域电场强度的大小。请计算 S_1、S_2 上单位面积通过的电场线条数之比 N_1/N_2。

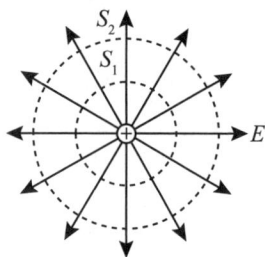

（2）观测宇宙中辐射电磁波的天体，距离越远单位面积接收的电磁波功率越小，观测越困难。为了收集足够强的来自天体的电磁波，增大望远镜口径是提高天文观测能力的一条重要

图 3.5

途径。2016 年 9 月 25 日，世界上最大的单口径球面射电望远镜 FAST 在我国贵州落成启用，被誉为"中国天眼"。FAST 直径为 500 m，有效提高了人类观测宇宙的精度和范围。

c. 设直径为 100 m 的望远镜能够接收到的来自某天体的电磁波功率为 P_1，计算 FAST 能够接收到的来自该天体的电磁波功率 P_2；

d. 在宇宙大尺度上，天体的空间分布是均匀的。仅以辐射功率为 P 的同类天体为观测对象，设直径为 100 m 望远镜能够观测到的此类天体数目是 N_0，计算 FAST 能够观测到的此类天体数目 N。

分析： 正点电荷的电场线起于正电荷，终止于无穷远，具有球对称性，穿过不同等势面的电场线条数相等，即"电通量"相等，且均匀分布，随等势面的半径增大，电场线变得稀疏。宇宙中的天体向外辐射电磁波，以天体为中心呈球面状，"恒定"辐射过程中，相等时间内通过不同球面的能量相等，即"能量通量"相等，也是均匀分布。随观测距离增大，球面扩大，相等时间内单位面积的"能量通量"减小，故需要增大望远镜的口径，增大接收面积，才能收集到足够的能量。反之，望远镜需要收集的能量一定，接收面积越大，所需单位面积的"能量通量"越小，即可以观测更远的距离。

解：（1）a. 在距 Q 为 r 的位置放一电荷量为 q 的检验电荷，根据库仑定律检验电荷受到的电场力 $F = k\dfrac{Qq}{r^2}$

根据电场强度的定义 $E = \dfrac{F}{q}$，得 $E = k\dfrac{Q}{r^2}$

b．穿过每个面的电场线的总条数是相等的，若面积大，则单位面积上的电场线条数就越少，故穿过两等势面单位面积上的电场线条数之比 $\dfrac{N_1}{N_2} = \dfrac{S_2}{S_1} = \dfrac{r_2^2}{r_1^2}$

（2）c．地球上不同望远镜观测同一天体，单位面积上接收的功率应该相同，因此

$$P_2 = \frac{500^2}{100^2}P_1 = 25P_1$$

d．在宇宙大尺度上，天体的空间分布是均匀的。因此，一个望远镜能观测到的此类天体数目正比于以望远镜为球心、以最远观测距离为半径的球体体积。

设地面上望远镜能观测到此类天体需收集到的电磁波的总功率的最小值为 P_0，直径为 100 m 望远镜和 FAST 能观测到的最远距离分别为 L_0 和 L，则

$$P_0 = \pi\left(\frac{500}{2}\right)^2 \frac{P}{4\pi L^2} = \pi\left(\frac{100}{2}\right)^2 \frac{P}{4\pi L_0^2}$$

可得 $L = 5L_0$，则 $N = \dfrac{L^3}{L_0^3}N_0 = 125N_0$

点拨：本题通过电场线连续，穿过不同等势面的"电通量"相等，提示能量的球面辐射应具有"恒定流动"的特点。根据能量守恒定律可知"恒定"辐射过程，相等时间内通过不同球面的能量相等，随球面扩大，能量通过时的"面密度"减小。

【例 3-5】（2015 年海淀一模改编）从宏观现象中总结出来的经典物理学规律不一定都能适用于微观体系。但是在某些问题中利用经典物理学规律也能得到与实际比较相符合的结论。

（1）玻尔建立的氢原子模型，仍然把电子的运动看作经典力学描述下的轨道运动。他认为，氢原子中的电子在库仑力的作用下，绕原子核做匀速圆周运动。已知电子质量为 m，元电荷为 e，静电力常量为 k，氢原子处于基态时电子的轨道半径为 r_1。氢原子的能量等于电子绕原子核运动的动能、电子与原子核系统的电势能的总和。已知当取无穷远处电势为零时，点电荷电场中离场源电荷 q 为 r 处的各点的电势 $\varphi = k\dfrac{q}{r}$。现要使处于基态的氢原子吸收光子发生电离，光子波长应满足什么条件。

（2）有人设想：可以在飞船从运行轨道进入返回地球程序时，借飞船需要减速的机会，发射一个小型太空探测器，从而达到节能的目的。如图 3.6 所示，飞船在圆轨道 I 上绕地球飞行，其轨道半径为地球半径的 k 倍（$k > 1$）。当飞船通过轨道 I 的 A 点时，飞船上的发射装置短暂工作，将探测器沿飞船原运动方向射出，并使探测器恰能完全脱离地球的引力范围，即到达距地球无限远时的速度恰好为零，而飞船在发射探测器后沿椭圆轨道 II 向前运动，其近地点 B 到地心的距离近似为地球半径 R。以上过程中飞船和探测器的质量均可视为不变。已

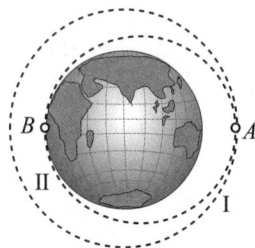

图 3.6

知地球表面的重力加速度为 g。规定两质点相距无限远时引力势能为零，则质量分别为 M、m 的两个质点相距为 r 时的引力势能 $E_{\mathrm{p}} = -G\dfrac{Mm}{r}$，式中 G 为引力常量。

a. 求探测器刚离开飞船时的速度大小；

b. 根据开普勒第二定律，飞船沿轨道 II 运动过程中，通过 A 点与 B 点的速度大小与这两点到地心的距离成反比。根据计算结果说明为实现上述飞船和探测器的运动过程，飞船与探测器的质量之比应满足什么条件？

分析： 第（1）问玻尔的氢原子模型与卫星圆轨道环绕具有相似的特点，原子能量等于电子绕核转动的动能和电势能的总和。电子吸收光子能量电离，就是电子运动到距原子核无限远处时，动能刚好为零，即吸收光子能量后的原子总能量等于零。第（2）问探测器在轨发射，发射过程飞船与探测器组成的系统动量守恒，这是本题的突破口。接着确定动量守恒定律中的速度，依据发射后探测器运行至脱离地球引力的过程中机械能守恒，飞船沿轨道 II 运动过程中机械能守恒，"通过 A 点与 B 点的速度大小与这两点到地心的距离成反比"，即开普勒第二定律的推论等，综合这三个关系把方程列全。

解：（1）电子绕原子核做匀速圆周运动 $k\dfrac{e^2}{r_1^2} = m\dfrac{v_1^2}{r_1}$

处于基态的氢原子的电子的动能 $E_{\mathrm{k}1} = \dfrac{1}{2}mv_1^2 = \dfrac{ke^2}{2r_1}$

取无穷远处电势为零，距氢原子核为 r 处的电势 $\varphi = k\dfrac{e}{r_1}$

处于基态的氢原子的电势能 $E_{\mathrm{p}1} = -e\varphi = -\dfrac{ke^2}{r_1}$

所以，处于基态的氢原子的能量 $E_1 = E_{\mathrm{k}1} + E_{\mathrm{p}1} = -\dfrac{ke^2}{2r_1}$

要使处于基态的氢原子电离，即电子吸收光子能量，跃迁至距原子核无限远处时，动能恰好为零，则根据能量守恒定律，$h\nu + E_1 = 0$，再由 $\nu = \dfrac{c}{\lambda}$，得 $\lambda = \dfrac{2chr_1}{ke^2}$

（2）a. 设探测器被发射出时的速度为 v'，因其运动过程中动能和引力势能之和保持不变，所以探测器刚好脱离地球引力应满足 $\dfrac{1}{2}m'v'^2 - \dfrac{GMm'}{kR} = 0$

解得 $v' = \sqrt{\dfrac{2GM}{kR}} = \sqrt{\dfrac{2gR}{k}} = \sqrt{2}v_0$

b. 设地球质量为 M，飞船质量为 m，探测器质量为 m'，发射器速度为 v'，对于飞船发射探测器的过程，根据动量守恒定律有 $(m + m')v_0 = mv_A + m'v'$

当飞船与探测器一起绕地球做圆周运动时的速度为 v_0，根据万有引力定律和牛顿第二定律 $\dfrac{GM(m + m')}{(kR)^2} = (m + m')\dfrac{v_0^2}{kR}$

对于地面附近的质量为 m_0 的物体有 $\dfrac{GMm_0}{R^2} = m_0 g$

解得 $v_0 = \sqrt{\dfrac{gR}{k}}$

设发射探测器后飞船在 A 点的速度为 v_A，运动到 B 点的速度为 v_B，因其运动过程中动能和引力势能之和保持不变，所以有 $\dfrac{1}{2}mv_B^2 - \dfrac{GMm}{R} = \dfrac{1}{2}mv_A^2 - \dfrac{GMm}{kR}$

飞船通过 A 点与 B 点的速度大小与这两点到地心的距离成反比，即 $Rv_B = kRv_A$

解得 $\dfrac{m}{m'} = \dfrac{\sqrt{2}-1}{1-\sqrt{\dfrac{2}{k+1}}}$

点拨： 经典物理学的守恒规律在微观和宇观两个极限尺度上具有一定的普遍适用性。这些定律不仅使问题的分析和解决显示了一致性，而且使所得结论在一定程度上表现出一致性，彰显了物理学的简洁与深刻。本题涉及的机械能守恒定律和角动量守恒定律也是分析解决天体问题的基本出发点。

3.5 巩固练习

1. （2022西城二模）摆动是生活中常见的运动形式，秋千、钟摆的运动都是我们熟悉的摆动。摆的形状各异，却遵循着相似的规律。

（1）如图3.7甲所示，一个摆的摆长为 L，小球质量为 m，拉起小球使摆线与竖直方向夹角为 θ 时将小球由静止释放，忽略空气阻力。

a. 求小球运动到最低点时绳对球的拉力的大小 F。

b. 如图3.7乙所示，当小球运动到摆线与竖直方向夹角为 α（$\alpha < \theta$）时，求此时小球的角速度大小 ω_1。

（2）如图3.7丙所示，长为 L 的轻杆，一端可绕固定在 O 点的光滑轴承在竖直平面内转动，在距 O 点为 $\dfrac{L}{2}$ 和 L 处分别固定一个质量为 m、可看作质点的小球，忽略轻杆的质量和空气阻力。

c. 将杆与小球组成的系统拉到与竖直方向成 θ 角的位置由静止释放，当系统向下运动到与竖直方向夹角为 α（$\alpha < \theta$）时，求此时系统的角速度大小 ω_2。

d. 若 θ 较小，系统的运动可看作简谐运动，对比 ω_2 和 ω_1 的表达式，参照单摆的周期公式 $T = 2\pi\sqrt{\dfrac{L}{g}}$，写出此系统做简谐运动的周期的表达式，并说明依据。

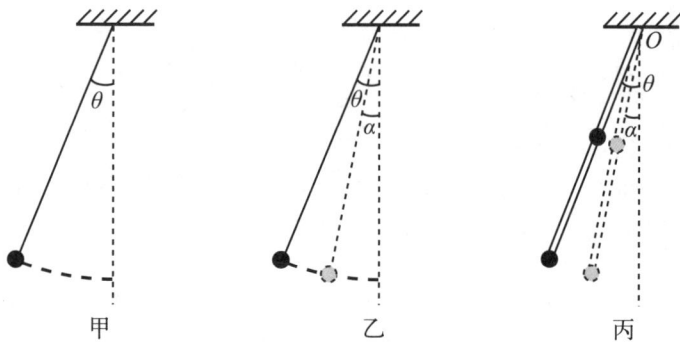

图 3.7

2. （2022 海淀一模）2021 年 5 月，"天问一号"探测器成功在火星软着陆，我国成为世界上第一个首次探测火星就实现"绕、落、巡"三项任务的国家。

火星探测器在火星附近的 A 点减速后，被火星捕获进入了 1 号椭圆轨道，紧接着在 B 点进行了一次"远火点平面机动"，俗称"侧手翻"，即从与火星赤道平行的 1 号轨道，调整为经过火星两极的 2 号轨道，将探测器绕火星飞行的路线从"横着绕"变成"竖着绕"，从而实现对火星表面的全面扫描，如图 3.8 所示。以火星为参考系，质量为 M_1 的探测器沿 1 号轨道到达 B 点时速度为 v_1，为了实现"侧手翻"，此时启动发动机，在极短的时间内喷出部分气体，假设气体为一次性喷出，喷气后探测器质量变为 M_2、速度变为与 v_1 垂直的 v_2。

（1）求喷出的气体速度 u 的大小。

（2）假设实现"侧手翻"的能量全部来源于化学能，化学能向动能的转化比例为 $k\,(k<1)$，求此次"侧手翻"消耗的化学能 ΔE。

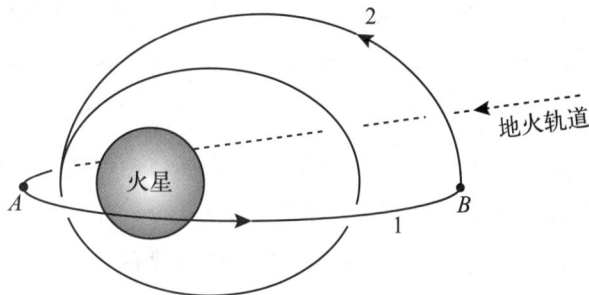

图 3.8

3. （2023 西城一模）动量守恒定律的适用范围非常广泛，不仅适用于低速、宏观的问题，也适用于近代物理研究的高速（接近光速）、微观（小到分子、原子的尺度）领域。

（1）质量为 $3m$、速度为 v 的 A 球跟质量为 m 的静止 B 球发生弹性正碰。求碰后 A 球的速度大小。

（2）核反应堆里的中子速度不能太快，否则不易被铀核"捕获"，因此，在反应堆内要放"慢化剂"，让中子与慢化剂中的原子核碰撞，以便把中子的速度降下来。若认为碰撞前慢化剂中的原子核都是静止的，且将中子与原子核的碰撞看作弹性正碰，慢化剂应该选用质量较大的还是质量较小的原子核？请分析说明理由。

（3）光子不仅具有能量，而且具有动量。科学家在实验中观察到，一个电子和一个正电子以相同的动能对心碰撞发生湮灭，转化为光子。有人认为这个过程可能只生成一个光子，也有人认为这个过程至少生成两个光子。你赞同哪个观点？请分析说明理由。

4．（2009 高考北京卷）（1） 如图 3.9 所示，ABC 为一固定在竖直平面内的光滑轨道，BC 段水平，AB 段与 BC 段平滑连接。质量为 m_1 的小球从高位 h 处由静止开始沿轨道下滑，与静止在轨道 BC 段

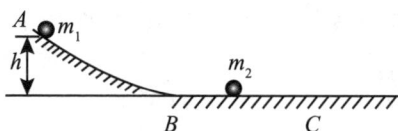

图 3.9

上质量为 m_2 的小球发生碰撞，碰撞后两球两球的运动方向处于同一水平线上，且在碰撞过程中无机械能损失。求碰撞后小球 m_2 的速度大小 v_2；

（2）碰撞过程中的能量传递规律在物理学中有着广泛的应用。为了探究这一规律，我们才用多球依次碰撞、碰撞前后速度在同一直线上、且无机械能损失的简化力学模型。如图 3.10 所示，在固定光滑水平轨道上，质量分别为 m_1、m_2、m_3…m_{n-1}、m_n…的若干个球沿直线静止相间排列，给第 1 个球初能 E_{k1}，从而引起各球的依次碰撞。定义其中第 n 个球经过依次碰撞后获得的动能 E_k 与 E_{k1} 之比为第 1 个球对第 n 个球的动能传递系数 k_{1n}。

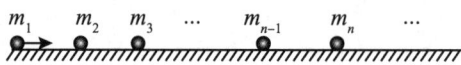

图 3.10

a．求 k_{1n}；

b．若 $m_1 = 4m_0$，$m_3 = m_0$，m_0 为确定的已知量。求 m_2 为何值时，k_{13} 值最大。

5. （2017 高考北京卷）在磁感应强度为 B 的匀强磁场中，一个静止的放射性原子核发生了一次 α 衰变。放射出的 α 粒子（${}_2^4\text{He}$）在与磁场垂直的平面内做圆周运动，其轨道半径为 R。以 m、q 分别表示 α 粒子的质量和电荷量。

（1）放射性原子核用 ${}_z^A\text{X}$ 表示，新核的元素符号用 Y 表示，写出该 α 衰变的核反应方程。

（2）α 粒子的圆周运动可以等效成一个环形电流，求圆周运动的周期和环形电流大小。

（3）设该衰变过程释放的核能都转化为 α 粒子和新核的动能，新核的质量为 M，求衰变过程的质量亏损 Δm。

6. （2024 西城一模）我国的东方超环（EAST）是研究可控核聚变反应的超大型科学实验装置。该装置需要将高速运动的离子变成中性粒子，没有被中性化的离子对实验装置有很大的破坏作用，因此需要利用"偏转系统"将其从粒子束中剥离出来。"偏转系统"的原理简图如图 3.11 所示，包含中性粒子和带电离子的混合粒子进入由一对平行带电极板构成的匀强电场区域，混合粒子进入电场时速度方向与极板平行，极板右侧存在匀强磁场区域。离子在电场磁场区域发生偏转，中性粒子继续沿原方向运动，到达接收器。已知离子带正电、电荷量为 q，质量为 m，速度为 v，两极板间距为 d。离子和中性粒子的重力可忽略不计，不考虑粒子间的相互作用。

（1）两极板间不加电压，只利用磁场使离子发生偏转，若恰好所有离子均被图 3.11 中的吞噬板吞噬，求磁场的磁感应强度的人小 B。

（2）以下极板左端点为坐标原点建立坐标系，沿板建立 x 轴，垂直板建立 y 轴，如图 3.11 所示。假设离子在混合粒子束中是均匀分布的，单位时间内通过 y 轴单位长度进入电场的离子数为 n。在两极板间加电压 U，恰好所有离子均被吸附在下极板。

a. 求极板的长度 L，并分析落在 x 轴上坐标为 $x \sim x + \Delta x$ 范围内的离子，进入电场时通过 y 轴的坐标范围；

b. 离子落在极板上的数量分布呈现一定的规律，若单位时间内落在下极板 x 位置附近单位长度上的离子数量为 n_x，求 n_x 随 x 变化的规律，在图 3.12 中作出 n_x-x 图像，说明图线与横轴所围面积的物理意义。（若 Δx 远小于 x，则 $(x+\Delta x)^2 \approx x^2 + 2x\Delta x$）

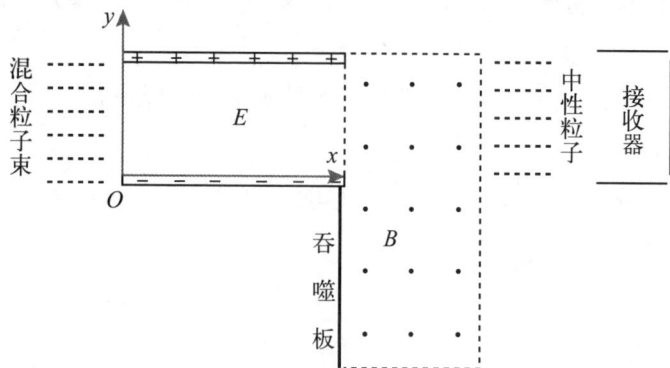

图 3.11

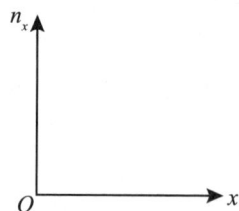

图 3.12

7. 寻守恒量是物理学的重要研究内容，在高中阶段我们探索守恒量时，除了实验手段，也常借助已有理论来进行分析。已知重力加速度为 g。

（1）如图 3.13 甲所示，A 和 B 两位置分别距离地面高度为 h_A 和 h_B，质量为 m 的物体（可视为质点）在 A 和 B 两位置的速度大小分别为 v_A 和 v_B。

a. 以地面为参考平面，分别写出物体在 A 和 B 两位置的机械能 E_A 和 E_B；

b. 利用动能定理和重力做功的特点，证明沿光滑曲面下滑的物块在 A 位置的机械能与在 B 位置的机械能相等。

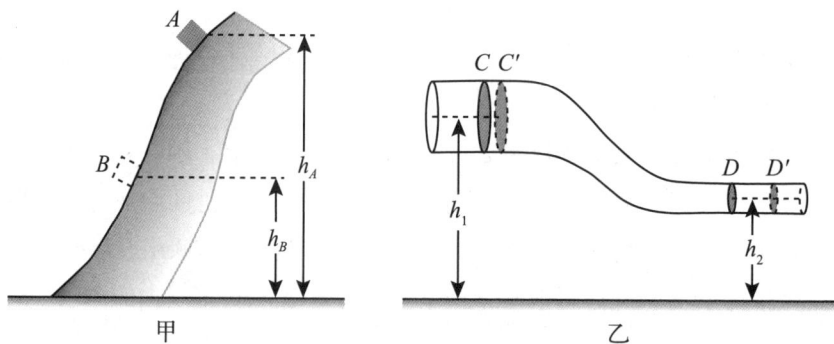

图 3.13

（2）供暖系统、自来水系统都是通过管道运送液体的。管内液体稳定流动时具有这样的特点：①管内各处液体体积无法压缩且密度均相同；②管内各处液体流速不随时间改变。

如图 3.13 乙所示，选取横截面 C 和横截面 D 之间的液体为研究对象，当 C 处液体流动很小一段距离，到达 C' 时，D 处液体正好流动到 D' 处。已知液体密度为 ρ，C 处的压强为 p_1、流速为 u_1、高度为 h_1，D 处的压强为 p_2、流速为 u_2、高度为 h_2，C 处管道半径为 R，C 与 C' 间距离为 d，且 R、d 均远远小于 h_2。不计管道对液体的阻力，不考虑液体的黏滞性。在 C、D 间的液体流动至 C'、D' 的过程中，

c. 求横截面 C 左侧液体对研究对象所做的功 W_1；

d. 求重力对研究对象所做的功 W_G；

e. 研究表明，可运用动能定理对 C、D 间的液体进行分析。请依据动能定理探索压强 p、流速 u、高度 h 是否也存在着某种守恒的关系。若存在，请写出关系式；若不存在，请说明理由。

8.（1）如图 3.14 甲所示，用电动势为 E、内阻为 r 的电源，向滑动变阻器 R 供电。改变变阻器 R 的阻值，路端电压 U 与电流 I 均随之变化。请写出电源电动势定义式，并结合能量守恒定律证明：闭合电路路端电压与负载的关系为 $U=E-Ir$。

（2）直流电动机是常见的用电器，其原理可简化为如图 3.14 乙所示的情景。在竖直向下的磁感应强度为 B 的匀强磁场中，直流电源与间距为 L 的两根足够长的光滑平行金属轨道 MN、PQ 连接，整个装置固定在水平面内，导轨电阻不计。

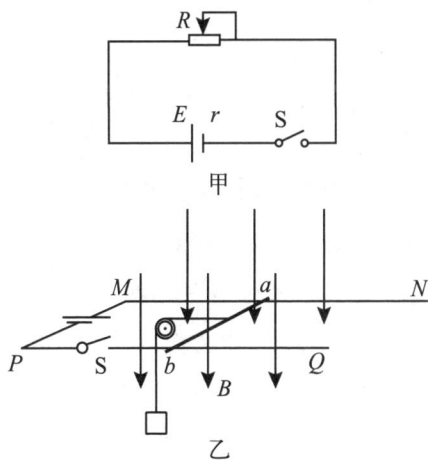

图 3.14

质量为 m_0 的金属导体棒 ab 垂直放在轨道上，且与轨道接触良好。电源电动势为 E，内阻为 r，导体棒 ab 电阻为 R。

闭合开关，导体棒 ab 从静止开始向右运动，并通过光滑定滑轮提升质量为 m 的重物。

a. 导体棒 ab 切割磁感线运动时会产生感应电动势，该电动势总是削弱电源电动势的作用，因此称为反电动势，其大小可以表示为 $E_反 = BLv$。请选取匀速提升重物的过程，结合能量转化与守恒定律证明：电路中的电流 $I = \dfrac{E - E_反}{R + r}$；

b. 重物从静止开始向上提升，当重物提升高度为 h 时，导体棒速率为 v，计算此过程安培力做的总功。

9. 基于电容器的制动能量回收系统已经在一些品牌的汽车上得到应用。某同学设计的这种系统的一种简易模型如图 3.15 所示。某种材料制成的薄板质量为 m，围成一个中空圆柱，圆的半径为 r，薄板宽度为 L，可通过质量不计的辐条绕过圆心 O 且垂直于圆面的水平轴转动。薄板能够激发平行于圆面且沿半径方向向外的辐射磁场，磁场只分布于薄板宽度的范围内，薄板外表面处的磁感应强度为 B。一匝数为 n 的线圈 $abcd$ 固定放置（为显示线圈绕向，图中画出了两匝），ab 边紧贴薄板外表面但不接触，线圈的两个线头 c 点和 d 点通过导线连接有电容为 C 的电容器、电阻为 R 的电阻、单刀双掷开关，如图所示。现模拟一次刹车过程，开始时，单刀双掷开关处于断开状态，薄板旋转方向如图所示，旋转中薄板始终受到一与薄板表面相切，与运动方向相反的大小为 f 的刹车阻力作用，当薄板旋转的角速度为 ω_0 时，将开关

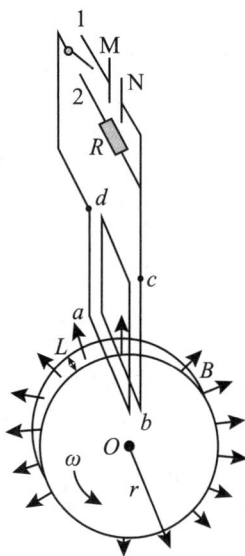

图 3.15

闭合到位置 1，电容器开始充电，经时间 t 电容器停止充电，开关自动闭合到位置 2。除刹车阻力外，忽略其他一切阻力，磁场到 cd 连线位置时足够弱，可以忽略。电容器的击穿电压足够大，开始时不带电，线圈能承受足够大的电流，不考虑磁场变化引起的电磁辐射。

（1）电容器充电过程中，判断极板 M 带电的电性；

（2）求充电结束时，薄板的角速度 ω_1 大小；

（3）求薄板运动的整个过程中该系统的能量回收率。

10．（2017 西城一模）在长期的科学实践中，人类已经建立起各种形式的能量概念及其量度的方法，其中一种能量是势能。势能是由于各物体间存在相互作用而具有的、由各物体间相对位置决定的能。如重力势能、弹性势能、分子势能、电势能等。

（1）如图 3.16 所示，内壁光滑、半径为 R 的半圆形碗固定在水平面上，将一个质量为 m 的小球（可视为质点）放在碗底的中心位置 C 处。现给小球一个水平初速度 v_0 $\left(v_0 < \sqrt{2gR}\right)$，使小球在碗中一定范围内来回运动。已知重力加速度为 g。

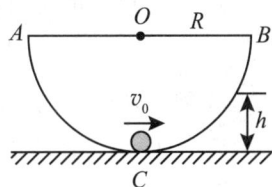

图 3.16

a．若以 AB 为零势能参考平面，写出小球在最低位置 C 处的机械能 E 的表达式；

b．求小球能到达的最大高度 h；说明小球在碗中的运动范围，并在图 3.16 中标出。

（2）如图 3.17 所示，a、b 为某种物质的两个分子，以 a 为原点，沿两分子连线建立 x 轴。如果选取两个分子相距无穷远时的势能为零，则作出的两个分子之间的势能 E_p 与它们之间距离 x 的 E_p-x 关系图线如图 3.18 所示。

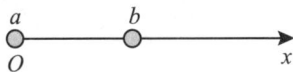

图 3.17

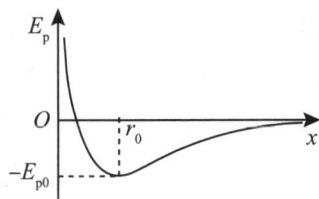

图 3.18

a．假设分子 a 固定不动，分子 b 只在 ab 间分子力的作用下运动（在 x 轴上）。当两分子间距离为 r_0 时，b 分子的动能为 E_{k0} $(E_{k0} < E_{p0})$。求 a、b 分子间的最大势能 E_{pm}；并利用图 3.18，结合画图说明分子 b 在 x 轴上的运动范围；

b. 若某固体由大量这种分子组成，当温度升高时，物体体积膨胀。试结合图 3.18 所示的 E_p–x 关系图线，分析说明这种物体受热后体积膨胀的原因。

11.（2022 西城一模）19 世纪末、20 世纪初，通过对光电效应的研究，加深了对光的本性的认识。科学家利用如图 3.19 所示的电路研究光电效应，图中 K、A 是密封在真空玻璃管中的两个电极，K 极受到光照时可能发射电子。已知电子电荷量为 e，普朗克常量为 h。

（1）当有光照射 K 极，电流表的示数为 I，求经过时间 t 到达 A 极的电子数 n。

（2）使用普通光源进行实验时，电子在极短时间内只能吸收一个光子的能量。用频率为 v_0 的普通光源照射

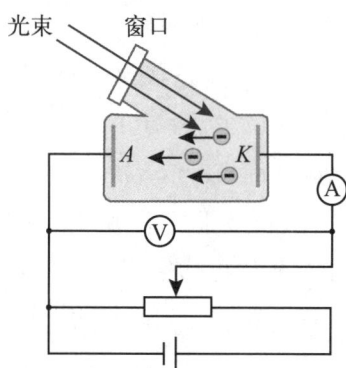

图 3.19

K 极，可以发生光电效应。此时，调节滑动变阻器滑片，当电压表的示数为 U 时，电流表的示数减小为 0。随着科技的发展，强激光的出现丰富了人们对光电效应的认识，用强激光照射金属，一个电子在极短时间内吸收到多个光子成为可能。若用强激光照射 K 极时，一个电子在极短时间内能吸收 n 个光子，求能使 K 极发生光电效应的强激光的最低频率 v。

（3）如图 3.20 所示，平滑轨道 ABC 固定在竖直平面内，其表面光滑，在 C 点与高度为 H_0 粗糙的水平轨道 CD 相切，滑块 M 从高度为 H 的斜坡上 A 处静止滑下，与 B 处的滑块 N 发生对心弹性碰撞，碰后滑块 N 滑上右侧水平轨道，此过程中滑块 N 一直未脱离右侧轨道，沿 CD 滑行一段距离后停止。

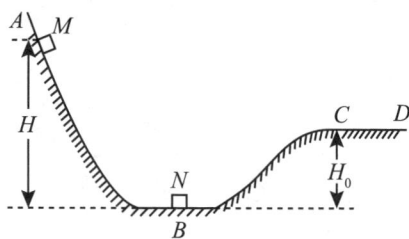

图 3.20

已知 M、N 的质量均为 m，滑块 N 与 CD 间的动摩擦因数为 μ，重力加速度为 g，求：

a. 若增大 H 的值，但仍保持滑块 N 一直不脱离轨道，则滑块 N 在 CD 段滑行的距离 x 也随之变化。请推导 x 与 H 的关系式，并作出 x–H 图像且指出横截距物理量的意义；

b. 对比两实例，光电效应中的逸出功对应于该过程的哪个表达式？

第四章 对称

对称是自然界中一类普遍而深刻的现象，它不仅体现在植物的叶脉、花朵的排列和动物的外形特征，还体现在星球的形状和天体的运动轨迹等。通过探索和分析这些对称现象，科学家们能够深入理解对称形成的机制以及在某些条件下被破坏的原因，为物理学的发展做出了极大的贡献。

在人民教育出版社 2020 年普通高中物理教材必修第一册序言部分中写道："19 世纪初，人们已经知道电流能产生磁场，于是很自然地问：'电能生磁，那么磁应该也能生电吧。'"从电生磁到磁生电的科学发现的伟大历程，为人类打开了电学领域的大门，使人类进入了辉煌的电气时代。麦克斯韦方程以其优雅的形式揭示了电场、磁场之间的关系，充分展示了物理规律内在的对称性，被誉为"出自上帝之手的方程"。在光学领域，对光本质的研究也经历了漫长的过程，最终科学家认为光具有"波粒二象性"。在 1923 至 1924 年间，法国巴黎大学年轻的研究生德布罗意通过对原子、电子等实物粒子的性质和与光的性质之间的深入研究，提出了"物质也具有波粒二象性"的假说。他还指出实物粒子对应的波的频率和波长之间，也像光子一样，遵循下面的关系：

$$E = h\nu$$
$$p = \frac{h}{\lambda}$$

现在，物质的波动性已经被电子衍射实验完美的验证了。正是由于德布罗意的大胆假设和严谨分析，才使人类对物质性质的对称性有了更深刻的认识。

关于对称性的研究和科学发现还有很多，同学们可以在学习中慢慢体会。在高中物理阶段，我们重点分析研究对象的对称性和研究过程的对称性。

4.1 研究对象的对称性

有些研究对象本身具有轴对称或中心对称的性质，只分析其中的一部分便可知其余部分的性质。

【例 4-1】如图 4.1 所示，将一条轻而柔软的细绳一端固定在天花板上的 A 点，另一端固定在竖直墙上的 B 点，A 和 B 到 O 点的距离相等，绳长为 OA 的两倍。滑轮的大小与质量均可忽略，滑轮下悬挂一质量为 m 的重物。设摩擦力可忽略，求平衡时绳所受的拉力为多大？

分析： 同一根光滑轻绳上拉力处处相等，可对滑轮受力分析，从而得到拉力大小，同时根据几何约束关系分析出角度即可。

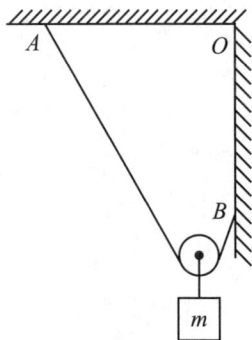

解： 设两侧绳子与水平方向夹角为 θ，对滑轮受力分析，由平衡条件得 $2T\sin\theta = mg$

设左、右两侧绳长分别为 l_1、l_2，$AO = l$，由几何关系得 $l_1\cos\theta + l_2\cos\theta = l$

又根据题意 $l_1 + l_2 = 2l$

解得 $\theta = 60°$

$T = \dfrac{\sqrt{3}}{3}mg$

图 4.1

点拨： 动滑轮两端的同一根光滑轻绳对物体的拉力是相等的，力的方向具有对称性，两绳子与竖直方向的夹角相等，利用几何关系，联立方程求解。

【例 4-2】 一条均匀铁链，重为 G，由 n（n 为偶数）个相同、粗细不计的圆形小铁环串联构成，铁链左右两端的小铁环对称悬挂在水平细杆上后恰好处于静止状态，如图 4.2 甲所示，铁链与水平杆之间的动摩擦因数为 μ，忽略铁环之间的摩擦，最大静摩擦力等于滑动摩擦力，求：

（1）在其中一个悬挂点，水平杆对小铁环的弹力大小。

（2）处于最低位置相邻的两个小铁环之间的弹力大小及图 4.2 乙中 A 和 B 两个相邻小铁环之间的弹力大小（A 为铁链右边最低位置的小铁环）。

（3）若 n 为奇数，则最低处的小铁环与相邻小铁环之间的弹力大小。

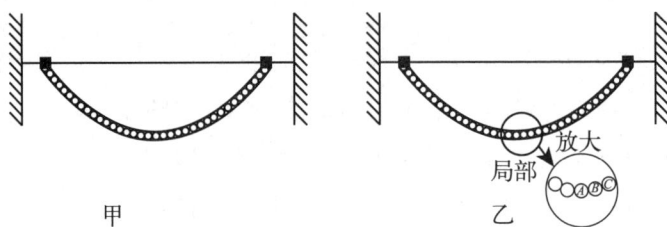

甲　　　　　乙

图 4.2

分析： 第（1）问中悬挂点有两个，将铁链整体作为研究对象，由对称性易得水平杆对小铁环的弹力。第（2）问分析 A 球和 B 球之间的弹力时，可以利用对称性，先考虑右半边铁链受力，再对 A 球受力分析。第（3）问当 n 为奇数时，首先分析最低点铁环与相邻铁环的拉力，再分析最低处小铁环右边的铁链受力情况。

解：（1）根据对称性可知，水平杆对两小铁环的弹力竖直向上、大小相等。水平杆对两小铁环的摩擦力方向水平、大小相等。设水平杆对每个小铁环的弹力大小为 N，则有 $2N = G$

解得 $N = \dfrac{G}{2}$

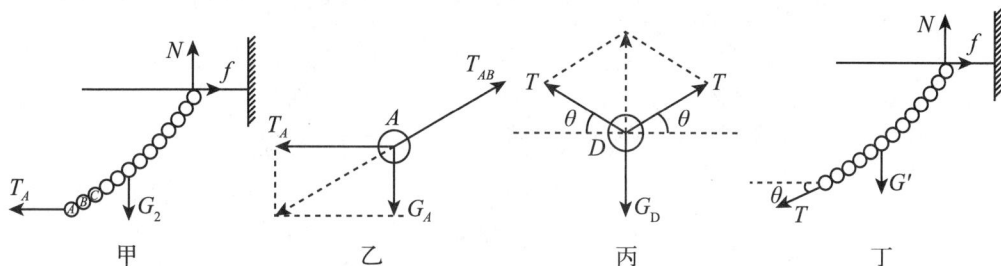

图 4.3

（2）设 A 左边与之相邻的环与 A 环之间的弹力大小为 T_A，以右半侧的铁链为研究对象，受力分析如图 4.3 甲所示。根据平衡条件可得 $G_2 = N$

$$f = T_A = \mu N = \mu \frac{G}{2}$$

对 A 受力分析，如图 4.3 乙所示。根据平衡条件可得 $T_{AB} = \sqrt{T_A^2 + G_A^2}$

又 $G_A = \dfrac{G}{n}$

解得 $T_{AB} = \dfrac{G}{2n}\sqrt{4 + \mu^2 n^2}$

（3）若 n 为奇数，设最低处的小环 D 与相邻环的弹力大小为 T，弹力与水平方向的夹角为 θ，对小环 D 受力分析如图 4.3 丙所示。

根据平衡条件可得 $G_D = 2T \sin\theta$

又 $G_D = \dfrac{G}{n}$

对 D 右侧的铁链受力分析，如图 4.3 丁所示。根据平衡条件解得 $T\cos\theta = f$

$$f = \mu N = \frac{\mu G}{2}$$

解得 $T = \dfrac{G}{2n}\sqrt{1 + \mu^2 n^2}$

点拨： 研究对象本身具有对称性，其受力往往也具有对称性，这可以使问题变得简单。

【例 4-3】 宇宙中存在一些离其他恒星较远的三星系统，通常可忽略其他星体对它们的引力作用。现已观测到稳定的三星系统存在两种基本的构成形式：一种是三颗星位于同一直线上，两颗星围绕中央星做圆周运动，如图 4.4 甲所示；另一种是三颗星位于等边三角形的三个顶点上，并沿外接于等边三角形的圆形轨道运行，如图 4.4 乙所示。设两种系统中三个星体的质量均为 m，且两种系统中各星间的距离已在图中标出，引力常量为 G，则下列说法中正确的是

A. 直线形三星系统中星体做圆周运动的线速度大小为 $\sqrt{\dfrac{Gm}{L}}$

B．直线形三星系统中星体做圆周运动的周期为 $2\pi\sqrt{\dfrac{L^3}{5Gm}}$

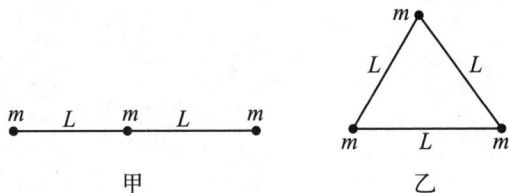

图 4.4

C．三角形三星系统中每颗星做圆周运动的角速度为 $2\sqrt{\dfrac{L^3}{3Gm}}$

D．三角形三星系统中每颗星做圆周运动的加速度大小为 $\dfrac{\sqrt{3}Gm}{L^2}$

分析： 本题中所述直线型三星系统中两侧星体受力具有对称性。三角形三星系统中每个星体受力具有中心对称性，求出圆心的位置，任意星体受到另外两星体的吸引力的合力提供向心力。

解： 正确选项为 D。

A．直线三星系统中星体做圆周运动，万有引力做向心力；根据一侧星体受到另两个星体的引力作用可得 $\dfrac{Gmm}{L^2}+G\dfrac{mm}{(2L)^2}=m\dfrac{v^2}{L}$，星体做圆周运动的线速度大小为 $v=\dfrac{1}{2}\sqrt{\dfrac{5GM}{L}}$。故 A 错误。

B．直线三星系统中星体做圆周运动，万有引力做向心力；根据星体受到另两个星体的引力作用可得 $\dfrac{Gmm}{L^2}+G\dfrac{mm}{(2L)^2}=m\left(\dfrac{2\pi}{T}\right)^2 L$，解得星体做圆周运动的周期为 $T=4\pi L\sqrt{\dfrac{L}{5GM}}$。故 B 错误。

C．根据几何关系可得：三角形三星系统中星体受另外两个星体的引力作用，圆周运动的轨道半径为 $R=\dfrac{\frac{1}{2}L}{\cos 30°}=\dfrac{\sqrt{3}}{3}L$，由万有引力提供向心力得 $2\dfrac{Gmm}{L^2}\cos 30°=m\omega^2 R$，解得三角形三星系统中每颗星做圆周运动的角速度为 $\omega=\sqrt{\dfrac{3Gm}{L^3}}$。故 C 错误。

D．三角形三星系统中每颗星做圆周运动的加速度大小为 $a=\omega^2 R=\dfrac{\sqrt{3}Gm}{L^2}$。故 D 正确。

故选 D。

点拨： 注意圆周运动的半径与万有引力半径的不同。

【例 4-4】 1801 年，托马斯·杨用双缝干涉实验研究了光波的性质。1834 年，洛埃利用单面镜同样得到了杨氏干涉的结果（称洛埃镜实验）。洛埃镜实验的基本装置如图 4.5 所示，S 为单色线光源，M 为一平面镜，线光源 S 与平面镜 M 均水平放置。S 发出的光直接照在光屏上，同时 S 发出的光还通过平面镜反射在光屏上，从平面镜反射的光相当于 S 在平面镜中的虚像发出的，这样就形成了两个相干光源。已知光在镜面上反射时存在半波损失，相当于附加了 $-\dfrac{\lambda}{2}$ 的路程。光源 S 到平面镜的垂直距离和到光屏的垂直距离分别为 a 和 l，光的波长为 λ，则

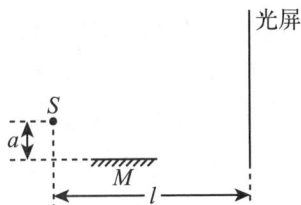

图 4.5

　　A．在光屏上形成的相邻两条亮纹（或暗纹）间距离 $\Delta x = \dfrac{l}{2a}\lambda$

　　B．在光屏上形成的相邻两条亮纹（或暗纹）间距离 $\Delta x = \dfrac{l}{a}\lambda$

　　C．在 S 关于平面镜对称的位置上放一与 S 相同的光源，去掉平面镜，光屏上的明暗条纹位置不变

　　D．在 S 关于平面镜对称的位置上放一与 S 相同的光源，去掉平面镜，光屏上的明暗条纹位置互换

　　分析： 采用平面镜成像方法巧妙地得到的两束对称的相干光束，这种方法得到的相邻亮条纹间距公式与杨氏双缝实验得到的公式完全相同。只是由于存在半波损失，亮暗条纹位置互换了。

　　解： 正确选项为 AD。

　　AB．从 S 发出的光经过平面镜反射后射到屏上的光，相当于从 S 关于平面镜的像点 S' 发出的光射到屏上，也就相当于一个间距为 $2a$ 的双缝，则在光屏上形成的相邻两条亮纹（或暗纹）间距离 $\Delta x = \dfrac{l}{2a}\lambda$。故 A 正确，B 错误。

　　CD．由于光在镜面上反射时存在半波损失，相当于附加了 $-\dfrac{\lambda}{2}$ 的路程，则如果通过平面镜反射在光屏上某位置出现的是暗条纹，则在 S 关于平面镜对称的位置上放一与 S 相同的光源，去掉平面镜，则光屏上相同的位置将出现明条纹，即屏上的明暗条纹位置互换。故 C 错误，D 正确。

　　故选 AD。

　　点拨： 杨氏实验在物理学史上有举足轻重的地位，它指出了得到相干光（频率相等、振动方向相同、相位差恒定）的简单方法——"同出一源"。洛埃镜实验则巧妙地利用平面镜成像得到了"两束"对称的相干光。这一思想与杨氏思想不谋而合，令人赞叹不已。

【例 4-5】（2022 北京朝阳二模） 在分析和解决物理问题时，有时可以通过合理、恰当的假设进行分割或填补，使研究对象或研究过程对称，从而使复杂问题简单化。

（1）如图 4.6 所示，一小球从 A 点水平抛出，它在 B 点与竖直墙壁发生一次弹性碰撞后，以同样大小的速率反弹，最终落在 C 点。假设小球没有被墙壁阻挡，经过 B 点后会继续沿着抛物线运动，直至落在 C' 点，小球由 B 到 C 的运动轨迹与 BC' 曲线关于竖直墙壁对称。已知抛出点 A 离水平地面的高度为 h，与墙壁的水平距离为 s，落地点距墙壁的水平距离为 $2s$，重力加速度为 g。不计空气阻力。求小球抛出时的初速度 v_0。

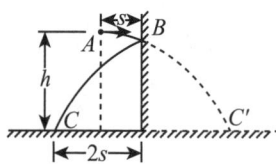

图 4.6

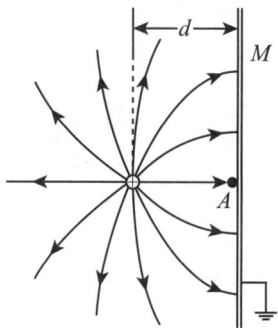

图 4.7

（2）点电荷 $+q$ 与无限大金属平板 M 之间的电场线分布如图 4.7 所示，金属板 M 接地，它表面处的电场线均与其表面垂直。A 点在点电荷到金属板的垂线上，且靠近 M 板。已知点电荷与金属板间的距离为 d，静电力常量为 k。求 A 点电场强度的大小 E。

（3）对磁现象的成功解释最早是由安培提出的。如图 4.8 所示，V 形长直导线中通过稳恒电流 I，图中角平分线上的 P 点距 V 形顶点的距离为 d。按照安培的计算，P 点的磁感应强度大小 $B = k \tan \dfrac{\alpha}{2}$（式中 k 为比例系数，且 k 和 α 已知）。

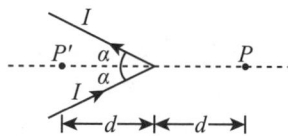

图 4.8

按照现在的电磁理论，无限长直导线通过电流为 I 时，距直导线为 r 处的磁感应强度大小 $B = \dfrac{\mu_0 I}{2\pi r}$（其中 μ_0 为已知常数）。图中 P' 点与 P 相对于 V 形导线顶点对称，位于角平分线上。求 P' 点的磁感应强度大小 B'。

分析： 第（1）问直接根据对称性，利用平抛的规律求解即可。第（2）问一点电荷 $+q$ 放置在距一接地无限大金属薄平板中心 O 点的距离为 d 处，静电平衡后其空间电场分布如图 4.9 所示，由于其电场线分布与真空中的等量异种电荷的左半侧电场线分布一致，由电场唯一性原理可知，金属板上感应电荷的效果可由其右侧的负点电荷取代，这样方便研究右侧电场的强弱与分布。题目中所叙述的电场线特点等效于等量异种电荷的电场线，可以在平面右侧增补负电荷。用等量异种

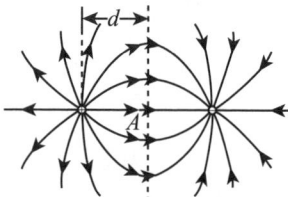

图 4.9

电荷中点的场强代替所求点的场强即可。第（3）问 P' 点与 P 相对于 V 形导线顶点对称，位于角平分线上。由于电流离 P' 点比较近，所以考虑在 P 点增补电流线。又考虑到题目中提到无限长直导线的磁场强度，因此确认在 P 点增加电流线操作正确。

解：（1）由对称性，若没有竖直墙壁，则小球沿 ABC' 轨迹做平抛运动。设运动时间为 t，则在水平方向上 $3s = v_0 t$

在竖直方向上 $h = \dfrac{1}{2}gt^2$

解得 $v_0 = 3s\sqrt{\dfrac{g}{2h}}$

（2）由题中所述电场线的特点，可知此电场可视为一对电荷量为 $+q$ 和 $-q$ 的点电荷形成的电场，A 点恰为两电荷连线上的中点。

现补充 $-q$ 电荷，形成的电场如图 4.9 所示。

则 A 点的电场强度 $E = k\dfrac{q}{d^2} + k\dfrac{q}{d^2} = \dfrac{2kq}{d^2}$

（3）方法一：如图 4.10 所示，利用割补对称思想，P' 点的磁感应强度可视为两个无限长直导线磁场和导线 V′ 在该处磁感应强度的叠加，即

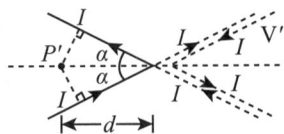
图 4.10

$B' = 2 \times \dfrac{\mu_0 I}{2\pi d\sin\alpha} - k\tan\dfrac{\alpha}{2} = \dfrac{\mu_0 I}{\pi d\sin\alpha} - k\tan\dfrac{\alpha}{2}$

方法二：如图 4.11 所示，P' 点的磁感应强度可视为夹角为 $2(\pi-\alpha)$ 的 V 形导线产生的磁场，则 $B' = k\tan\dfrac{\pi-\alpha}{2} = \dfrac{k}{\tan\dfrac{\alpha}{2}}$

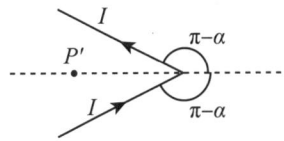
图 4.11

（说明：方法一、二的结果可以证明具有一致性。）

点拨：题目中提到的对称性是解决问题的关键。对称性又往往和补割法（先补再割或先割再补）联系在一起。

【例 4-6】研究表明静电场中有如下一些重要的结论：

①均匀带电球壳（或球体）在球的外部产生的电场，与一个位于球心、电荷量相等的点电荷在同一点产生的电场相同；

②均匀带电球壳在空腔内部的电场强度处处为零；

③电场线与等势面总是垂直的，沿电场线方向电势越来越低。

利用上述结论，结合物理思想方法可以探究某些未知电场的问题。

（1）如图 4.12 所示，一个静止的均匀带正电球体，其单位体积的电荷量为 ρ，半径为 R，静电力常量为 k。

a. 在图 4.12 中求距球心 r 处电场强度的大小（分 $E_内$、$E_外$ 解答）；

b．在图 4.12 球体中挖掉一个球心为 O' 的小球体，如图 4.13 所示。已知 $OO'=d$，求 OO' 连线上空腔体内某点的电场强度大小。

（2）一个球壳均匀带有正电荷，O 为球心，A、B 为直径上的两点，$OA=OB$。现垂直于 AB 将球壳均分为左右两部分，C 为截面上的一点，移去右半球壳，左半球壳所带电荷仍均匀分布，如图 4.14 所示。

c．分析判断 O、C 两点电势关系；

d．分析判断 A、B 两点的电场强度及电势的关系。

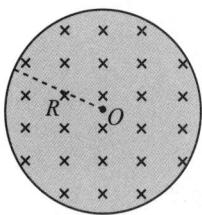
图 4.12

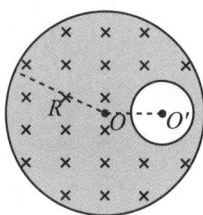
图 4.13

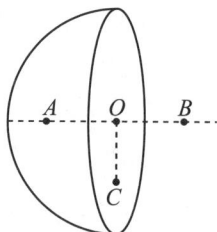
图 4.14

分析： 第（1）问静止的均匀带正电球体距球心 r 处电场强度具有对称性。挖去小球后，将此带电体看作带 $+\rho$ 的完整大球体和带 $-\rho$ 的小球体的组合，在空腔体内 OO' 连线上任取一点，可以使用球内场强公式进行叠加。第（2）问分析电势最好从场强出发，因为沿着电场线方向电势降低。由于球壳内部的场强为零，补全以后可知左右侧球壳在 O、C、A、B 点的合场强为零，因左右球壳对研究点的电场也具有对称性。

解：（1）a．球外距球心 r 处电场强度大小 $E_{外}=k\dfrac{Q}{r^2}=\dfrac{4k\pi\rho R^3}{3r^2}$

球内距离球心为 r 处的电场强度 $E_{内}=k\dfrac{Q'}{r^2}=\dfrac{4}{3}k\pi\rho r$

b．将此带电体看作带 $+\rho$ 的完整大球体和带 $-\rho$ 的小球体的组合，在空腔体内 OO' 连线上任取一点，设其距离 O 点为 r，$+\rho$ 在该点的电场强度大小为 $E_1=\dfrac{4}{3}k\pi\rho r$ 方向向右；

$-\rho$ 在该点的电场强度大小为 $E_2=\dfrac{4}{3}k\pi\rho(d-r)$ 方向向右。

所以该点的电场强度为 $E=E_1+E_2=\dfrac{4}{3}k\pi\rho d$ 方向向右。

（2）c．由于球壳内部的场强为零，补全以后可知左右侧球壳在 O、C 点的合场强为零，因左右球壳的电场具有对称性，要想合场强为零，只能两部分球壳在 O、C 点的场强都是水平方向，则可以知道左侧球壳在 O、C 点的合场强水平向右，同理 O、C 连线其他点的场强都是水平向右，因此 OC 是等势线，两点电势相等。

d．将题中半球壳补成一个完整的球壳，且带电均匀，设左、右半球在 A 点产生的电场强度大小分别为 E_1 和 E_2；由题干可知，均匀带电球壳内部电场强度处处为零，则有

$E_1 = E_2$。

同理根据对称性，左右半球在 B 点产生的电场强度大小分别为 E_2 和 E_1，且 $E_1 = E_2$，左半边球体在 B 的场强方向向右。在图 4.14 电场中，A 的电场强度大小为 E_2，方向向右，B 的电场强度大小为 E_1，方向向右，所以 A 点的电场强度与 B 点的电场强度相同。同理 AB 连线上任何一点合场强也必然向右，则从 A 到 B 电势降低，故 A 点电势高于 B 点电势。

点拨： 球壳内部的场强为零，利用对称性是解决问题的关键。

4.2 研究过程的对称性

有些物体因受力与运动状态的对称性，其运动过程亦呈现出对称性。借助这一特性，也能给我们的研究带来便捷。

【例 4-7】 根据高中所学知识可知，做自由落体运动的小球，将落在正下方位置。但实际上，赤道上方 200 m 处无初速下落的小球将落在正下方位置偏东约 6 cm 处。这一现象可解释为，除重力外，由于地球自转，下落过程小球还受到一个水平向东的"力"，该"力"与竖直方向的速度大小成正比。现将小球从赤道地面竖直上抛，考虑对称性，上升过程该"力"水平向西，则小球

A．到最高点时，水平方向的加速度和速度均为零

B．到最高点时，水平方向的加速度为零，水平方向速度达到最大

C．小球在整个运动过程中水平方向上先向西运动后向东运动

D．小球在整个运动过程中水平方向一直向西运动

分析： 根据题目，小球除了受到重力，还受到一个和自转有关的力，这个力上升过程水平向西，下落的时候水平向东。考虑竖直上抛的小球，先上升后下降，故除了受到重力还受到先向西，后向东的力。对运动进行分解，东西方向上，物体先向西运动，获得一定速度后又受到向东的力，这时候物体开始向西减速。在最高点，非上升也非下降过程，此水平力应该为 0，不向东也不向西。

解： 正确选项为 BD。

AB．将小球的运动分解成水平方向与竖直方向，在上升过程中，竖直方向向上减速，水平方向受到水平向西的一个力，导致小球水平向西有个加速度，加速度会随着竖直方向速度减小而减小，所以上升过程小球还沿水平方向向西做加速度逐渐减小的加速运动，到最高点时，水平方向的加速度为零，水平方向速度达到最大，故 A 错误，B 正确；

CD．从最高点下落过程，竖直方向向下加速，水平方向受到水平向东的一个力，导致小球水平向东有个加速度，加速度会随着竖直方向速度增大而增大，所以下落过程小球还沿水平方向向西做加速度逐渐增大的减速运动；根据对称性可知，小球落至地面时水平速度为 0，则小球在整个运动过程中水平方向一直向西运动，故 C 错误，D 正确。

故选 BD。

点拨： 题目中描述了力的特点，并提示了对称性，就明确了力的方向。用力和运动关系分解即可求解。

【例 4-8】（**2022 北京朝阳高三期末**）在现代研究受控热核反应的实验中，需要把 $10^7 \sim 10^9$ K 的高温等离子体限制在一定空间区域内，这样的高温下几乎所有作为容器的

固体材料都将熔化，磁约束就成了重要的技术。如图 4.15 所示，科学家设计了一种中间弱两端强的磁场，该磁场由两侧通有等大同向电流的线圈产生。假定一带正电的粒子（不计重力）从左端附近以斜向纸内的速度进入该磁场，其运动轨迹为图示的螺旋

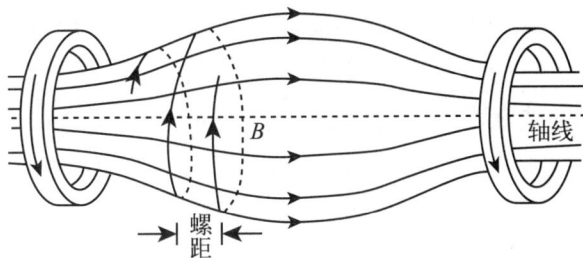

图 4.15

线（未全部画出）。此后，该粒子将被约束在左右两端之间来回运动，就像光在两个镜子之间来回"反射"一样，不能逃脱。这种磁场被形象地称为磁瓶，磁场区域的两端被称为磁镜。根据上述信息并结合已有的知识，可以推断该粒子

A．从左端到右端的运动过程中，沿磁瓶轴线方向的速度分量逐渐变小

B．从靠近磁镜处返回时，在垂直于磁瓶轴线平面内的速度分量为最大值

C．从左端到右端的运动过程中，其动能先增大后减小

D．从左端到右端的运动过程中，其运动轨迹的螺距先变小后变大

分析： 根据粒子"被约束在左右两端之间来回运动"可以判断粒子沿轴向的速度在两端为 0，从两侧向中间增大。而洛伦兹力不做功，所以粒子沿着垂直轴向方向的速度在两侧最大，从两侧向中间减小。

解： 正确选项为 B。

A．从左端到右端的运动过程中，由于粒子只受洛伦兹力，故粒子的速度大小不变。由于粒子在两段之间来回运动，故沿磁瓶轴线方向的速度分量先变大后变小。故 A 错误。

B．从靠近磁镜处返回时，在垂直于磁瓶轴线平面内时，粒子的速度与轴线垂直，故沿磁瓶轴线方向的速度分量为零，又因粒子的速度的大小不变，故此时垂直磁瓶轴线方向的速度分量最大。故 B 正确。

C．从左端到右端的运动过程中，粒子只受洛伦兹力作用，洛伦兹力对粒子不做功，故其动能不变。故 C 错误。

D．粒子做圆周运动的周期为 $T = \dfrac{2\pi m}{qB} = \dfrac{2\pi m}{qB}$

由于从左端到右端的运动过程中，磁感应强度先减小后增大，所以粒子的运动周期先增大后减小。根据题意可知，粒子运动轨迹的螺距为 $l = v_{//}T = \dfrac{2\pi m v_{//}}{qB}$

由于平行于轴线的速度先增大后减小，所以运动轨迹的螺距先变大后变小。故 D 错误。故选 B。

点拨： 根据题意理解粒子运动的规律。注意将粒子运动的分解为沿轴向和垂直于轴向两个方向进行分析。

【例 4-9】（2013 高考全国卷） 图 4.16 为一光导纤维（可简化为一长玻璃丝）的示意图，玻璃丝长为 L，折射率为 n，AB 代表端面。已知光在真空中的传播速度为 c。

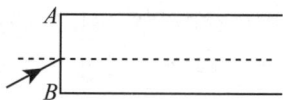

图 4.16

（1）为使光线能从玻璃丝的 AB 端面传播到另一端面，求光线在端面 AB 上的入射角应满足的条件；

（2）求光线从玻璃丝的 AB 端面传播到另一端面所需的最长时间。

分析： 第（1）问由于光线必须在长玻璃管中发生全反射才能被传到另一端面。所以关键是画出光路图。找到 $r+\alpha=90^\circ$ 和 $\alpha\geqslant C$，利用 $n=\dfrac{\sin i}{\sin r}$，$\sin C=\dfrac{1}{n}$，可解出入射角满足的条件，即 $\sin i\leqslant\sqrt{n^2-1}$。第（2）问的关键是找到光的最长的传播距离，由 $L'=\dfrac{L}{\sin\alpha}$，α 越小传播距离越大，α 最小等于临界角 C 时光在介质中传播最长的距离 $L_m=\dfrac{L}{\sin C}=nL$，再

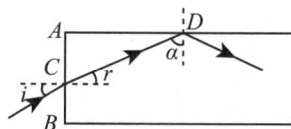

图 4.17

由 $n=\dfrac{c}{v}$，即可解出最长时间 $t=\dfrac{L_m}{v}=\dfrac{n^2L}{c}$。

解：（1）设入射角为 i 折射角 r，光线到达上界面的入射角为 α，全反射临界角为 C，由折射定律 $n=\dfrac{\sin i}{\sin r}$

由几何关系 $r+\alpha=90^\circ$

即 $\sin r=\cos\alpha$

当 $\alpha\geqslant C$ 时发生全反射，又因为 $\sin C=\dfrac{1}{n}$

$\cos\alpha\geqslant\cos C=\dfrac{\sqrt{n^2-1}}{n}$

联立解得 $\sin i\leqslant\sqrt{n^2-1}$

（2）当折射光线发生全反射后，光在介质中传播的速度 $n=\dfrac{c}{v}$

在介质中传播的距离为 $L'=\dfrac{L}{\sin\alpha}$

α 越小 $\sin\alpha$ 也越小，α 最小等于临界角 C 时光在介质中传播最长的距离 $L_m=\dfrac{L}{\sin C}=nL$

所以最长时间 $t=\dfrac{L_m}{v}=\dfrac{n^2L}{c}$

点拨： 利用光在介质中全反射的遵循反射定律，反射光和入射光关于法线对称。

【例 4-10】（2013 高考天津卷） 一圆筒的横截面如图 4.18 所示，其圆心为 O。筒内有垂直于纸面向里的匀强磁场，磁感应强度为 B。圆筒下面有相距为 d 的平行金属板 M、N，其中

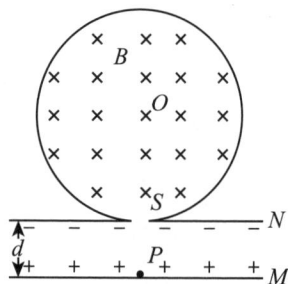

图 4.18

M 板带正电荷，N 板带等量负电荷。质量为 m、电荷量为 q 的带正电粒子自 M 板边缘的 P 处由静止释放，经 N 板的小孔 S 以速度 v 沿半径 SO 方向射入磁场中。粒子与圆筒发生两次碰撞后仍从 S 孔射出，设粒子与圆筒碰撞过程中没有动能损失，且电荷量保持不变，在不计重力的情况下，求：

(1) M、N 间电场强度 E 的大小。

(2) 圆筒的半径 R。

(3) 保持 M、N 间电场强度 E 不变，仅将 M 板向上平移 $\frac{2}{3}d$，粒子仍从 M 板边缘的 P 处由静止释放，粒子自进入圆筒至从 S 孔射出期间，与圆筒的碰撞次数 n。

分析： 我们需要画出粒子的运动轨迹示意图，找到粒子的运动半径、轨迹圆心和圆心角。

解：(1) 设两极板间的电压为 U，由动能定理得 $qU = \frac{1}{2}mv^2$

由匀强电场中电势差与电场强度的关系得 $U = Ed$

联立上式可得 $E = \frac{mv^2}{2qd}$

(2) 粒子进入磁场后做匀速圆周运动，运用几何关系做出圆心 O'，圆半径为 r，设第一次碰撞点为 A，由于粒子与圆筒发生两次碰撞又从 S 孔射出，因此 SA 弧所对圆心角 $\angle AO'S = \frac{\pi}{3}$

由几何关系得 $r = R\tan\frac{\pi}{3}$

粒子运动过程中洛伦兹力充当向心力，由牛顿第二定律得 $qvB = m\frac{v^2}{r}$

联立得 $R = \frac{\sqrt{3}mv}{3qB}$

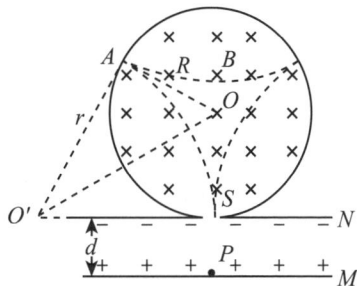
图 4.19

(3) 保持 M、N 间电场强度 E 不变，M 板向上平移 $\frac{2}{3}d$ 后，设板间电压为 U'，则

$U' = \frac{Ed}{3} = \frac{U}{3}$

设粒子进入 S 孔时的速度为 v'，由 $\frac{U'}{U} = \frac{v'^2}{v^2}$ 可得 $v' = \frac{\sqrt{3}}{3}v$

设粒子做圆周运动的半径为 r'，$r' = \frac{\sqrt{3}mv}{3qB}$

设粒子从 S 到第一次与圆筒碰撞期间的轨道所对圆心角为 θ，比较两式得到 $r' = R$，可见 $\theta = \frac{\pi}{2}$ 粒子须经过这样的圆弧才能从 S 孔射出，故 $n = 3$

点拨： 带电粒子在磁场中受洛伦兹力而做匀速圆周运动，其运动轨迹往往形成对称且美丽的图案。

【例 4-11】（2011 高考北京卷）静电场方向平行于 x 轴，其电势 φ 随 x 的分布可简化为如图 4.20 所示的折线，图中 φ_0 和 d 为已知量。一个带负电的粒子在电场中以 $x=0$ 为中心，沿 x 轴方向做周期性运动。已知该粒子质量为 m、电量为 $-q$，其动能与电势能之和为 $-A$（$0<A<q\varphi_0$），忽略重力。求：

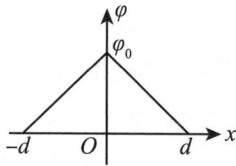

图 4.20

(1) 粒子所受电场力的大小。

(2) 粒子的运动区间。

(3) 粒子的运动周期。

分析：根据图像斜率可知粒子处在关于 O 对称的匀强磁场中，则粒子在左右两侧的受力大小相等，方向相反。利用能量守恒可以求出粒子的运动区间。通过运动的对称性，可以分析出粒子运动的周期。

解：(1) 由图可知，0 与 d（或 $-d$）两点间的电势差 $U=\varphi_0$，电场强度的大小 $E=\dfrac{\varphi_0}{d}$

电场力的大小 $F=qE=q\dfrac{\varphi_0}{d}$

(2) 设粒子在 $[-x，x]$ 区间内运动，速率为 v，由题意得 $\dfrac{1}{2}mv^2-q\varphi=-A$

由图可知 $\varphi=\varphi_0\left(1-\dfrac{x}{d}\right)$

由上解得 $\dfrac{1}{2}mv^2=q\varphi_0\left(1-\dfrac{x}{d}\right)-A$

因动能非负，有 $q\varphi_0\left(1-\dfrac{x}{d}\right)-A\geqslant 0$

则有 $|x|\leqslant d\left(1-\dfrac{A}{q\varphi_0}\right)$

即 $x=d\left(1-\dfrac{A}{q\varphi_0}\right)$

所以可得粒子的运动区间为 $-d\left(1-\dfrac{A}{q\varphi_0}\right)\leqslant x\leqslant d\left(1-\dfrac{A}{q\varphi_0}\right)$

(3) 考虑粒子从 $-x_0$ 处开始运动的四分之一周期，由牛顿第二定律得粒子的加速度 $a=\dfrac{q\varphi_0}{md}$

根据直线运动公式 $x=\dfrac{1}{2}at^2$ 联立并代入得 $t=\sqrt{\dfrac{2md^2}{q\varphi_0}\left(1-\dfrac{A}{q\varphi_0}\right)}$

故得粒子的运动周期为 $T=4t=4\sqrt{\dfrac{2md^2}{q\varphi_0}\left(1-\dfrac{A}{q\varphi_0}\right)}$

点拨：分析带电粒子受力和运动情况是解决问题的关键。

4.3 巩固练习

1. 如图 4.21 所示，两竖直杆 P、Q 相距 L，把长为 $2L$ 的细绳两端系在 P、Q 两杆上，结点分别为 A、B，忽略打结对绳长的影响，用光滑轻质挂钩把质量为 m 的重物挂在绳上，重物可看作质点，对下列操作的判断正确的是

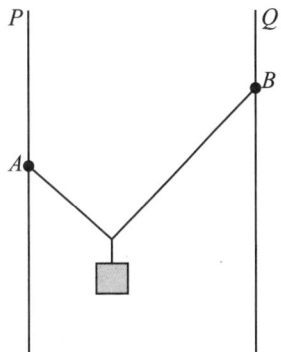

A．仅缓慢下移结点 B，重物的运动轨迹是曲线

B．仅缓慢向右移动 Q 杆，重物的运动轨迹是直线

C．仅缓慢把结点 B 下移距离 y，重力对重物做功为 $\dfrac{1}{2}mgy$

D．仅缓慢向右移动 Q 杆过程中，细绳的张力始终为 $\dfrac{\sqrt{3}}{3}mg$

图 4.21

2. 根据高中所学知识可知，做自由落体运动的小球，将落在正下方位置，但实际上，赤道上方 200 m 处无初速下落的小球将落在正下方位置偏东约 6 cm 处。这一现象可解释为除重力外，由于地球自转，下落过程小球还受到一个水平向东的"力"，该"力"与竖直方向的速度大小成正比。现将小球从赤道地面竖直上抛，忽略空气阻力，考虑对称性，上升过程该"力"水平向西，则小球从起抛点 a 到落地点 b 的运动过程的轨迹示意图与下列哪幅图相符

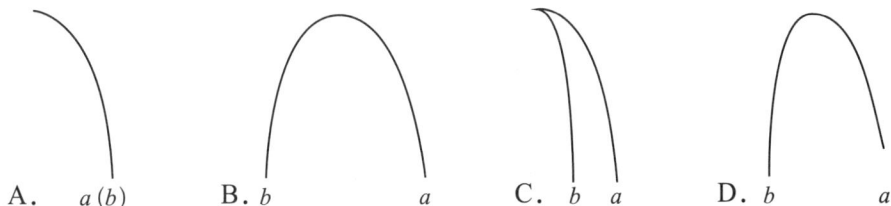

A．$a(b)$　　B．b　　a　　C．b　a　　D．b　　a

3. 意大利的物理学家伽利略对自由落体运动的研究非常精彩，其科学的思维方法一直被继学者称道，从此物理学科才变成了一个逻辑学科，你能否利用逻辑学的关于对称性原理与假设法判断下述问题的正确性？空间某区域有一个正三角形 ABC，其三个顶点处分别固定有三个等量正点电荷，如图 4.22 所示，D 点为正三角形的中心，E、G、H 点分别为正三角形三边的中点，E、F 两点关于 C 点对称，取无限远处的电势为 O，下列说法中正确的是

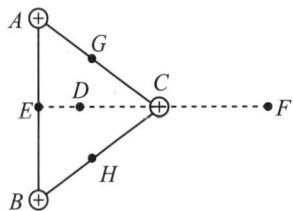

图 4.22

A．E、F 两点的电场强度等大反向

B．G、H 两点的电场强度相同

C．D 点的电场强度为 0

D．E、F 两点连线为等势线

4. 如图 4.23 所示，电荷量为 $+q$ 的点电荷与均匀带电薄板相距 $2d$，点电荷到带电薄板的垂线通过板的几何中心 O，图中 $AO=OB=d$，A 点的电场强度为零。下列说法正确的是

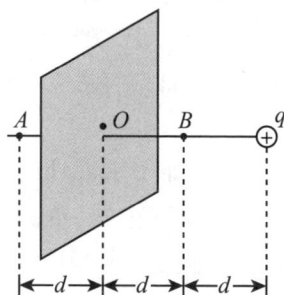

图 4.23

　　A．薄板带负电，电子在 A 点所具有的电势能一定为零

　　B．B、O 两点间的电势差与 A、O 两点间的电势差相等

　　C．电子在 B 点所具有的电势能小于在 A 点所具有的电势能

　　D．带电薄板产生的电场在图中 B 点的电场强度为 $\dfrac{8kq}{9d^2}$

5. 如图 4.24 所示，用两个电流方向相同的线圈产生一个中间弱、两端强的磁场区域，该装置被称为磁镜。磁镜对在其中运动的带电粒子可以产生约束作用。当带电粒子沿线圈轴向 OO' 方向的速度（被称为横向速度）不太大时，其将在两线圈之间来回反射，不能逃脱。地球的磁场分布中间弱、两极强，是一个天然的磁镜捕集器，在距离地面几千公里和两万公里的高空，分别存在内、外两个环绕地球的辐射带，被称为范·艾伦辐射带。范·艾伦辐射带内约束着大量高能粒子，其对载人空间飞行器、卫星等都有一定危害。根据以上信息，并结合所学知识，下列说法中正确的是

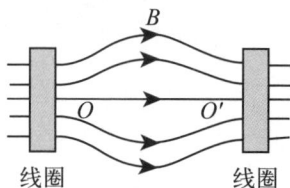

图 4.24

　　A．被约束在磁镜中的带电粒子在由中央向两端运动的过程中，垂直于轴向 OO' 方向的速度（被称为纵向速度）会越来越大

　　B．被约束在磁镜中的带电粒子在由中央向两端运动的过程中，垂直于轴向 OO' 方向的纵向速度会越来越小

　　C．被约束在范·艾伦辐射带中的带电粒子沿东西方向运动

　　D．被约束在范·艾伦辐射带中的带电粒子沿南北方向运动

6. 某静电场方向平行于 x 轴，其电势 φ 随 x 的分布可简化为如图 4.25 所示的折线，一个带负电的粒子（忽略重力）在电场中以 $x=0$ 为中心、沿 x 轴方向做周期性运动，取 x 轴正方向为电场强度 E、粒子加速度 a、速度 v 的正方向，下图分别表示 x 轴上各点的电场强度 E、粒子的加速度 a，速度 v 和动能 E_k 随 x 的变化图像，其中可能正确的是

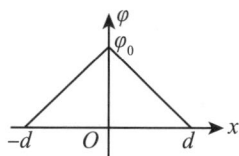

图 4.25

A.　　　　　　B.　　　　　　C.　　　　　　D.

7.（2018 北京东城一模）地球表面附近存在一个竖直向下的电场，其大小约为 100 V/m，在该电场的作用下，大气中正离子向下运动，负离子向上运动，从而形成较为稳定的电流，这叫作晴天地空电流。地表附近某处地空电流虽然微弱，但全球地空电流的总电流强度很大，约为 1800 A。以下分析问题时假设地空电流在全球各处均匀分布。

（1）请问地表附近从高处到低处电势升高还是降低？

（2）如果认为此电场是由地球表面均匀分布的负电荷产生的，且已知电荷均匀分布的带电球面在球面外某处产生的场强相当于电荷全部集中在球心所产生的场强；地表附近电场的大小用 E 表示，地球半径用 R 表示，静电力常量用 k 表示，请写出地表所带电荷量的大小 Q 的表达式。

（3）取地球表面积 $S = 5.1 \times 10^{14} \, \text{m}^2$，试计算地表附近空气的电阻率 ρ_0 的大小。

（4）我们知道电流的周围会有磁场，那么全球均匀分布的地空电流是否会在地球表面形成磁场？如果会，说明方向；如果不会，说明理由。

8.（1）在宇宙中有两颗星组成的孤立"双星系统"，"双星系统"离其他恒星较远，通常可忽略其他星体对"双星系统"的引力作用。星 A 和星 B 的质量分别为 M_1 和 M_2，它们都绕二者连线上的某点做周期为 T 的匀速圆周运动。已知引力常量为 G，求星 A 和星 B 间的距离 L。

（2）在宇宙中也存在由质量相等的四颗星组成的"四星系统"，"四星系统"离其他恒星较远，通常可忽略其他星体对"四星系统"的引力作用。已观测到稳定的"四星系统"存在两种基本的构成形式：一种是四颗星稳定地分布在边长为 a 的正方形的四个顶点上，均围

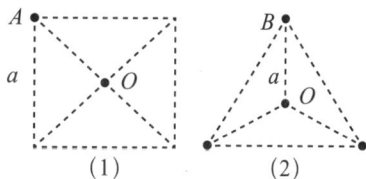

图 4.26

绕正方形对角线的交点做匀速圆周运动，如图 4.26（1）所示。另一种形式是有三颗星位于等边三角形的三个顶点上，第四颗星刚好位于三角形的中心不动，三颗星沿外接于等边三角形的半径为 a 的圆形轨道运行，如图 4.26（2）所示。假设两种形式的"四星系统"中每个星的质量均为 m，已知引力常量为 G，求这两种形式下的周期 T_1 和 T_2。

9. （2023 天津模拟）如图 4.27，两个共轴的圆筒形金属电极，外电极接地，其上均匀分布着平行于轴线的四条狭缝 a、b、c 和 d，外筒的外半径为 r_0，在圆筒之外的足够大区域中有平行于轴线方向的均匀磁场，磁感强度的大小为 B，在两极间加上电压，使两圆筒之间的区域内有沿半径向外的电场，一质量为 m、带电量为 $+q$ 的粒子，从紧靠内筒且正对狭缝 a 的 S 点出发，

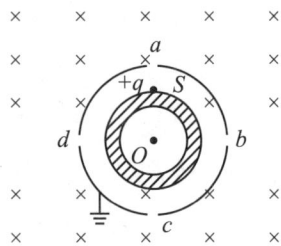

图 4.27

初速为零。如果该粒子经过一段时间的运动之后恰好又回到出发点 S，不计重力，整个装置在真空中。试分析：

（1）加在两电极之间的电压 U 应是多少？

（2）若不考虑粒子在电场中运动的时间，在该粒子从出发到返回出发点 S 所用的时间是多少？

10. （2010 高考浙江卷）在一个放射源水平放射出 α、β、γ 和三种射线，垂直射入如图 4.28 所示磁场。区域 I 和 II 的宽度均为 d，各自存在着垂直纸面的匀强磁场，两区域的磁感强度大小 B 相等，方向相反（粒子运动不考虑相对论效应）。

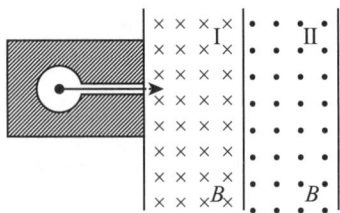

图 4.28

（1）若要筛选出速率大于 v_1 的 β 粒子进入区域 II，要磁场宽度 d 与 B 和 v_1 的关系；

（2）若 $B=0.0034T$，$v_1=0.1c$（c 是光速度），则可得 d；α 粒子的速率为 $0.001c$，计算 α 和 γ 射线离开区域 I 时的距离；并给出去除 α 和 γ 射线的方法；

（3）当 d 满足第（1）小题所给关系时，请给出速率在 $v_1<v<v_2$ 区间的 β 粒子离开区域 II 时的位置和方向；

（4）请设计一种方案，能使离开区域 II 的 β 粒子束在右侧聚焦且水平出射。

已知：电子质量 $m_e=9.1\times10^{-31}$ kg，α 粒子质量 $m_a=6.7\times10^{-27}$ kg，电子电荷量 $q=1.6\times10^{-19}$ C，$\sqrt{1+x}\approx1+\dfrac{x}{2}$（$x\leqslant1$ 时）

第五章 微元与累积

　　恩格斯说："只有微分学才能使自然科学有可能用数学来不仅仅表示状态，并且也表示过程：运动。"微元法是一种介于初等数学与高等数学之间的方法，用于处理物理模型问题。其要点是：在对物理问题做整体的考察后，选取该问题过程中的某一微小单元进行分析。通过对微元细节的物理分析和描述，找出该微元所具有的物理性质和运动变化规律，从而获得解决该物理问题整体的方法。微元法按其研究物理模型问题可分为对象微元法、过程微元法。

　　对象微元法专注于将研究对象细分为更小的单位，如长度元、面积元、体积元、角度元、质量元或电荷元等，然后利用质点、点电荷等细分对象所具有的物理性质来处理问题，接着运用代数和、矢量和等数学工具累积，最终求得整体对象的物理性质。

　　过程微元法着眼于分析研究对象物体所经历的复杂过程。例如，物体的运动不是恒力作用下的匀变速运动，而是变力作用下的变加速运动时，物体运动的过程复杂，运动过程性规律不甚明了。若从整体着手研究，则难以在高中物理层面展开。不过，当我们用过程微元法，把物体的运动过程按其经历的位移或时间等分为多个小量，将每个微元过程近似为高中物理知识所能处理的过程，在得出每个微元过程的相关结果后，再进行数学求和，这样就能得到物体复杂运动过程的规律。

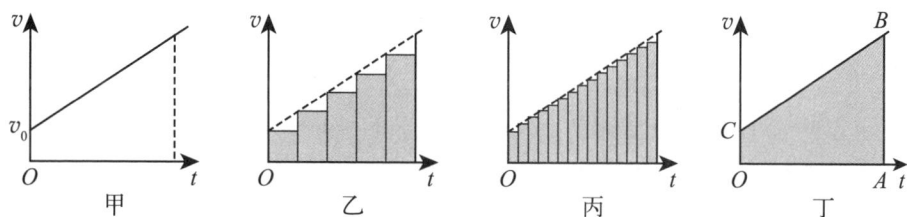

图5.1

　　比如人民教育出版社 2020 年普通高中物理教材必修第一册中，关于匀变速直线运动位移与时间关系的推导，如图 5.1 所示，我们先将整个过程进行分割，分割得越细，每个小过程就越接近匀速直线运动。这样，就可以用小的矩形面积来表示微元过程的位移大小了。然后，再将每个矩形面积累加，这样就得到了整个过程的位移大小。

　　比如人民教育出版社 2020 年普通高中物理教材必修第二册中，关于探究重力做功的特点如图 5.2 所示，我们先论证沿斜面下滑过程中，重力做功与竖直落下过程一样。如果是小球沿曲面运动，如图 5.3 所示，将整个过程进行微小分割，每一个微小过程都可以看作沿斜面直线运动，每个微小过程做功都为 mgh。将全过程累加起来，发现重力做功为 $mg(h_1-h_2)$，与运动路径无关，只与初末位置有关。

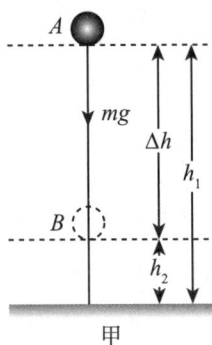
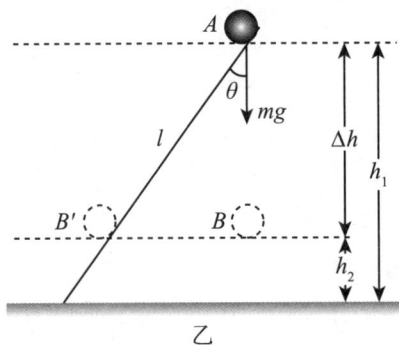
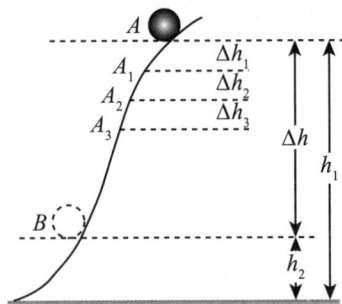

图 5.2　　　　　　　　　　　　　　　　　　　图 5.3

比如人民教育出版社 2020 年普通高中物理教材必修第二册中，关于动能定理的适用范围，由恒力下的直线运动到变力下的直线运动，再到变力下的曲线运动的论证过程，也采用了微元分割再累积的方法。

比如人民教育出版社 2020 年普通高中物理教材必修第三册中，关于探究电场力做功的特点如图 5.4 所示，也采用了先微元分割再累加的方法。

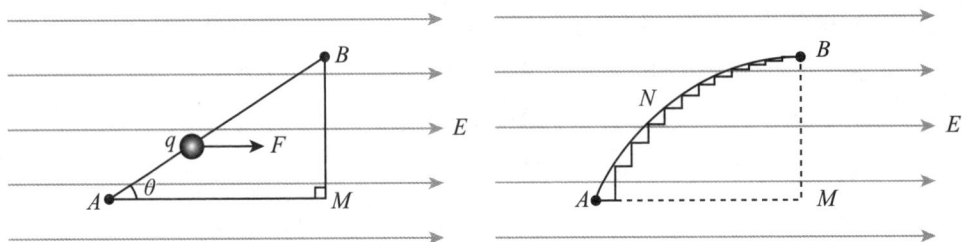

图 5.4

比如人民教育出版社 2020 年普通高中物理教材选择性必修第一册中，关于动量定理的适用范围，由恒力下的直线运动到变力下的直线运动，再到变力下的曲线运动的论证过程，如图 5.5 所示，也采用了微元分割再累积的方法。

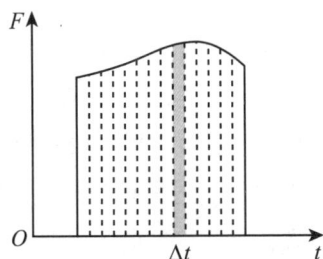
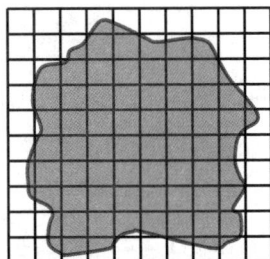

图 5.5　　　　　　　　　　　图 5.6

比如人民教育出版社 2020 年普通高中物理教材选择性必修第三册中，关于单分子油膜法测量分子直径，在测量单分子油膜面积时，也采用了先将油膜分割成坐标纸大小的小方格的方法，如图 5.6 所示。对于大于半个格的方格算作一个格，小于半个格的忽略不计，然后进行累加，从而估算出油膜总面积。

5.1 对象微元累积法

对象微元累积法的关键在于明确研究对象的特点，并根据这些特点进行分割取微元，然后累积处理。

5.1.1 线微元

【例 5-1】 如图 5.7 所示，一半径为 R 的绝缘环上均匀地带有电荷量为 $+Q$ 的电荷。在垂直于圆环平面的对称轴上有一点 P，它与环心 O 的距离 $OP=x$。已知静电常数为 k。

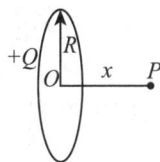

（1）求 P 点的电场强度。

（2）若 $x \ll R$，在 P 点静止释放一个带电量为 $-q$ 的点电荷，试分析接下来点电荷做什么运动。

图 5.7

（3）求 P 点的电势，已知真空中点电荷 Q 在距其 r 处产生的电势的表达式为 $\varphi = k\dfrac{Q}{r}$。

分析： 在高中阶段，考虑到无法直接求得环形电荷的电场，首选微元法，将线电荷分成很多个点电荷，再运用点电荷场强的决定式求解。直径两端成对取微元电荷，在 P 点产生的电场垂直 OP 方向的分量抵消。

解：（1）在圆环上取一个电荷微元 ΔQ，该电荷微元在 P 点产生的电场强度为

$$\Delta E = k\frac{\Delta Q}{R^2 + x^2}$$

该电场强度在 OP 方向的投影为

$$\Delta E_x = k\frac{\Delta Q}{R^2 + x^2} \cdot \cos\alpha = k\frac{\Delta Q}{(R^2 + x^2)^{\frac{3}{2}}}x$$

图 5.8

考虑到对称性，P 点的电场强度只需对 ΔE_x 求和即可，所以

$$E_P = \sum \Delta E_x = \sum k\frac{\Delta Q}{(R^2 + x^2)^{\frac{3}{2}}}x = k\frac{x}{(R^2 + x^2)^{\frac{3}{2}}}\sum \Delta Q = k\frac{xQ}{(R^2 + x^2)^{\frac{3}{2}}}$$

方向沿 OP 轴方向。

（2）若 $x \ll R$，则 P 点的场强 $E_P = k\dfrac{xQ}{(R^2 + x^2)^{\frac{3}{2}}} \approx k\dfrac{Q}{R^3}x$

点电荷受到的作用力 $F = -k\dfrac{Qq}{R^3}x$

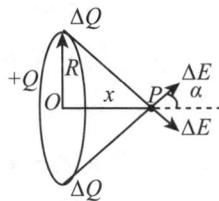

所以该点电荷以 O 为平衡位置做简谐运动。

（3）在圆环上取一个电荷微元 ΔQ，该电荷微元在 P 点产生的电势为 $\Delta\varphi=k\dfrac{\Delta Q}{\sqrt{R^2+x^2}}$

由于电势是标量，所以该圆环在 P 点产生的电势为 $\varphi_P=\sum\Delta\varphi=k\dfrac{\sum\Delta Q}{\sqrt{R^2+x^2}}=k\dfrac{Q}{\sqrt{R^2+x^2}}$

点拨： 本题的第（1）问和第（3）问，分别是矢量叠加和标量叠加，前者遵循平行四边形定则，后者则是代数和。在第（1）问中，其中所有的电荷微元在 P 点产生的电场强度都可以分解为沿 x 轴方向和垂直于 x 轴方向，垂直于 x 轴方向的刚好可以全部抵消，沿 x 轴方向的，各分量的方向都相同，将求和号中的常数都提出来，$\sum k\dfrac{\Delta Q}{(R^2+x^2)^{\frac{3}{2}}}x$ 可化简成对 ΔQ 求和，即 $k\dfrac{x}{(R^2+x^2)^{\frac{3}{2}}}\sum\Delta Q$。可见，考虑到电荷分布的对称性后，本题的累积计算过程变得相对简单。

5.1.2 面微元

【例 5-2】 在静水中竖立一个长为 L，高为 h 的矩形闸门，其上边在水面以下 h_1 处，已知水的密度为 ρ，重力加速度为 g。请问整个闸门一侧受到水的静压强所产生的压力多大？

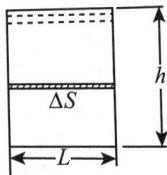

分析： 液体压强随液面深度变化，不是一个恒定的值，可以取微元水平矩形条，近似认为压强恒定，算出该面元承受的压力，然后累加。

图 5.9

解： 如图 5.9 所示，在水面下 y_i 处，取一条很窄的矩形条，其宽度为 Δy，长为 L，该面元受到的水压力为 $\Delta F_i=\rho g y_i L\Delta y$。

整个闸门受到的水的压力为各面元受到的水的压力之和，即

$F=\Delta F_1+\Delta F_2+\cdots+\Delta F_n=\rho g y_1 L\Delta y+\rho g y_2 L\Delta y+\cdots+\rho g y_n L\Delta y$

由于从上至下等分割 n 份（n 趋于无穷），$h=n\Delta y$，则 $y_1=h_1+\Delta y$，$y_2=h_1+2\Delta y\cdots$ $y_n=h_1+n\Delta y$

$F=\rho g(h_1+\Delta y)L\Delta y+\rho g(h_1+2\Delta y)L\Delta y+\cdots+\rho g(h_1+n\Delta y)L\Delta y$

$=\rho g h_1 Ln\Delta y+\rho g L\Delta y^2(1+2+\cdots+n)$

$=\rho g h_1 Ln\Delta y+\rho g L\Delta y^2\dfrac{(1+n)n}{2}$

$=\rho g\left(h_1+\dfrac{h}{2}\right)Lh$

点拨： 我们也可以通过水的压强 p 随深度 y 变化的图像来研究，如图 5.10 所示，$p-y$ 图线与 y 轴（$h_1-(h_1+h)$）围成的梯形面积与 L 的乘积表示整个闸门受到水的压力的

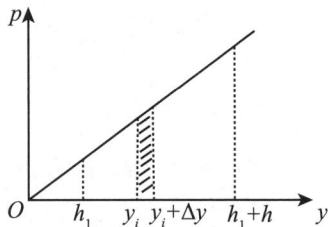

图 5.10

大小，即 $F = \dfrac{\left[\rho g h_1 + \rho g\left(h_1 + h\right)\right]}{2} h \cdot L = \rho g\left(h_1 + \dfrac{h}{2}\right)Lh$

5.1.3 体微元

【例 5-3】（2023 北京海淀高三期中）理论上可以证明：质量分布均匀的球壳对壳内物体的万有引力为零。利用该规律可给出一种计算恒星中心压强的模型：

恒星内部的热核反应会向外辐射大量的电磁波，当辐射产生的扩张压力与万有引力所产生的收缩压力平衡时，恒星变稳定下来。

设想处于稳定状态的恒星是一质量分布均匀、密度为 ρ、半径为 R 的球体。选取该恒星内部一距恒星中心为 r（$r \ll R$）、厚度为 Δr（$\Delta r \ll r$）的小薄片 A，如图 5.11 所示，已知辐射所产生的扩张压力在 A 的内、外表面引起的压强差的绝对值为 Δp，引力常量为 G，忽略其他天体的影响。

a. 推导 $\dfrac{\Delta p}{\Delta r}$ 和 r 之间的关系式，并在图 5.12 中定性画出 $\dfrac{\Delta p}{\Delta r}$ 随 r 变化的图像；

b. 若恒星表面处扩张压力产生的压强为零，求恒星中心处的压强 p_c。

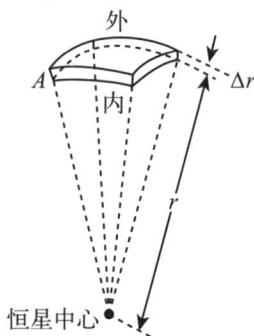

图 5.11

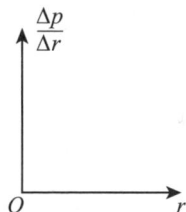

图 5.12

分析： 辐射产生的扩张压力随距恒星中心距离 r 变化，并不恒定，我们需要采取微元法（题目已经选取了厚度为 Δr（$\Delta r \ll r$）的小薄片 A，这样一个体微元），找到 $\dfrac{\Delta p}{\Delta r}$ 和 r 之间的关系式，并根据 $\dfrac{\Delta p}{\Delta r}$ 随 r 变化的图像与 r 轴围成的面积表示压强差，进而算出恒星中心的压强。

解： a. 因为 A 受到引力和热核反应引起的压力而处于平衡态，因为辐射所导致的扩张压力在 A 的内、外表面的压力差 $\Delta F_\text{压}$，等于 A 所受万有引力 $F_\text{引}$（半径 r 以内的那部分恒星对 A 的引力），即 $\Delta F_\text{压} = F_\text{引}$。

设 A 的质量为 Δm_A、下表面的面积为 S，半径 r 以内的那部分恒星的质量为 M_r。再根据压强的定义 $\Delta p = \dfrac{\Delta F_\text{压}}{S}$，有 $\Delta p \cdot S = \dfrac{G \cdot M_r \cdot \Delta m_A}{r^2}$

其中 $M_r = \dfrac{4}{3}\pi r^3 \rho$ ，$\Delta m_A = \rho \cdot S \Delta r$

代入上式得 $\dfrac{\Delta p}{\Delta r} = \dfrac{4\pi G \rho^2}{3} r$

即 $\dfrac{\Delta p}{\Delta r}$ 与 r 成正比，因此其图像为一条过原点的直线，如图

5.13 所示。

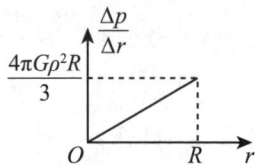

图 5.13

b．如图 5.13 中，$\dfrac{\Delta p}{\Delta r} - r$ 图像中图线与 r 轴所围三角形面积表示该恒星内部压强的总

变化量，即恒星中心压强 p_c 与恒星外表面压强 $p_{表}$ 之差，因此有 $\dfrac{1}{2} R \cdot \dfrac{4\pi G \rho^2}{3} R = p_c - p_{表}$

由题目可知，$p_{表} = 0$，所以可得 $p_c = \dfrac{2\pi G \rho^2 R^2}{3}$

点拨： 累积时，利用图像面积求解会让问题变得很简单，但要注意面积的物理意义的判定：不是简单的两轴相乘，而是要先微元，变量视为恒量，再与某轴的微小变化量相乘。

5.2 过程微元累积法

过程微元累积法的关键在于先写出状态方程，然后基于状态方程微分和累积处理。

5.2.1 单个质点变力下的直线运动

【例 5-4】 如图 5.14 所示，小物体的质量为 m，带电量为 $-q$，物体与绝缘水平面间的动摩擦因数为 μ，整个空间存在着方向垂直纸面向里、磁感应强度大小为 B 的匀强磁场。现给物体一个水平向右的初速度 v_0，经过时间 t，物体的速度恰好为零。求其前进的位移?

图 5.14

分析： 由于洛伦兹力大小随速率变化，导致摩擦力大小也变化，因此运动非匀变速。在高中阶段无法直接运用动力学求解位移。

解： 在任意时刻该物体的动力学方程 $-\mu\left(mg+qvB\right)=ma$

可知速度 v 减小，加速度 a 也随之减小。

方程两边同时乘以很短的时间 Δt，并求和得：$\sum -\mu\left(mg+qvB\right)\Delta t = \sum ma\Delta t$

即 $-\mu mg \sum \Delta t - \mu qB \sum v\Delta t = m\sum a\Delta t$

即 $-\mu mgt - \mu qBx = m\left(0-v_0\right)$

所以 $x = \dfrac{mv_0 - \mu mgt}{\mu qB}$

点拨： 本题关键是根据受力分析写出动力学状态方程，然后通过用微元累积求解。当然，也可以直接从动量定理切入来解决。

5.2.2 单个质点变力下的曲线运动

【例 5-5】 在场强为 B 的水平匀强磁场中，一质量为 m、带正电荷 q 的小球在 O 点静止释放，小球的运动曲线如图 5.15 所示。已知重力加速度为 g，求：

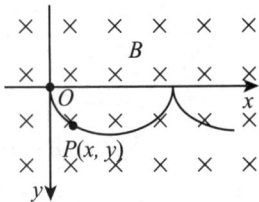

(1) 小球在运动过程中的最大速率 v_{m}。

(2) 小球在运动过程中第一次下降的最大距离 y_{m}。

图 5.15

分析： 该运动是重力和洛伦兹力共同作用下的一个运动，其中洛伦兹力不做功。物体下降过程，重力做正功，而上升过程，重力做负功。当物体下降高度最大时，达到最大速度。由于该运动不是圆周运动，也不是抛体运动，因此高中阶段无法直接用动力学来研究。对于单个物体一般的曲线运动分析，应首先考虑动能定理和动量定理，而曲线运动的动量定理一般二维变一维来处理。

解： 在任意时刻该小球在水平方向的动力学方程 $qv_yB=ma_x$

方程两边同时乘以很短的时间 Δt，并求和得：$\sum qv_yB\Delta t = \sum ma_x\Delta t$

即 $qB\sum v_y\Delta t = m\sum a_x\Delta t$

研究从 O 点到最低点过程，则 $qBy_{\mathrm{m}} = mv_{\mathrm{m}}$

又根据能量守恒可得 $mgy_{\mathrm{m}} = \dfrac{1}{2}mv_{\mathrm{m}}^2$

两式联立可得 $v_{\mathrm{m}} = \dfrac{2mg}{qB}$

$y_{\mathrm{m}} = \dfrac{2m^2g}{q^2B^2}$

点拨： 本题关键是根据受力分析写出 x 方向的动力学状态方程，然后再用微元累积求解。此外，也可以用配速法来求解，将粒子为 0 的初速度，分解为相等的水平向左和水平向右的速度，设为 v，令 $v = \dfrac{mg}{qB}$，则带电粒子的运动可分解为沿水平方向的匀速直线运动和在竖直平面内的匀速圆周运动。圆周运动的轨道半径 $r = \dfrac{mv}{qB} = \dfrac{m^2g}{q^2B^2}$。所以

$v_{\mathrm{m}} = 2v = \dfrac{2mg}{qB}$，$y_{\mathrm{m}} = 2r = \dfrac{2m^2g}{q^2B^2}$。

5.2.3 单杆变力下的直线运动

【例 5-6】 如图 5.16 所示，在一个光滑的、足够长的、宽为 l 的固定水平金属框架上，垂直放置一根长为 l、电阻为 r、质量为 m 的导体棒 ab。框架左端的定值电阻为 R。该区域存在垂直框面向里，磁感应强度为 B 的匀强磁场。其余电阻忽略不计，不计框架激发的磁场，忽略电路电感。

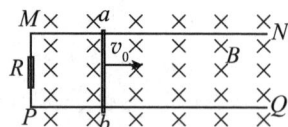

图 5.16

（1）若导体棒的初速度为 v_0，且不受水平向右的外力作用，求：

a. 导体棒运动全程所流经的电量？

b. 导体棒运动全程的总位移大小？

（2）若导体棒的初速度为 0，且受到水平向右的恒定外力 F（已知）作用，导体棒从开始运动到运动状态稳定时，历时 t，则全程流经导体棒的电量多大？

分析： 该导体棒充当电源，根据电路方程和力学方程进行运动状态分析，求电量和位移时，借助力学状态方程对时间积累进行运算，即可求解。

解：（1）电路方程 $Blv = i(R+r)$ ①

力学方程 $-ilB = ma$ ②

根据两式，可知导体棒做加速度减小的减速运动，最终速度变为零。

a. 对②式，方程两边同时乘以很短时间 Δt，并求和得：$\sum -ilB\Delta t = \sum ma\Delta t$ ③

即 $-qlB = m(0 - v_0)$ ④

得 $q = \dfrac{mv_0}{Bl}$

b. ①③联立消 i 可得 $\sum -\dfrac{B^2l^2v}{R+r}\Delta t = \sum ma\Delta t$ ⑤

即 $-\dfrac{B^2l^2}{R+r}x = m(0 - v_0)$

得 $x = \dfrac{mv_0(R+r)}{B^2l^2}$

(2) 电路方程 $Blv = i(R+r)$ ⑥

力学方程 $F - ilB = ma$ ⑦

根据两式，可知导体棒做加速度减小的加速运动，当 $a=0$ 时，速度最大，

$v_{\mathrm{m}} = \dfrac{F(R+r)}{B^2l^2}$

对⑦式，方程两边同时乘以很短时间 Δt，并求和得：$\sum F\Delta t - \sum ilB\Delta t = \sum ma\Delta t$ ⑧

即 $Ft - qlB = m(v_{\mathrm{m}} - 0)$ ⑨

得 $q = \dfrac{Ft}{Bl} - \dfrac{Fm(R+r)}{B^3l^3}$

点拨： 分析此类问题从"电源"分析，到"电路"分析，到"力"分析，到"运动状态"分析，关键抓住两个状态方程。

【例 5-7】 如图 5.17 所示，在一个光滑的、足够长的、宽为 l 的固定水平金属框架上，垂直放置一根长为 l、电阻为 r、质量为 m 的导体棒。框架左端的电容器的电容为 C，其初始电量为零，定值电阻为 R。该区域存在垂直框面向里、磁感应强度为 B 的匀强磁场。其余电阻忽略不计，不计框架激发的磁场，忽略电路电感。

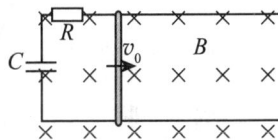

图 5.17

(1) 若导体棒的初速度为 v_0，且不受水平向右的外力作用，电容器开始不带电，求：导体棒从开始运动到运动状态稳定时，全程流经导体棒的电量？

(2) 若导体棒的初速度为 0，且不受水平向右的外力作用，电容器的初始带电量为 Q_0。求：导体棒从开始运动到运动状态稳定时，全程流经导体棒的电量？

(3) 若导体棒的初速度为 0 且受到水平向右的恒定外力 F（已知）的作用做加速直线运动，电容器开始不带电，忽略一切电阻。（假定研究过程内，电容器的电压始终没有超过其耐压值）求：经过时间 t，导体棒的速度是多少？

分析： 电容器充电时是充当用电器，此时运动的导体棒是电源；电容器放电时是充当电源，运动导体棒会产生反电动势。根据电路方程和力学方程进行运动状态分析，借助力学状态方程对时间积累进行运算，即可求解电量。

解：（1）电路方程：$Blv = i(R+r) + \dfrac{Q}{C}$　　①

力学方程：$-ilB = ma$　　②

根据两式，可知导体棒做加速度减小的减速运动，当 $a=0$ 时，匀速运动，此时，满足 $Blv = \dfrac{Q}{C}$　　③

对②式，方程两边同时乘以很短时间 Δt，并求和得：$\sum -ilB\Delta t = \sum ma\Delta t$　　④

即 $-qlB = m(v - v_0)$　　⑤

又 $q = Q - 0$　　⑥

结合③⑤⑥得 $q = \dfrac{BlCmv_0}{m + B^2l^2C}$

（2）电路方程：$\dfrac{Q}{C} - Blv = i(R+r)$　　⑦

力学方程：$ilB = ma$　　⑧

根据两式，可知导体棒做加速度减小的加速运动，当 $a=0$ 时，匀速运动，此时，满足 $Blv = \dfrac{Q}{C}$　　⑨

对②式，方程两边同时乘以很短时间 Δt，并求和得：$\sum ilB\Delta t = \sum ma\Delta t$　　⑩

即 $qlB = m(v - 0)$　　⑪

又 $q = Q_0 - Q$　　⑫

结合⑨⑪⑫得 $q = \dfrac{mQ_0}{m + B^2l^2C}$

（3）电路方程 $Blv = \dfrac{Q}{C}$　　⑬

力学方程 $F - ilB = ma$　　⑭

对⑭式，方程两边同时乘以很短的时间 Δt，并求和得：$\sum F\Delta t - \sum ilB\Delta t = \sum ma\Delta t$ ⑮

即 $Ft - qLB = mv$　　⑯

又 $q = Q - 0$，t 时刻满足 $Blv = \dfrac{Q}{C}$　　⑰

结合⑯⑰得 $v = \dfrac{Ft}{m + B^2l^2C}$

点拨：分析此类问题从"电源"分析，到"电路"分析，到"力"分析，到"运动状态"分析，关键抓住两个状态方程。注意电容器不同的角色，注意反电动势。第（3）问还可以如下求解：两边同时求很短时间内，变量对时间的变化率：$Bl\dfrac{\Delta v}{\Delta t} = \dfrac{1}{C}\dfrac{\Delta Q}{\Delta t}$ 即

$Bla = \dfrac{1}{C}i$

结合⑭式，得：$a = \dfrac{F}{m + B^2l^2C}$　　又 $v = at$ 得 $v = \dfrac{Ft}{m + B^2l^2C}$。

【例 5-8】 如图 5.18 所示，在一个光滑的、足够长的、宽为 l 的固定水平金属框架上，垂直放置一根长为 l、电阻为 r、质量为 m 的导体棒。框架左端的直流电源的电动势为 E，内阻忽略不计，定值电阻为 R。该区域存在垂直框面向里，磁感应强度为 B 的匀强磁场。其余电阻忽略不计，不计框架激发的磁场，忽略电路电感。

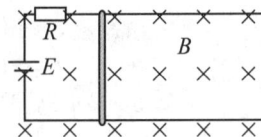

图 5.18

若导体棒的初速度大小为 v_0，方向水平向右，且不受水平向右的外力作用。若历时 t 导体棒达到稳态，求：全程流经导体棒的电量？导体棒在 t 时间内运动的位移大小？

分析： 该运动需要分类讨论，可能刚好匀速，也可能加速运动或减速运动。

解： 当 $E = Blv_0$ 时，电路中没有电流，导体棒一直做匀速运动；

当 $E > Blv_0$ 时，

电路方程：$E - Blv = i(R + r)$ ①

力学方程：$ilB = ma$ ②

根据两式，可知导体棒做加速度减小的加速运动，最终加速度变成零，速度满足 $E = Blv$，即 $v = \dfrac{E}{Bl}$

对②式，方程两边同时乘以很短时间 Δt，并求和得：$\sum ilB\Delta t = \sum ma\Delta t$ ③

即 $qlB = m(v - v_0)$ ④

得 $q = \dfrac{mE}{B^2 l^2} - \dfrac{mv_0}{Bl}$ ⑤

对①式，方程两边同时乘以很短时间 Δt，并求和得：$\sum E\Delta t - \sum Blv\Delta t = \sum i(R + r)\Delta t$ ⑥

即 $Et - Blx = q(R + r)$ ⑦

⑤⑦联立得 $x = \dfrac{Et}{Bl} - m(R + r)\left(\dfrac{E}{B^3 l^3} - \dfrac{v_0}{B^2 l^2} \right)$

当 $E < Blv_0$ 时，

电路方程：$Blv - E = i(R + r)$ ⑧

力学方程：$-ilB = ma$ ⑨

根据两式，可知导体棒做加速度减小的减速运动，最终加速度变成零，速度满足 $E = Blv$，即 $v = \dfrac{E}{Bl}$

对⑨式，方程两边同时乘以很短时间 Δt，并求和得：$\sum -ilB\Delta t = \sum ma\Delta t$ ⑩

即 $-qlB = m(v - v_0)$ ⑪

得 $q = \dfrac{mv_0}{Bl} - \dfrac{mE}{B^2 l^2}$ ⑫

对⑧式，方程两边同时乘以很短时间 Δt，并求和得：$\sum Blv\Delta t - \sum E\Delta t = \sum i(R + r)\Delta t$ ⑬

即 $Blx - Et = q(R + r)$ ⑭

⑫⑭联立得 $x = \dfrac{Et}{Bl} + m(R+r)\left(\dfrac{v_0}{B^2l^2} - \dfrac{E}{B^3l^3}\right)$

点拨： 分析此类问题从"电源"分析，到"电路"分析，到"力"分析，到"运动状态"分析，关键抓住两个状态方程。注意电源和导体棒切割产生电动势的叠加结果。

5.2.4 双杆变力下的直线运动

【例5-9】 如图5.19所示，在磁感应强度大小为 B 的匀强磁场区域内，垂直磁场方向的水平面中有两根固定的足够长的平行金属导轨，在导轨上面平放着两根导体棒 ab 和 cd，两棒彼此平行且相距 d，构成一矩形回路。导轨间距为 L，两导体棒的质量均为 m，电阻均为 R，导轨电阻可忽略不计。设导体棒可在导轨上无摩擦地滑行，初始时刻 ab 棒静止，给 cd 棒一个向右的初速度 v_0，求：

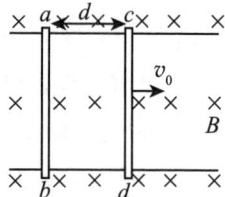

图5.19

（1）当 cd 棒速度减为 $0.6v_0$ 时，ab 棒的速度 v 及加速度 a 的大小；

（2）ab、cd 棒间的距离从 d 增大到最大的过程中，通过回路的电荷量 q 及两棒间的最大距离 x。

分析： 在安培力的作用下，cd 棒做减速运动，ab 棒做加速运动，同时这两根棒都有电动势。

解：（1）设某一时刻 cd 棒的速度为 v_1，ab 棒的速度为 v_2。

电路方程：$BLv_1 - BLv_2 = i(2R)$ ①

力学方程：cd 棒：$-iLB = ma_1$ ②

ab 棒：$iLB = ma_2$ ③

根据三式，可知 cd 棒做加速度减小的减速运动，ab 棒做加速度减小的加速运动，最终加速度变成零，速度满足 $BLv_1 = BLv_2$，即 $v_1 = v_2 = v_{共}$。即一起匀速运动。

当 cd 棒速度减为 $0.6v_0$ 时，

对②式，方程两边同时乘以很短时间 Δt，并求和得：$\sum -iLB\Delta t = \sum ma_1 \Delta t$ ④

即 $-qLB = m(0.6v_0 - v_0)$ ⑤

同理对③式，得 $qLB = m(v - 0)$ ⑥

⑤⑥两式联立，得 $v = 0.4v_0$ ⑦

①③⑦三式联立，得 $a = \dfrac{B^2L^2v_0}{10mR}$

（2）当 $v_1 = v_2 = v_{共}$ 一起匀速运动时，

对②式，方程两边同时乘以很短时间 Δt，并求和得：$\sum -iLB\Delta t = \sum ma_1 \Delta t$ ⑧

即 $-qLB = m(v_{共} - v_0)$ ⑨

同理对③式，得 $qLB = m(v_{共} - 0)$ ⑩

⑨⑩两式联立，得 $q = \dfrac{mv_0}{2BL}$　⑪

对①式，方程两边同时乘以很短时间 Δt，并求和得：$\sum BL(v_1 - v_2)\Delta t = \sum i(2R)\Delta t$　⑫

即 $BL\Delta x = q(2R)$　⑬

又 $x = d + \Delta x$　⑭

⑪⑬⑭三式联立，得 $x = d + \dfrac{mv_0 R}{B^2 L^2}$

点拨： 本题由于两棒组成的系统合外力为零，系统动量守恒。还可以利用动量守恒定律来计算速度，有 $mv_0 = 0.6mv_0 + mv$，可解得 $v = 0.4v_0$；最后共速，$mv_0 = 2mv_{\text{共}}$。

5.3 巩固练习

1. 利用超导体可以实现磁悬浮，如图 5.20 是超导磁悬浮的示意图。在水平桌面上有一个周长为 L 的超导圆环，将一块永磁铁沿圆环中心轴线从圆环的正上方缓慢向下移动，由于超导圆环与永磁铁之间有排斥力，结果永磁铁能够悬浮在超导圆环的正上方 h_1 高处。

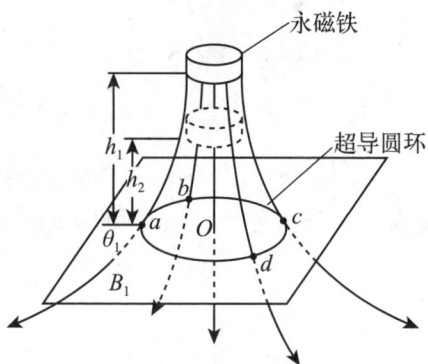

(1) 从上向下看试判断超导圆环中的电流方向。

(2) 若此时超导圆环中的电流强度为 I_1，圆环所处位置的磁感应强度为 B_1，磁场方向与水平方向的夹角为 θ_1，求超导圆环所受的安培力 F。

(3) 在接下来的几周时间内，发现永磁铁在缓慢下移。经过较长时间 t_0 后，永磁铁的平衡位置变为离桌面 h_2 高处。有一种观点认为超导体也有很微小的电阻率，只是现在一般仪器无法直接测得超导圆环内电流的变化造成了永磁铁下移，若已知永磁铁在 h_2 高处时，圆环所处位置的磁感应强度大小为 B_2，磁场方向与水平方向的夹角为 θ_2，永磁铁的质量为 m，重力加速度为 g。

a. 永磁铁的平衡位置变为离桌面 h_2 高处时，求超导圆环内的电流强度 I_2；

b. 若超导圆环中的电流强度的平方随时间变化的图像如图 5.21 所示，且超导圆环的横截面积为 S，求该超导圆环的电阻率 ρ。

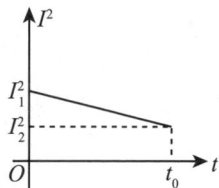

图 5.20

图 5.21

2．如图 5.22 所示，从地面以大小为 v_1 的初速度竖直向上抛出一个质量为 m 的皮球，经过一段时间皮球落回地面，落地时皮球速度的大小为 v_2。已知皮球在运动过程中受到空气阻力的大小与速度的大小成正比，重力加速度大小为 g。求：

（1）此过程中，空气阻力的功和冲量。

（2）此过程皮球在空中运动的时间。

图 5.22

3．如图 5.23 所示，在速度选择器的上极板中间开一小孔，电场强度为 E，磁感应强度为 B。将粒子源产生的离子束中速度为 0 的离子，从上极板小孔处释放，离子恰好能到达下极板。已知离子质量为 m，电荷量为 $+q$。求离子到达下极板时的速度大小 v，以及两极板间的距离 d。

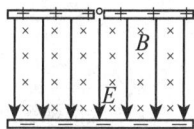

图 5.23

4．微元思想是中学物理中的重要思想。所谓微元思想，是将研究对象或者物理过程分割成无限多个无限小的部分，先取出其中任意部分进行研究，再从局部到整体综合起来加以考虑的科学思维方法。

（1）如图 5.24 所示，两根平行的金属导轨 MN 和 PQ 放在水平面上，左端连接阻值为 R 的电阻。导轨间距为 L，电阻不计。导轨处在竖直向上的匀强磁场中，匀强磁场的磁感应强度为 B。一根质量为 m、阻值为 r 的金属棒放置在水平导轨上。现给金属棒一个瞬时冲量，使其获得一个水平向右的初速度 v_0 后沿导轨运动。设金属棒运动过程中始终与导轨垂直且接触良好，导轨足够长，不计一切摩擦。

a．金属棒的速度为 v 时受到的安培力是多大？

b．金属棒向右运动的最大距离是多少？

（2）若规定无限远处的电势为零，真空中正点电荷周围某点的电势 φ 可表示为 $\varphi = k\dfrac{Q}{r}$，其中 k 为静电力常量，Q 为点电荷的电荷量，r 为该点到点电荷的距离。如果场源是多个点电荷，电场中某点的电势为各个点电荷单独在该点产生电势的代数和。如

图 5.25 所示，一个半径为 R、电荷量为 $+Q$ 的均匀带电细圆环固定在真空中，环面水平。一质量为 m 的带正电小球，从环心 O 的正上方 D 点由静止开始下落，小球到达 O 点时的速度为 v。已知 D、O 间的距离为 $\frac{4}{3}R$，静电力常量为 k，重力加速度为 g。则小球所带的电荷量是多少？

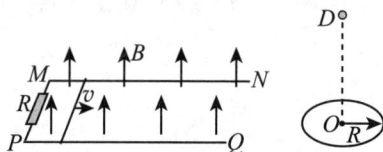

图 5.24   图 5.25

5．如图 5.26 所示，在磁感应强度为 B 的水平匀强磁场中，有一竖直放置的光滑的平行金属导轨，导轨平面与磁场垂直，导轨间距为 L，顶端接有阻值为 R 的电阻。将一根金属棒从导轨上的 M 处以速度 v_0 竖直向上抛出，棒到达 N 处后返回，回到 M 点时棒的速度为抛出时的一半。已知棒的长度为 L、质量为 m、电阻为 r，棒始终在磁场中运动，处于水平且与导轨接触良好，忽略导轨的电阻。重力加速度为 g，则金属棒从 M 点被抛出至落回 M 点的整个过程中，求：

（1）电阻 R 消耗的电能。

（2）金属棒运动的时间。

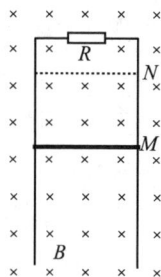

图 5.26

6．如图 5.27 所示，两条平行导轨所在平面与水平地面的夹角为 θ，间距为 L。导轨上端接有一平行板电容器，电容为 C。导轨处于匀强磁场中，磁感应强度大小为 B，方向垂直于导轨平面。在导轨上放置一质量为 m 的金属棒，棒可沿导轨下滑，且在下滑过程中始终保持与导轨垂直并接触良好。已知金属棒与导轨之间的动摩擦因数为 μ，重力加速度大小为 g。忽略所有电阻。让金属棒从导轨上端由静止开始下滑，求：

（1）电容器极板上积累的电荷量与金属棒速度大小的关系。

（2）金属棒的速度大小随时间变化的关系。

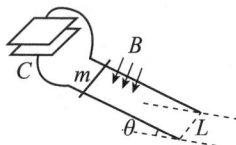

图 5.27

7．（2023 高考新课标卷）一边长为 L、质量为 m 的正方形金属细框，每边电阻为 R_0，置于光滑的绝缘水平桌面（纸面）上。宽度为 $2L$ 的区域内存在方向垂直于纸面的匀强磁场，磁感应强度大小为 B，两虚线为磁场边界，如图 5.28 所示。

（1）使金属框以一定的初速度向右运动，进入磁场。运动过程中金属框的左、右边框始终与磁场边界平行，金属框完全穿过磁场区域后，速度大小降为它初速度的一半，求金属框的初速度大小。

（2）在桌面上固定两条光滑长直金属导轨。导轨与磁场边界垂直，左端连接电阻 $R_1 = 2R_0$，导轨电阻可忽略。金属框置于导轨上，如图 5.29 所示。让金属框以与（1）中相同的初速度向右运动，进入磁场。运动过程中金属框的上、下边框处处与导轨始终接触良好。求在金属框整个运动过程中，电阻 R_1 产生的热量。

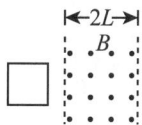

图 5.28

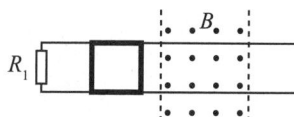

图 5.29

8．（2023 高考全国甲卷）如图 5.30 所示，水平桌面上固定一光滑 U 形金属导轨，其平行部分的间距为 l，导轨的最右端与桌面右边缘对齐。导轨的电阻忽略不计。导轨所在区域有方向竖直向上的匀强磁场，磁感应强度大小为 B。一质量为 m、电阻为 R、长度也为 l 的金属棒 P 静止在导轨上。导轨上质量为 $3m$ 的绝缘棒 Q 位于 P 的左侧，以大小为 v_0 的速度向 P 运动并与 P 发生弹性碰撞，碰撞时间很短。碰撞一次后，P 和 Q 先后从导轨的最右端滑出导轨，并落在地面上同一地点。P 在导轨上运动时，两端与导轨接触良好，P 与 Q 始终平行。不计空气阻力。求：

（1）金属棒 P 滑出导轨时的速度大小。

（2）金属棒 P 在导轨上运动过程中产生的热量。

（3）与 P 碰撞后，绝缘棒 Q 在导轨上运动的时间。

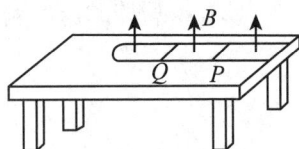

图 5.30

9．（2023 高考湖南卷）如图 5.31 所示，两根足够长的光滑金属直导轨平行放置，导轨间距为 L，两导轨及其所构成的平面均与水平面成 θ 角，整个装置处于垂直于导轨平面斜向上的匀强磁场中，磁感应强度大小为 B。现将质量均为 m 的金属棒 a、b 垂直导轨放置，每根金属棒接入导轨之间的电阻均为 R。运动过程中金属棒与导轨始终垂直且接触良好，金属棒始终未滑出导轨，导轨电阻忽略不计，重力加速度为 g。

（1）先保持棒 b 静止，将棒 a 由静止释放，求棒 a 匀速运动时的速度大小 v_0。

（2）在（1）问中，当棒 a 匀速运动时，再将棒 b 由静止释放，求释放瞬间棒 b 的加速度大小 a_0。

（3）在（2）问中，从棒 b 释放瞬间开始计时，经过时间 t_0，两棒恰好达到相同的速度 v，求速度 v 的大小，以及时间 t_0 内棒 a 相对于棒 b 运动的距离 Δx。

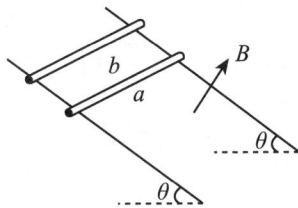

图 5.31

10. （2022 东城二模）如图 5.32 所示，水平固定、间距为 L 的平行金属导轨处于竖直向上的匀强磁场中，磁感应强度的大小为 B。与导轨垂直且接触良好的导体棒 a、b，质量均为 m，电阻均为 R。现对 a 施加水平向右的恒力，使其由静止开始向右运动。当 a 向右的位移为 x 时，a 的速度达到最大且 b 刚要滑动。已知两棒与导轨间的动摩擦因数均为 μ，设最大静摩擦力等于滑动摩擦力，不计导轨电阻，重力加速度为 g。

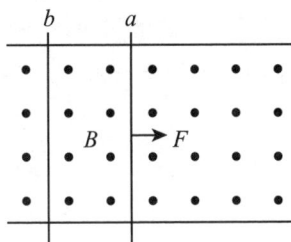

图 5.32

(1) 求导体棒 b 刚要滑动时，导体棒 a 的最大速度 v_m。

(2) 在图 5.33 中定性画出导体棒 b 所受摩擦力 f 大小随时间 t 变化的图像。

(3) 求导体棒 a 发生位移 x 的过程中，回路中产生的总焦耳热 Q。

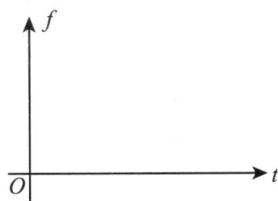

图 5.33

(4) 当导体棒 a 达到最大速度 v_m 时，给 b 水平向右的瞬时速度 v_0（$v_0 < v_m$）。请分析此后导体棒 b 的运动情况并求出 b 的最终速度 v_b。

11. 如图 5.34 所示，Ⅰ、Ⅱ、Ⅲ三个区域所有空间存在垂直于导轨平面向上的匀强磁场，磁感应强度均为 2 T，质量均为 1 kg 的金属棒 a、b 放在导轨上，开始在外力作用下，让两棒保持静止。已知，b 棒电阻不能忽略，a 棒和所有导轨电阻均不计，Ⅰ、Ⅱ区域导轨宽度均为 2 m，Ⅰ、Ⅱ区域导轨之间连接处绝缘（Ⅱ、Ⅲ区域导轨接触处导电良好），Ⅲ区域导轨宽度为 1 m。Ⅰ区域导轨倾斜放置，倾角为 30°，Ⅱ、Ⅲ区域导轨水平放置，且足够长。在Ⅰ区域导轨上接入一个电容 0.25 F 的电容器，初始时电容器电荷量为 0。现将 a、b 两棒由静止释放，当 a 棒沿Ⅰ区域导轨运动到Ⅱ区域导轨上时速度为 2 m/s，不计一切摩擦阻力。（重力加速度 $g = 10 \text{ m/s}^2$）

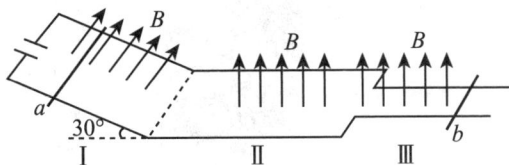

图 5.34

(1) 求 a 棒沿Ⅰ区域倾斜导轨下滑的距离。

(2) 求 b 棒从开始运动到稳定状态，通过的电荷量。

（3）若仅将Ⅲ区域磁场强度变成原来的 2 倍，其他条件不变，仍将 a 由静止释放，求以后的运动过程中 b 棒上总共产生的焦耳热。

12.（2024 北京通州期末）如图 5.35 所示是依附建筑物架设的磁力缓降高楼安全逃生装置，我们可以将下降过程进行如下建模：一根足够长的空心铜管竖直放置，使一枚直径略小于铜管内径，质量为 M 的圆柱形强磁铁从管内某处由静止开始下落，如图 5.36 所示，该强磁铁下落过程中，可以认为铜管中的感应电动势大小与强磁铁下落的速度成正比，且强磁铁周围铜管的有效电阻是恒定的，强磁铁机械能耗散的功率等于其受到的阻力大小与下落速度大小的乘积，已知重力加速度 g，强磁铁在管内运动时，不与内壁摩擦，不计空气阻力。

（1）请在图 5.37 中定性画出该强磁铁下落过程中的 v-t 图像。

（2）当强磁铁从静止开始下落 t 时间后达到最大速度 v_1，求此过程强磁铁的下落高度 h。

（3）如果在图 5.36 强磁铁的上面粘一个质量为 m 的绝缘橡胶块，推导它们下落的最大速度 v_2。

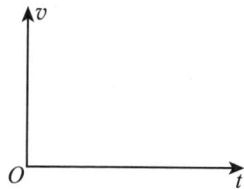

图 5.35　　　　图 5.36　　　　图 5.37

13．（2024 北京门头沟一模）微元法是通过把物理量或物理过程进行分割再分析的方法，也是物理中解决问题常用的方法。

（1）如图 5.38 所示，一个行星绕太阳沿椭圆轨道运动，在近日点 a 和远日点 b 时离太阳中心的距离分别为 R_a 和 R_b，近日点速度和远日点速度分别为 v_a 和 v_b。分别在 a 点和 b 点附近取极短的时间间隔 Δt，请根据开普勒第二定律（对任意一个行星来说，它与太阳的连线在相等的时间内扫过的面积相等）求 $\dfrac{v_a}{v_b}$。（提示：扇形面积 $= \dfrac{1}{2} \times$ 半径 $\times$ 弧长）

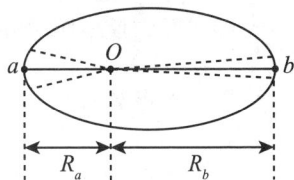

图 5.38

（2）如图 5.39 所示，轻质弹簧一端固定，另一端与质量为 m 的物块（可视为质点）相连放置在水平面上。当物块在 A 位置时弹簧处于原长，在外力 F 作用下物块移动到 B 位置（没有超出弹簧弹性限度）。已知弹簧劲度系数为 k，AB 间长度为 l，弹簧对物块的拉力用 $F_弹$ 表示。取 A 点所在位置为坐标原点，水平向右为正方向。物块从 A 运动到 B 过程中，通过推导画出 $F_弹$ 与位移 x 的示意图，并借助图像求弹簧对物块拉力做的功 $W_弹$。

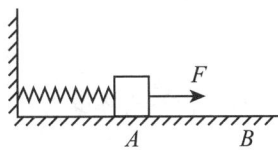

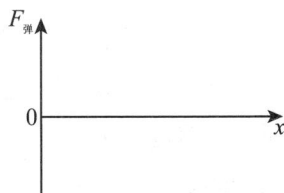

图 5.39

（3）如图 5.40 所示，当长为 L 的导体棒 MN 绕其一端 M 在垂直于匀强磁场（磁感应强度为 B）的平面内转动时，电子受到沿着导体棒方向的洛伦兹力 f_1 和垂直于导体棒方向的洛伦兹力 f_2，在任

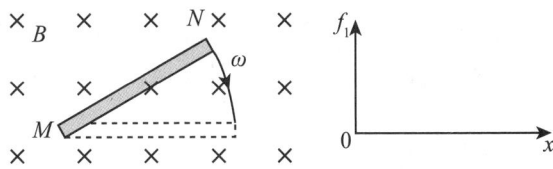

图 5.40

一过程中 f_1 和 f_2 做功之和始终为零。设导体棒内有一电荷量为 e 的电子，导体棒以角速度 ω 顺时针匀速转动，求该电子距离转轴 M 点为 x 时所受洛伦兹力 f_1 大小的表达式，并借助图像求该电子从导体棒 N 端移到 M 端过程中 f_1 做的功 W_1。

14.（2024 北京朝阳二模）定值电阻、电容器、电感线圈是三种常见的电路元件，关于这几个元件有如下结论：

①一个定值电阻 R 满足 $I = \dfrac{U}{R}$ 关系；

②一个电容器的电容为 C，两极板间电压为 U 时，储存的能量为 $E = \dfrac{1}{2}CU^2$；

③一个电感线圈的自感系数为 L，自感电动势 $E_{自} = L\dfrac{\Delta I}{\Delta t}$，式中 $\dfrac{\Delta I}{\Delta t}$ 为电流变化率；通过的电流为 I 时，储存的能量为 $E' = \dfrac{1}{2}LI^2$。

如图 5.41 所示，足够长的光滑金属框架竖直放置，顶端留有接口 a、b，两竖直导轨间距为 d。一质量为 m、长度为 d 的金属棒始终与竖直导轨接触良好，磁感应强度为 B 的匀强磁场与框架平面垂直，重力加速度为 g。不计空气阻力，不计框架和金属棒的电阻及电磁辐射的能量损失。

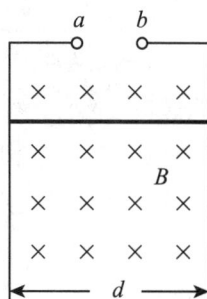

图 5.41

（1）若在 a、b 间接入一个阻值为 R 的定值电阻，现从静止释放金属棒，求金属棒的最终速度大小 v_1。

（2）若在 a、b 间接入一个电容为 C 的电容器，现从静止释放金属棒，求当电容器两极板间电压为 U_0 时，金属棒下落的高度 h。

（3）若在 a、b 间接入一个电阻不计、自感系数为 L 的电感线圈，现从静止释放金属棒，求金属棒下落过程中的最大速度 v_2。

第六章　等效与转换

等效是物理学中一种常用的重要思想方法。"等效"是指不同的物理现象、模型、过程等在作用效果、物理规律上具有相同性，它们之间可以相互转换和替代，而保持结论不变。"等效方法"是指在保证结果相同的前提下，把实际复杂的物理过程或物理问题转化为理想的、简单的、直观的物理过程或物理问题来研究和处理的一种策略。这种方法不仅是一种常用的科学思维方法，也是分析并解决物理问题的有效工具，在物理学习中有着广泛的应用。

在使用等效方法时应遵循一些基本原则：首先是保证"效果"相同，这既是等效转换的灵魂，也是进行等效转换的唯一准则；其次是明确物理"实质"，即理解物理原理，这是进行等效转换的基础；最后是保持物理规律的一致性，即等效后的对象与原对象保持规律上的一致，这是检验等效转换合理性与正确性的依据。

等效法在物理学中的表现形式丰富多样。教材中的概念和现象体现等效思想的有平均速度、合力与分力、合运动与分运动、等效电流、等效电路、等效电源、交变电流的平均值与有效值等。在传授物理知识的同时，教材注重思想方法的融入，全方位介绍了等效思想。例如，教材在介绍重心概念时，指出物体的各部分都受到重力的作用，这些作用从效果上可以等效为各部分受到的重力作用集中一点，这一点即物体的重心，从而在概念建构中巧妙地融入了等效思想。又如，在探讨力的合成与分解部分，教材通过具体情境，如图 6.1 所示，描述两个小孩分别用力 F_1、F_2 共同提着一桶水，水桶静止；一个大人单独向上用力 F 提着这桶水，也能让水桶保持静止。教材引导学生从力的作用效果，即保持水桶静止的受力平衡角度，理解两个小孩的力和一个大人的力在效果上是等效的，从而揭示了等效替代的思想。同样，在动量定理的学习中，处理变力问题时，教材提出使用平均作用力来等效替代研究对象在运动过程中受到的变力，这也是等效替代思想的应用。还有，在交变电流有效值的介绍中，让交变电流与恒定电流分别通过大小相同的电阻，如果在交变电流的一个周期内它们产生的热量相等，那么这个恒定电流的值就叫作交变电流的有效值。这样的教学设计使学生从相同时间产生热量相同的角度去理解等效的内涵，进而深刻理解有效值的概念。教材里类似这样结合实际问题的等效思想的

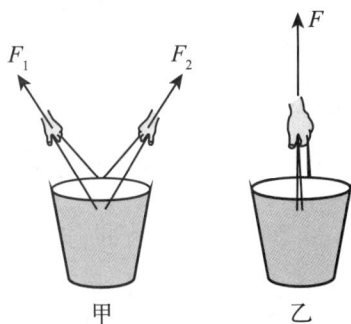

图 6.1

案例不胜枚举。

在中学物理问题中，常见的等效变化主要包括模型等效、过程等效和作用等效。模型等效在中学物理中表现为用理想化的模型替代原型，或者用简单和熟悉的模型替代复杂的实际模型；过程等效即用较为简单、直观的过程代替原来较为复杂的过程而保持效果不变；作用等效即通过力的合成或分解，用假设的等效力代替物体实际受到的力，进而研究物体的运动特点和规律。这些等效方法极大地简化了物理问题的处理，有助于我们更深入地掌握物理概念。

6.1　模型等效

【例 6-1】用图 6.2 所示的甲、乙两种方法测量某电源的电动势和内电阻，其中 R 为电阻箱。

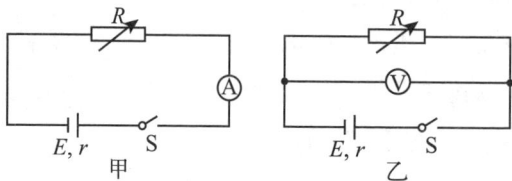

图 6.2

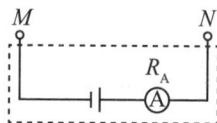

图 6.3

（1）利用图 6.2 甲中实验电路测电源的电动势 E 和内电阻 r，所测量的实际是图 6.3 中虚线框所示"等效电源"的电动势 E' 和内电阻 r'。若电流表内电阻用 R_A 表示，请你用 E、r 和 R_A 表示出 E'、r'，并简要说明理由。

（2）利用图 6.2 中乙图实验电路测电源的电动势 E 和内电阻 r，请画出等效电源。若电压表内电阻用 R_V 表示，请你用 E、r 和 R_V 表示出 E'、r'，并简要说明理由。

分析：在分析电路时，结合电路结构和特点，分析等效电源的组成。根据电动势大小与路端电压的关系，明确电动势大小等于断路时路端电压的大小，在此基础上根据断路时的路端电压得到等效电源的电动势的大小；进而根据内阻阻值等于电动势与短路电流的比值，求出等效电源的内阻。

解：（1）电源电动势是电源本身具有的属性，电流表不具有产生电动势的本领。当等效电源两端断开时，此时 M、N 两端电压即为等效电源的电动势，即 $E' = E$

当 M、N 间短路时，短路电流为 $I' = \dfrac{E}{r + R_A}$

则等效电源的内阻为 $r' = \dfrac{E'}{I'} = R + R_A$

（2）等效电源如图 6.4 所示。当等效电源两端断开时，此时 M、N 两端电压为等效电源的电动势，即 $E' = \dfrac{R}{R + r} E$

当 M、N 间短路时，R 被短路，短路电流为 $I' = \dfrac{E}{r}$

则等效电源内阻为 $r' = \dfrac{E'}{I'} = \dfrac{R_V r}{R_V + r}$

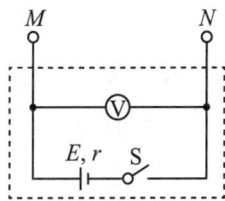

图 6.4

点拨： 明确等效电源的结构，从等效的角度理解等效电源在电路中的作用。根据电动势大小与路端电压的关系，以及内阻与电动势、短路电流的关系，结合等效电源在断路和短路两种情况下通过理论分析得到等效电源的电动势和内阻。

【例 6-2】 等效法也是高中物理学常用的思想方法，常常能将复杂的问题，通过与已知问题的等效而得到简化。一点电荷 $+Q$ 放置在距一接地无限大金属薄平板中心 O 点的距离为 d 处，静电平衡后其空间电场分布如图 6.5 甲所示，由于其电场线分布与真空中的等量异种电荷（如图 6.5 乙所示）的右半侧电场线分布一致，由电场唯一性原理可知，金属板上感应电荷的效果可由其左侧的负点电荷取代，这样为研究右侧电场的强弱与分布带来简便。按此等效原理，试计算：在甲图中金属板 O 点正上方距离 x 处的感应电荷微元 $-\Delta q$ 所受电场力的大小和方向。

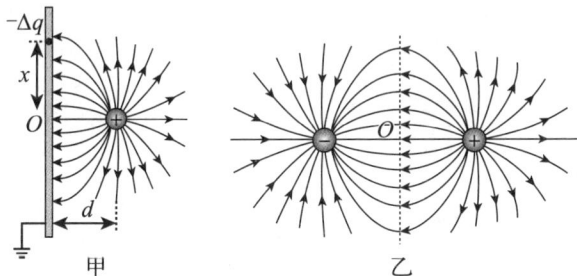

图 6.5

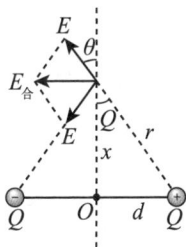

图 6.6

分析： 点电荷 $+Q$ 与接地无限大金属薄平板的电场模型较为复杂，依据题意此电场与等量异种电荷的电场分布相同，可以从等效出发进行分析；根据点电荷的电场强度和矢量叠加原理可求出 x 处的场强大小，进而求出感应电荷微元 $-\Delta q$ 所受电场力的大小和方向。

解： 如图 6.6 所示，根据点电荷的场强公式，可知点电荷 Q 在金属板 O 点正上方距离 x 处的场强大小为 $E = \dfrac{kQ}{r^2} = \dfrac{kQ}{x^2 + d^2}$

则等量异种电荷在金属板 O 点正上方距离 x 处的合场强大小为 $E_合 = 2E\sin\theta$

由几何关系可得 $\sin\theta = \dfrac{d}{r} = \dfrac{d}{\sqrt{x^2 + d^2}}$

联立可知 $E_合 = \dfrac{2kQd}{(x^2 + d^2)\sqrt{x^2 + d^2}}$

等量异种电荷在金属板 O 点正上方距离 x 处的合场强方向垂直中垂线向左；则在图 6.5 甲中金属板 O 点正上方距离 x 处的感应电荷微元 $-\Delta q$ 所受电场力的大小为

$$F = \Delta q E_{合} = \frac{2kQd\Delta q}{(x^2 + d^2)\sqrt{x^2 + d^2}}$$

方向垂直于金属板向右

点拨： 根据电荷在电场中受力特点可知感应电荷所在处的场强大小，了解该处的场强大小是求解电场力的关键。从等效思想出发确定电场分布，依据点电荷的场强公式和叠加原理求出感应电荷所在处的场强，从而求出电场力。

6.2 过程等效

【例 6-3】 守恒定律是自然界中某种物理量的值恒定不变的规律，等效思想是一种重要的物理思想，它为我们解决实际问题提供了有效的方法。如图 6.7 所示，一盛有水的大容器，其侧面有一个水平的短细管，水能够从细管中喷出；容器中水面的面积 S_1 远远大于细管内的横截面积 S_2；重力加速度为 g。假设水不可压缩，而且没有粘滞性。

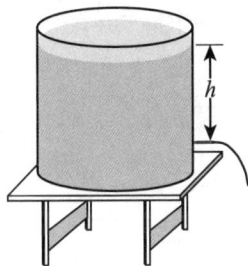

图 6.7

（1）推理说明：容器中液面下降的速度比细管中的水流速度小很多，可以忽略不计；

（2）在上述基础上，求：当液面距离细管的高度为 h 时，细管中的水流速度 v。

分析： 首先明确研究对象，研究对象是容器中的水。接着建立运动图景：在细管中水流出的同时，大容器中水的液面在逐渐下降。在此过程中水的总量保持不变，因此可以通过水的体积不变这一特点来研究液面和细管中水的流速关系。从等效的角度分析能量转化问题，可以等效认为液面上质量为 m 的薄层水的重力势能转化为细管中质量为 m 的小水柱的动能。基于这一等效转换，进而求出细管中水的流速。

解：（1）设水面下降速度为 v_1，细管内水流速度为 v_2，由水的体积守恒得 $S_1 v_1 = S_2 v_2$

由于 $S_1 \gg S_2$

则 $v_1 \ll v_2$

所以液面下降的速度比比细管中水流的速度可以忽略。

（2）据机械能守恒可知：液面上质量为 m 的薄层水的重力势能可等效转化为细管中质量为 m 的小水柱的动能，设细管处为零势能面，所以有 $mgh = \dfrac{1}{2} mv^2$

得 $v = \sqrt{2gh}$

点拨： 在本题中，从能量变化的角度来看，大容器中不同位置处薄层的水的重力势能都在减小。从等效角度看，可以认为液面上质量为 m 的薄层水的重力势能转化为细管中质量为 m 的小水柱的动能，问题便迎刃而解。

【例 6-4】 运动的合成与分解是我们研究复杂运动时常用的方法，可以从运动的等效性出发将复杂的运动分解为简单的运动来研究。比如在研究平抛运动时，我们可以将平抛运动分解为竖直方向的自由落体运动和水平方向的匀速直线运动。

（1）如图 6.8 甲所示，在 Oxy 平面坐标内，某质点经过 O 点时的速度大小为 v，方向与 x 轴的夹角为 θ。质点运动时，始终受到大小不变、方向沿 $-y$ 方向的合力作用。请分析说明何时质点的速度最小，并求出质点的最小速度。

（2）如图 6.8 乙所示，内径为 R、内壁光滑的空心圆柱体竖直固定在水平地面上。沿着水平切向给贴在内壁 O 点的小滑块一个初速度 v_0，小滑块将沿着柱体的内壁旋转向下运动，最终落在柱体的底面上。已知小滑块的质量为 m，重力加速度为 g，O 点距柱体底面的距离为 h，不计一切摩擦。

a．类比研究平抛运动的思想方法，可将小滑块的运动沿平行于水平面和竖直方向的分解成什么运动？

b．求小滑块到达柱体底面时的速度大小 v。

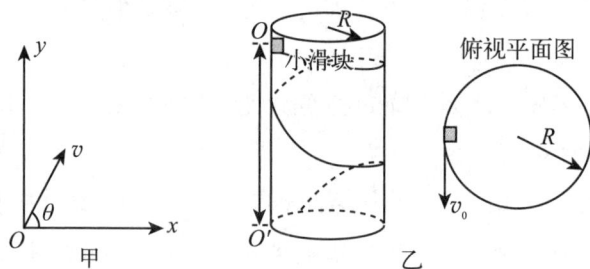

图 6.8

分析： 小滑块的实际运动是较为复杂的曲线运动。根据小滑块的受力特点和运动特点，可以将这一运动分解为两个独立的分运动：一个平行于水平面，另一个垂直于水平面。通过对分运动的分析，可以进一步解决实际运动的相关问题。

解：（1）质点在 x 轴方向不受力做匀速直线运动，y 轴方向做匀减速直线运动，当 y 轴方向的速度减为 0 时质点的速度最小。故质点速度方向与 x 轴平行时最小，有

$v_{min} = v\cos\theta$

（2）a．根据等效思想，可将小滑块的运动分解为平行于水平面内的匀速圆周运动和竖直方向的自由落体运动；

b．竖直方向上的分运动为自由落体运动可得 $h = \dfrac{1}{2}gt^2$

运动至 O 点竖直方向上的速度为 $v_y = gt = \sqrt{2gh}$

水平方向上为匀速圆周运动，故速率为 $v_x = v_0$

根据合运动与分运动的关系得 $v = \sqrt{v_x^2 + v_y^2} = \sqrt{v_0^2 + 2gh}$

点拨： 对于较为复杂的实际运动，可以根据物体的受力情况和运动特点分解为简单的分运动。从等效角度看，分运动在描述物体运动的速度、加速度、位移等相关量方面与实际运动是等效的，但是分运动在分析和计算上会简便很多，有助于实际问题的解决。

【例 6-5】 等效法是物理学经常运用的一种分析方法，通过等效处理，问题的条件得以简化，过程变得熟悉，思维也得到了激发和活化。

如图 6.9 所示，空间中存在着水平方向的匀强磁场，磁感应强度为 B，将一个质量

为 m 带电荷为 $+q$ 的小球由静止释放，不计空气阻力，已知重力加速度为 g。运动中小球受力及运动情况较为复杂，直接分析比较困难。现做等效处理：假设运动开始时小球 A 水平方向同时具有向左与向右的大小相等速度 v_0（合速度依旧为零），且使 v_0 满足：$Bqv_0 = mg$。由于向右的运动速度 v_0 使小球受到向上的洛伦兹力 $f_1 = Bqv_0$ 与重力 mg 平衡。小球 A 相当于只受到由于向左速度 v_0 而具有的洛伦兹力 f_2 作用，做逆时针方向的匀速圆周运动。这样，小球 A 的运动等效成：水平向右的匀速运动与竖直面上匀速圆周运动的合运动。

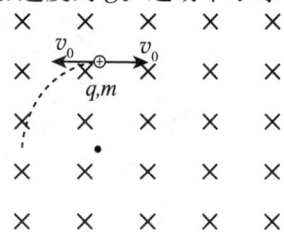

图 6.9

请探究完成下列要求：

（1）小球 A 应具有周期性运动的特点，请给予说明，并推导出计算时间周期的公式。

（2）计算小球 A 运动中出现的最大速度。

（3）请用两种方法，求出小球 A 距离初始位置下落的最大高度。

分析： 带电小球在复合场中的受力和运动较为复杂，若通过动力学方程求解运动学量，需要复杂的数学知识，超出了中学内容的要求。为简化问题，可以将初速度等效视为向左与向右的大小相等的速度，将实际运动分解为两个基本运动模型。通过分析分运动，求出实际运动的相关物理量。

解：（1）根据题意小球 A 的运动等效成水平向右的匀速运动与竖直面上匀速圆周运动的合运动，所以小球 A 运动的周期就是匀速圆周运动的周期，即 $T = \dfrac{2\pi R}{v_0}$

洛伦兹力提供向心力 $qv_0B = m\dfrac{v_0^2}{R}$

解得 $R = \dfrac{mv_0}{Bq}$

联立方程解得周期 $T = \dfrac{2\pi m}{qB}$

（2）根据题意 $Bqv_0 = mg$

解得 $v_0 = \dfrac{mg}{Bq}$

小球 A 运动中出现的最大速度即圆周运动的速度方向与匀速直线运动的速度方向相同，所以 $v_\mathrm{m} = 2v_0 = \dfrac{2mg}{Bq}$

（3）方法一：

从静止释放到速度最大时，根据动能定理 $mgh_{\max} = \dfrac{1}{2}m(2v_0)^2$

解得 $h_{\max} = \dfrac{2v_0^2}{g} = \dfrac{2m^2g}{B^2q^2}$

方法二：

粒子其中一个分运动为匀速圆周运动，运动下落的最大高度为圆周的直径

$$h_{max} = 2R = \frac{2mv_0}{Bq} = \frac{2m^2g}{B^2q^2}$$

点拨： 本题的难点在于研究对象在复合场中的受力为变力，运动过程较为复杂。通过巧妙的"配速"，用两个简单的运动模型等效替代复杂的实际运动，从而使解答思路变得清晰，解答过程简洁而直观。

6.3　作用等效

【例 6-6】 等效思想是解决特定物理问题的重要思想方法，例如带电物体在匀强电场中受到电场力恒定，物体重力也恒定，因此二者合力恒定，我们将电场力和重力的合力叫等效重力，这样处理后减少了物体受力个数，将复杂问题简单化。如图 6.10 所示，在竖直平面内有水平向左的匀强电场，匀强电场中有一根长为 L 的绝缘细线，细线一端固定在 O 点，另一端系一可视为质点的质量为 m、电荷量大小为 $q(q>0)$ 的带电小球。小球静止时细线与竖直方向夹角 $\theta=60°$。现使小球获得沿切线方向的初速度且恰能绕 O 点在竖直平面内沿逆时针方向做圆周运动，重力加速度为 g。求：

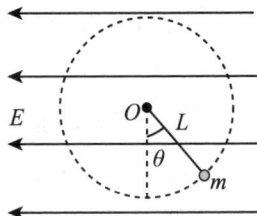

（1）小球的电性和小球所受到的等效重力的大小和方向。

（2）仿照电场强度的定义，等效重力场的重力加速度 g' 为多少？在图中画出一条过圆心的等效重力场线，用字母 A 和 B 分别标出小球运动过程中最大速度和最小速度的位置。

（3）小球做圆周运动过程中速度的最小值和释放瞬间绳中拉力的大小。

分析： 小球在复合场中所受重力和电场力均为恒力，可以视为小球处于等效重力场中，只受"等效重力"的作用。类比重力场中的圆周运动，从力与运动的角度分析等效场中的圆周运动，求解相关量。

解：（1）根据平衡条件可知小球所受的电场力向右，小球带负电，则 $qE=mg\tan\theta$

小球所受到的等效重力等于电场力和重力的合力，大小为 $F_{等}=\sqrt{(qE)^2+(mg)^2}=2mg$

设小球所受的等效重力与竖直方向的夹角为 α，有 $\tan\alpha=\dfrac{qE}{mg}=\sqrt{3}$

可得 $\alpha=\theta=60°$

或与水平方向夹角 $30°$

（2）等效重力场的重力加速度 $g'=\dfrac{F_{等}}{m}=2g$

等效重力场线，字母 A、B 点如图 6.11 所示。

（3）在等效重力场最高点有 $F_{等}=m\dfrac{v_B^2}{L}$

小球做圆周运动过程中速度的最小值为 $v_B=\sqrt{2gL}$

在等效重力场最低点有 $F_T-F_{等}=m\dfrac{v_A^2}{L}$

从 A 到 B 由动能定理 $-F_{等}\cdot 2L=\dfrac{1}{2}mv_B^2-\dfrac{1}{2}mv_A^2$

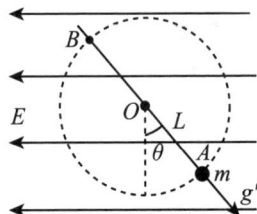

解得 $F_T = 12mg$

点拨： 将复合场视为"等效重力场"，小球的受力变得更加简洁。由于等效重力场中圆周运动与重力场中圆周运动模型相似，可以通过类比的方式解决等效场中圆周运动相关问题，从而让解题思路也变得简单。

【例 6-7】 动能定理和动量定理不仅适用于质点在恒力作用下的运动，也适用于质点在变力作用下的运动，这时两个定理表达式中的力均指平均力（等效作用力），但两个定理中的平均力的含义不同，在动量定理中的平均力 F_1 是指合力对时间的平均值，动能定理中的平均力 F_2 是合力指对位移的平均值。

（1）质量为 1.0 kg 的物块，受变力作用下由静止开始沿直线运动，在 2.0 s 的时间内运动了 2.5 m 的位移，速度达到了 2.0 m/s。分别应用动量定理和动能定理求出平均力 F_1 和 F_2 的值。

（2）如图 6.12 甲所示，质量为 m 的物块，在外力作用下沿直线运动，速度由 v_0 变化到 v 时，经历的时间为 t，发生的位移为 x。分析说明物体的平均速度 $\bar{v}$ 与 v_0、v 满足什么条件时，F_1 和 F_2 是相等的。

（3）质量为 m 的物块，在如图 6.12 乙所示的合力作用下，以某一初速度沿 x 轴运动，当由位置 $x=0$ 运动至 $x=A$ 处时，速度恰好为 0，此过程中经历的时间为 $t = \dfrac{\pi}{2}\sqrt{\dfrac{m}{k}}$，求此过程中物块所受合力对时间 t 的平均值。

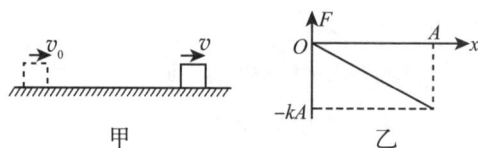

图 6.12

分析： 物体在变力作用下的运动通常计算比较复杂。在实际问题中，往往需要从平均的角度进行分析，通过等效作用力进行求解。本题中所求的平均作用力分为对时间的平均值和对位移的平均值。基于平均值的内涵，可通过动量定理求合力对时间的平均值，由动能定理求合力对位移的平均值。

解：（1）物块在加速运动过程中，应用动量定理有 $F_1 \cdot t = mv_t$

解得 $F_1 = \dfrac{mv_t}{t} = \dfrac{1.0 \times 2.0}{2.0}\,\text{N} = 1.0\,\text{N}$

物块在加速运动过程中，应用动能定理有 $F_2 \cdot x = \dfrac{1}{2}mv_t^2$

解得 $F_2 = \dfrac{mv_t^2}{2x} = \dfrac{1.0 \times 2.0^2}{2 \times 2.5}\,\text{N} = 0.8\,\text{N}$

（2）物块在运动过程中，应用动量定理有 $F_1 t = mv - mv_0$

解得 $F_1 = \dfrac{m(v - v_0)}{t}$

物块在运动过程中，应用动能定理有 $F_2 x = \dfrac{1}{2}mv^2 - \dfrac{1}{2}mv_0^2$

解得 $F_2 = \dfrac{m(v^2 - v_0^2)}{2x}$

当 $F_1 = F_2$ 时，由上两式得 $\bar{v} = \dfrac{x}{t} = \dfrac{v_0 + v}{2}$

（3）由图 6.12 乙可求得物块由 $x = 0$ 运动至 $x = A$ 过程中，外力所做的功为

$$W = -\frac{1}{2}kA \cdot A = -\frac{1}{2}kA^2$$

设物块的初速度为 v_0'，由动能定理得 $W = 0 - \dfrac{1}{2}mv_0'^2$

解得 $v_0' = A\sqrt{\dfrac{k}{m}}$

设在 t 时间内物块所受平均力的大小为 F，由动量定理得 $-Ft = 0 - mv_0'$

由题已知条件 $t = \dfrac{\pi}{2}\sqrt{\dfrac{m}{k}}$

解得 $F = \dfrac{2kA}{\pi}$

点拨： 解答本题的关键在于准确理解平均值的含义。在应用相关规律时，应明确方程中的平均力的作用效果：在动量定理方程中的平均力是合力对时间的平均值，其作用效果是改变物体的定量；在动能定理方程中的平均力是合力对位移的平均值，其作用效果是改变物体的动能。一般来说，力对时间的平均值与对位移的平均值并不相等。尽管存在某些特例使得两者数值相等，但分析问题时应明确平均值的物理内涵。

6.4 巩固练习

1. 如图 6.13 所示，将电源和定值电阻 R_0 等效为一个新电源，则利用"电阻 R 等于等效电源的内阻时，电阻 R 消耗的功率最大"这一结论可求解。电源的电动势 $E = 2$ V，内阻 $r = 1$ Ω，定值电阻 $R_0 = 2$ Ω，可变电阻 R 的阻值调节范围为 $0 \sim 10$ Ω。可变电阻 R 为多大时，R 上消耗的功率最大？最大值为多少？

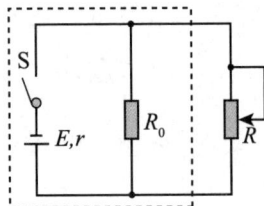

图 6.13

2. 如图 6.14 所示，一倾角为 $\alpha = 30°$ 的光滑绝缘斜面，处于竖直向下的匀强电场中，电场强度 $E = \dfrac{2mg}{q}$。现将一长为 l 的细线（不可伸长）一端固定，另一端系一质量为 m、电荷量为 q 的带正电小球放在斜面上，小球静止在 O 点。将小球拉开倾角 θ 后由静止释放，小球的运动可视为单摆运动，重力加速度为 g。试求摆球的摆动周期。

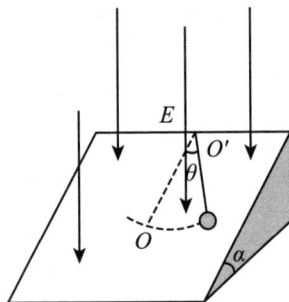

图 6.14

3．等效是物理学中常用的思维方法之一，合成与分解是在等效思想的指导下物理学研究复杂问题的一种重要方法。运用合成与分解，我们可以通过一些已知运动的规律来研究复杂的运动。已知地球表面的重力加速度 g，研究以下问题。

（1）如图 6.15 甲所示，小球在距离地面 h 处的水平桌面上向右运动，以初速度 v_0 离开桌面后做平抛运动，求小球落地点到桌缘的水平距离 x_1。

（2）如图 6.15 乙所示，将桌子和小球移到以加速度 a $(a<g)$ 竖直向下运动的电梯中，小球离开桌面时水平方向速度仍为 v_0，求小球在电梯中的落地点到桌缘的水平距离 x_2（小球下落时未与电梯侧壁发生碰撞）。

（3）如图 6.15 丙所示，洲际导弹飞行很远，研究其射程时不能将地面看成平面。考虑地面是球面，可以将洲际导弹的运动近似地看成是绕地球中心的匀速圆周运动与垂直地球表面的上抛运动的叠加，此过程中地球对导弹引力的大小近似保持不变。假设导弹从地面发射时的速度大小为 v，仰角为 θ，地球半径为 R。请利用运动的合成与分解求解洲际导弹的射程 s（导弹的发射点到落地点沿地表方向的距离）。

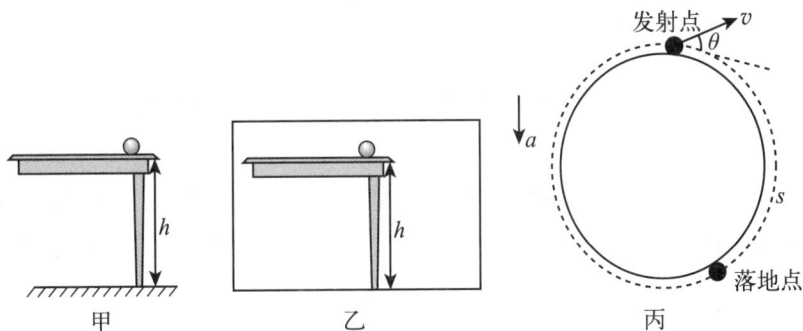

图 6.15

4. 如图 6.16 所示，一台回旋加速器的 D 型电极半径为 R，电极间距为 d，加速电压为 U。为了将质量为 m、电量为 q 的正粒子，从静止加速到最大能量 E_{km}，求所需的时间是多少？

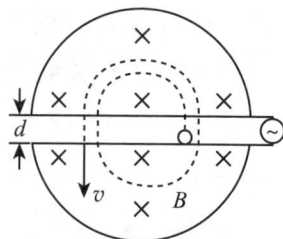

图 6.16

5. 简谐运动是一种理想化的运动模型，是机械振动中最简单、最基本的振动。它具有如下特点：

第一：简谐运动的物体受到回复力的作用，回复力 $F_回$ 的大小与物体偏离平衡位置的位移 x 成正比，回复力的方向与物体偏离平衡位置的位移方向相反，即：$F_回 = -kx$，其中 k 为振动系数，其值由振动系统决定；

第二：简谐运动是一种周期性运动，其周期与振动物体的质量的平方根成正比，与振动系统的振动系数的平方根成反比，而与振幅无关，即：$T = 2\pi\sqrt{\dfrac{m}{k}}$。

试论证分析如下问题：

（1）如图 6.17 甲所示，摆长为 L、摆球质量为 m 的单摆在 AB 间做小角度的自由摆动，当地重力加速度为 g。

a. 当摆球运动到 P 点时，摆角为 θ，写出此时刻摆球受到的回复力 $F_回$ 的大小；

b. 请结合简谐运动的特点，证明单摆在小角度摆动时周期为 $T = 2\pi\sqrt{\dfrac{L}{g}}$。

（提示：用弧度制表示角度，当角 θ 很小时，$\sin\theta \approx \theta$，$\theta$ 角对应的弧长与它所对的弦长也近似相等）

（2）等效法、类比法等都是研究和学习物理过程中常用的重要方法。长为 L 的轻质绝缘细线下端系着一个带电量为 $+q$，质量为 m 的小球。将该装置处于场强大小为 E 的竖直向下的匀强电场中，如图 6.17 乙所示；将该装置处于磁感应强度大小为 B，方向垂直于纸面向里的匀强磁场中，如图 6.17 丙所示。带电小球在乙、丙图中均做小角度的简谐运动。请分析求出带电小球在乙、丙两图中振动的周期。

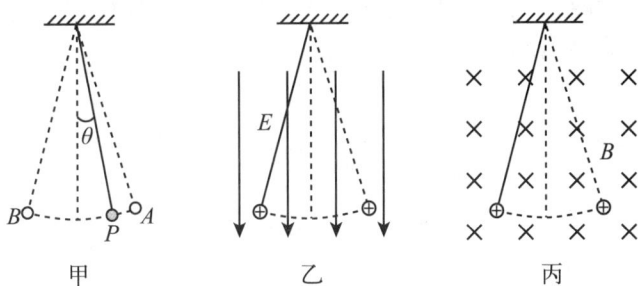

图 6.17

6. 合成与分解是物理常用的一种研究问题的方法，如研究复杂的运动就可以将其等效地分解成两个简单的运动来研究。请应用所学物理知识与方法，思考并解决以下问题。

(1) 如图 6.18 甲所示，将一小球以 $v_0=20$ m/s 的初速度从坐标轴原点 O 水平抛出，两束平行光分别沿着与坐标轴平行的方向照射小球，在两个坐标轴上留下了小球的两个"影"，影子的位移和速度描述了小球在 x、y 两个方向的运动。不计空气阻力的影响，$g=10$ m/s^2。

a. 分析说明两个"影子"分别做什么运动；

b. 经过时间 $t=2$ s 小球到达如图 6.18 甲所示的位置，求此时小球的速度 v。

(2) 如图 6.18 乙所示，把一个有孔的小球 A 装在轻质弹簧的一端，弹簧的另一端固定，小球穿在沿水平 x 轴的光滑杆上，能够在杆上自由滑动。把小球沿 x 轴拉开一段距离，小球将做振幅为 R 的振动，O 为振动的平衡位置。另一小球 B 在竖直平面内以 O' 为圆心，在电动机的带动下，沿顺时针方向做半为径 R 的匀速圆周运动。O 与 O' 在同一竖直线上。用竖直向下的平行光照射小球 B，适当调整 B 的转速，可以观察到，小球 B 在 x 方向上的"影子"和小球 A 在任何瞬间都重合。已知弹簧劲度系数为 k，小球 A 的质量为 m，弹簧的弹性势能表达式为 $\frac{1}{2}kx^2$，其中 k 是弹簧的劲度系数，x 是弹簧的形变量。

c. 请结合以上实验证明：小球 A 振动的周期 $T=2\pi\sqrt{\dfrac{m}{k}}$；

d. 简谐运动的一种定义是：如果质点的位移 x 与时间 t 的关系遵从正弦函数的规律，即它的振动图像（x-t 图像）是一条正弦曲线，这样的振动叫作简谐运动。请根据这个定义并结合以上实验证明：小球 A 在弹簧作用下的振动是简谐运动，并写出用已知量表示的位移 x 与时间 t 关系的表达式。

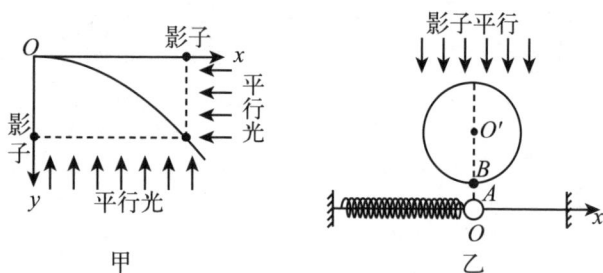

图 6.18

7. 根据牛顿力学经典理论，只要物体的初始条件和受力情况确定，就可以预知物体此后的运动情况。

如图 6.19 甲所示，空间存在水平方向的匀强磁场（垂直纸面向里），磁感应强度大小为 B，一质量为 m、电荷量为 $+q$ 的带电粒子在磁场中做匀速圆周运动，经过 M 点时速度的大小为 v，方向水平向左。不计粒子所受重力。求粒子做匀速圆周运动半径 r 和周期 T。

如图 6.19 乙所示，空间存在竖直向下的匀强电场和水平的匀强磁场（垂直纸面向里），电场强度大小为 E，磁感应强度大小为 B。一质量为 m、电荷量为 $+q$ 的带电粒子在场中运动，不计粒子所受重力。

a. 若该带电粒子在场中做水平向右的匀速直线运动，求该粒子速度 v' 的大小；

b. 若该粒子在 M 点由静止释放，其运动将比较复杂。为了研究该粒子的运动，可以应用运动的合成与分解的方法，将它为 0 的初速度分解为大小相等的水平向左和水平向右的速度。求粒子沿电场方向运动的最大距离 y_m 和运动过程中的最大速率 v_m。

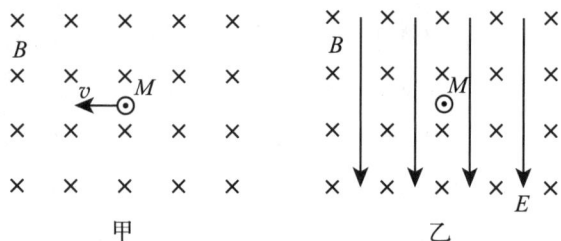

图 6.19

8．如图 6.20 所示，某一新型发电装置的发电管是横截面为矩形的水平管道，管道的长为 L、宽度为 d、高为 h，上下两面是绝缘板，前后两侧面 M、N 是电阻可忽略的导体板，两导体板与开关 S 和定值电阻 R 相连。整个管道置于磁感应强度大小为 B，方向沿 z 轴正方向的匀强磁场中。管道内始终充满电阻率为 ρ 的导电液体（有大量的正、负离子），且开关闭合前后，液体在管道进、出口两端压强差的作用下，均以恒定速率 v_0 沿 x 轴正向流动，液体所受的摩擦阻力不变。试求：

（1）求开关闭合前，M、N 两板间的电势差大小 U_0。

（2）求开关闭合前后，管道两端压强差的变化 Δp。

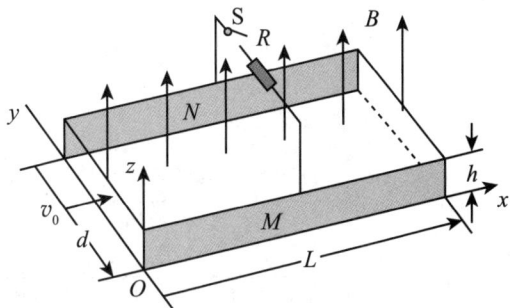

图 6.20

第七章 类比

在高中物理学的研究过程中，类比是一种常用的思想方法。"类比"是一种逻辑推理方法，也称为"类比推理法"。它以比较为基础，把未知复杂事物与已知熟悉事物进行对比，根据两者的某种类似关系，通过联想，从已知事物具有的某种性质推出未知事物应具有的相应性质的方法。这种方法可简化为如图 7.1 所示。可以看出，类比所得结论不一定正确，所以我们对类比推理所得结论应保持一种辩证的态度。

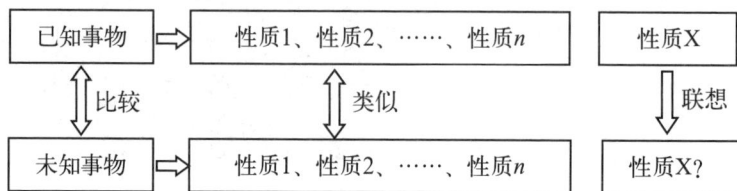

图 7.1

我们教材中，也常用类比的方法帮助我们理解新概念：

1. 等高线与等势面

在地图中，等高线常被用来表示地势的高低，如图 7.2 所示。与此相似，在电场的图示中，等势面则用来表示电势的高低。我们把在电场中电势相同的各点构成的面叫作等势面。

在人民教育出版社 2020 年普通高中物理教材必修第三册的习题中，如图 7.3 所示，展示了是某初中地理教科书中的等高线图（图中数字的单位是米）。小山坡的左边 a 和右边 b，哪一边的地势更陡些？如果把一个球分别从山坡左右两边滚下（把山坡的两边看成两个斜面，不考虑摩擦等阻碍），哪边的加速度更大？现在把该图看成一个描述电势高低的等势线图，图中的单位是伏特，a 和 b 哪一边电势降落得快？哪一边的电场强度大？关于等高线与等势面的相似性对比见表 7.1。

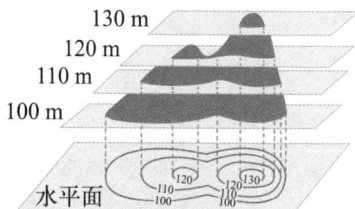

图 7.2

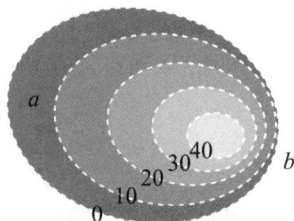

图 7.3

表 7.1 等高线与等势面的相似性对比

等高线	等势面
高度相同	电势相等
等差等高线密集的地方，坡度大，小球加速度大	等差等势面密集的地方，电场强度大
$a = g\sin\theta = g\dfrac{\Delta h}{\Delta l} = g\dfrac{\Delta h}{\sqrt{\Delta h^2 + \Delta x^2}}$	$E = \dfrac{\Delta\varphi}{\Delta x} = \dfrac{U}{d}$ （匀强电场）

2．电容器与水杯

电容器的电容在数值上等于使两极板间的电势差为 1 V 时电容器需要带的电荷量，电荷量越多，表示电容器的电容越大。这类似于用不同的容器装水。如图 7.4 所示，要使容器中的水深都为 1 cm，横截面积大的容器需要的水多。关于电容器与水杯的相似性对比见表 7.2。

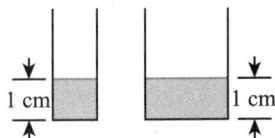

图 7.4

表 7.2 电容器与水杯的相似性对比

电容器	水杯
$C = \dfrac{Q}{U}$ （Q 是电容器所带电荷量，U 为电容器两极板间电压，C 为电容值）	$S = \dfrac{V}{h}$ （V 是水杯水量，h 为水的深度，S 为水杯横截面积）
C 表示电容器两极板间电压为 1 V 时电容器所带电荷量	S 表示水杯中水的深度为 1 cm 时水杯的储水量
表征电容器储存电荷的本领大小	表征水杯储水的本领大小

在学习过程中，我们可以像以上示例那样，将一些相似概念进行列表对比。这不仅有助于促进理解，还可能会有意想不到的收获，本章列举几个典型概念的类比——电磁波与机械波、磁感应强度与电场强度、库仑力与万有引力以及有关"场"的类比。除此之外，我们可以展开联想，将一些相似的物理过程进行类比，通过与熟悉过程的对比，促进理解不熟悉的复杂过程，帮助快速找到突破口，有效解决问题。

7.1 概念的类比

7.1.1 机械波与电磁波

【例 7-1】（2009 高考北京卷）类比是一种有效的学习方法，通过归类和比较，有助于掌握新知识，提高学习效率。在类比过程中，既要找出共同之处，又要抓住不同之处。某同学对机械波和电磁波进行类比，总结出下列内容，其中不正确的是（　　）

　　A. 机械波的频率、波长和波速三者满足的关系，对电磁波也适用

　　B. 机械波和电磁波都能产生干涉和衍射现象

　　C. 机械波的传播依赖于介质，而电磁波可以在真空中传播

　　D. 机械波既有横波又有纵波，而电磁波只有纵波

分析：本题考查对机械波、电磁波的认识与辨析。

解：正确选项为 D。

波速公式 $v = \lambda f$ 适用于一切波，对机械波和电磁波都适用，故 A 正确；所有的波都具有的特性是：能产生干涉和衍射现象，故 B 正确；机械波是机械振动在介质中的传播过程，必须依赖于介质，没有介质不能形成机械波；电磁波传播的是电磁场，而电磁场本身就是一种物质，不需要借助其他物质来传播，电磁波可以在真空中传播，故 C 正确；机械波有横波和纵波，电磁波只有横波，故 D 错误。

　　故选为 D。

点拨：关于电磁波与机械波的概念对比见表 7.3。

表 7.3 电磁波与机械波的概念对比

	电磁波	机械波
产生	由周期性变化的电场、磁场产生	由质点（波源）振动产生
波的特点	横波	纵波或横波
传播介质	不需要介质，真空中也可以传播	必须有介质，真空中不能传播
传播速度	①在真空中等于光速 c ②介质中的速度由介质和频率共同决定	①在真空中 $v=0$ ②介质中的速度只由介质决定
能量传播	电磁能	机械能
共有现象	反射、折射、衍射、干涉，$\lambda = vT = v/f$	

7.1.2 磁感应强度与电场强度

【例 7-2】（2019 北京大兴一模）研究磁现象时，常常要讨论穿过某一面积的磁场及其变化，为此引入了磁通量的概念。在电场中也可以定义为电通量，如图 7.5 所示，设

在电场强度为 E 的匀强电场中，有一个与电场方向垂直的平面，面积为 S，我们把 E 与 S 的乘积叫作穿过这个面积的电通量，用字母 Φ_E 表示，即 $\Phi_E = ES$。假设真空中 O 点有一点电荷 q，以 O 为球心，分别以 r_1、r_2 为半径做两个球面，如图所示。设通过半径为 r_1 的球面的电通量为 Φ_{E1}，通过半径为 r_2 的球面的电通量为 Φ_{E2}。则 Φ_{E1} 与 Φ_{E2} 的比值为

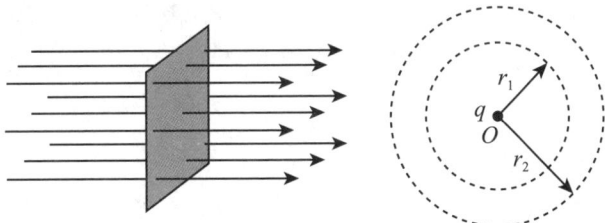

图 7.5

A. $r_1 : r_2$ B. $r_2 : r_1$ C. $r_2^2 : r_1^2$ D. $1 : 1$

分析： 寻找已学概念与新概念之间的相似之处，帮助理解新概念的物理意义。

解： 正确选项为 D。

类比磁通量，电通量 $\Phi_E = ES$ 可以形象地理解为穿过该面的电场线条数。两个球面虽半径不同，但从场源电荷发出的电场线均全部穿过两球面，故而可得 $\Phi_{E1} = \Phi_{E2}$。则其比值为 $1 : 1$。故选 D。

点拨： 关于磁感应强度与电场强度的概念对比见表 7.4。

表 7.4 磁感应强度与电场强度的概念对比

	磁感应强度 B	电场强度 E
物理意义	描述磁场力的性质的物理量	描述电场力的性质的物理量
定义式	$B = \dfrac{F_\perp}{Il}$（$F_\perp$ 表示电流元与磁场垂直时所受安培力大小）	$E = \dfrac{F}{q}$
单位	1 T = 1 N/(A·m)	1 V/m = 1 N/C
大小	由磁场自身决定，与检验电流无关	由电场决定，与检验电荷无关
方向性	矢量，小磁针 N 极的受力方向	矢量，正电荷的受力方向
形象化描述	磁感线	电场线
匀强场中相关通量	$\Phi_B = BS_\perp$	$\Phi_E = ES_\perp$

7.1.3 万有引力与库仑力

【例7-3】（2023北京西城一模）（1）如图7.6所示，在地面上方，将质量为 m 的小球用长为 l 的细线悬挂起来，组成一个单摆。把小球拉离平衡位置后释放，让其做偏角很小的振动。已知地球质量为 M，小球到地心的距离为 r，万有引力常量为 G。求小球所在处的重力加速度 g 及单摆振动的周期 T_1。

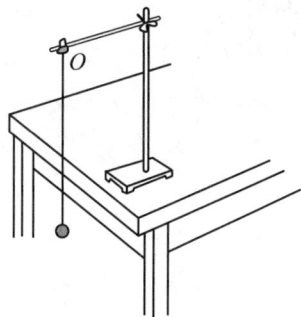

图 7.6

（2）2022年10月31日梦天实验舱成功发射，并于11月1日与空间站对接后实现在轨运行。若将图7.7所示的装置置于在轨运行的梦天实验舱中，利用实验舱的微重力环境，研究库仑力作用下的振动。

图7.7中，质量为 m、电荷量为 $-q$ 的带电小球用长为 l 的绝缘细线悬挂起来，在其正下方固定一个电荷量为 $+Q$ 的均匀带电大球，把小球拉离平衡位置后释放，在大球的库仑力作用下小球做偏角很小的振动。由于振动过程中细线偏角很小，可认为小球到固定带电大球中心的距离始终为 r，且小球受到大球的库仑力方向不变，带电小球的振动类似于重力场中单摆的振动。

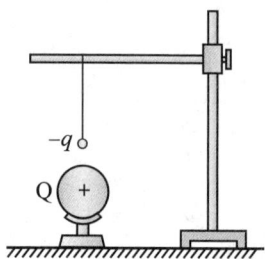

图 7.7

已知静电力常量为 k，类比单摆在地面附近的振动，求带电小球在梦天实验舱中的振动周期 T_2。

（3）在历史上，库仑曾用类似图7.7中的实验研究了异种电荷间吸引力与距离的关系。下面我们就追寻历史的脚步，用图7.7中的装置验证库仑力大小与电荷间距离的平方成反比。请说明实验验证的思路。

分析： 单摆模型是我们熟悉的物理现象，其周期公式 $T=2\pi\sqrt{\dfrac{l}{g}}$ 中 g 是近地面的重力加速度。第（1）问中虽然没有具体给出重力加速度，但是可以根据重力加速度产生的原因即物体受到重力，再依据牛顿第二定律求解。在近地表面，重力跟万有引力近似相等，因此可以根据万有引力定律得出近地面的重力大小。第（2）问将场景搬到梦天实验舱中，这里处于微重力的环境，即可以忽略重力的影响，于是带电小球仅仅受到库仑力作用振动。这种情况与地面附近受到重力振动的情况类似，因此可以类比地面的情况进行分析。此处库仑力相当于第（1）问中提到的万有引力。第（3）问涉及历史上发现库仑定律的过程，这是类比方法的典型体现，具体思路如图7.8所示。历史上物理学家们是先根据实验测量结果，发现电摆与单摆表现出的规律相同，于是大胆猜测库仑力与万有引力具有类似的规律，即与距离的平方成反比。

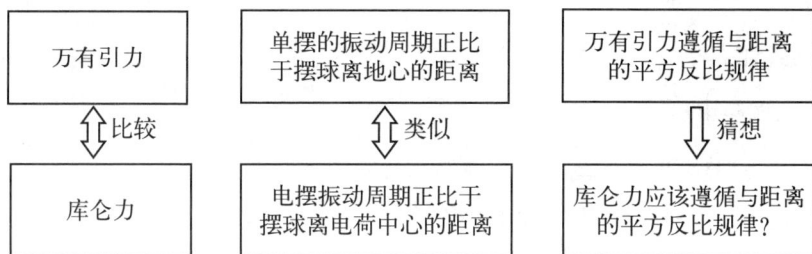

图 7.8

解：（1）根据牛顿第二定律及万有引力定律，有 $G\dfrac{Mm}{r^2} = mg$

得 $g = G\dfrac{M}{r^2}$

由单摆周期公式 $T_1 = 2\pi\sqrt{\dfrac{l}{g}}$

得 $T_1 = 2\pi r\sqrt{\dfrac{l}{GM}}$

（2）根据牛顿第二定律及库仑定律，有 $F = k\dfrac{Qq}{r^2} = ma$

类比单摆周期公式，有 $T_2 = 2\pi\sqrt{\dfrac{l}{a}}$

得 $T_2 = 2\pi r\sqrt{\dfrac{lm}{kQq}}$

（3）由（2）中的计算可知，如果库仑力和万有引力一样都遵循平方反比规律，就可以推导出在库仑力作用下小球的振动周期 T 与小球到大球球心的距离 r 成正比。因此，控制两球的电荷量不变，改变球心间的距离 r，测量振动周期 T 和球心距离 r，通过数据分析，若 T 与 r 成正比，则可验证库仑力大小与电荷间距离的平方成反比。

点拨： 万有引力定律与库仑定律的对比见表 7.5。

表 7.5　万有引力定律与库仑定律的对比

	万有引力定律	库仑定律
适用对象	质点	点电荷
力的方向	两质点连线上	两点电荷连线上
	仅有引力，没有斥力	既有引力，又有斥力
表达式	$F = G\dfrac{m_1 m_2}{r^2}$	$F = k\dfrac{q_1 q_2}{r^2}$
	与质量的乘积成正比	与电荷量的乘积成正比
	与距离的平方成反比	与距离的平方成反比
比例系数	引力常量	静电力常量
力的性质	万有引力（场力）	电场力

7.1.4 场的类比

（1）重力场与电场

【例7-4】（2018北京丰台二模）静电场与重力场有一定相似之处，带电体在匀强电场中的偏转与物体在重力场中的平抛运动类似。

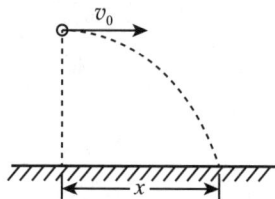

图7.9

（1）如图7.9所示，质量为m的小球以初速度v_0水平抛出，落到水平面的位置与抛出点的水平距离为x。已知重力加速度为g，求抛出点的高度和小球落地时的速度。

（2）若该小球处于完全失重的环境中，小球带电量为$+q$，在相同位置以相同初速度抛出。空间存在竖直向下的匀强电场，小球运动到水平面的位置与第（1）问小球的落点相同。若取抛出点电势为零，试求电场强度的大小和落地点的电势。

（3）类比电场强度和电势的定义方法，请分别定义地球周围某点的"重力场强度E_G"和"重力势φ_G"，并描绘地球周围的"重力场线"和"等重力势线"。

（4）简要说明两种场、两种势的共同点。

分析： 在重力场中，平抛运动问题的解决办法是运用运动的合成与分解。将平抛运动分解为沿重力方向的自由落体运动与垂直于重力方向的匀速直线运动。在匀强电场中，若以垂直电场力方向的初速度抛出的带电粒子而产生的偏转，可称为类平抛运动。解决此类问题时可类比重力场中的解决办法，将运动分解为两个相互垂直的方向来解决。电场力做功与重力做功特点相似，均与路径无关。两者力的性质与能的性质特点相似。

解：（1）小球在水平方向做匀速直线运动 $x = v_0 t$

小球在竖直方向自由落体运动 $h = \dfrac{1}{2}gt^2$

得 $h = \dfrac{gx^2}{2v_0^2}$

小球下落过程，根据动能定理 $mgh = \dfrac{1}{2}mv^2 - \dfrac{1}{2}mv_0^2$

得 $v = \sqrt{v_0^2 + \dfrac{g^2x^2}{v_0^2}}$

（2）小球从同一位置、以相同的速度平抛、落点相同，说明小球受力情况相同。

即 $mg = Eq$

解得 $E = \dfrac{mg}{q}$

抛出点与落点之间的电势差 $U = Eh = \dfrac{mgh}{q}$

取抛出点电势为零，$U = 0 - \varphi_{地}$

得 $\varphi_{\text{地}} = -\dfrac{mgh}{q}$

（3）重力场强度 $E_G = \dfrac{G}{m} = \dfrac{mg}{m} = g$

若取地面为重力势参考平面，则重力势 $\varphi_G = \dfrac{E_p}{m} = gh$

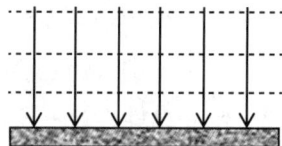

图 7.10

如图 7.10 所示。

（4）两种场的共同点：①都是一种看不见的特殊物质；

②都可以借助场线、等势面来形象描述场；

③场强都是反映场的力的性质的物理量，仅由场自身的因素决定；

④两种场力做功都与路径无关，都可以引入"势"的概念；

⑤电势 φ 和重力势 φ_G 都是反映场的能的性质的物理量，仅由场自身的因素决定。

点拨： 关于重力场与电场的对比，见表 7.6。

表 7.6　重力场与电场的对比

	重力场	电场
力的性质	在重力场中物体会受到重力作用	在电场中电荷会受到电场力作用
	同一位置不同质量的物体重力不同	同一位置不同电荷电场力不同
	同一物体不同位置重力不同	同一电荷不同位置电场力不同
	同一位置不同质量物体的重力与其质量之比恒定（场强定义）$\dfrac{G_1}{m_1} = \dfrac{G_2}{m_2} = \cdots = \dfrac{G_n}{m_n} = g$（该比值与物体质量无关，仅由重力场本身决定）	同一位置不同电荷的电场力与其电荷量之比恒定（场强定义）$\dfrac{F_1}{q_1} = \dfrac{F_2}{q_2} = \cdots = \dfrac{F_n}{q_n} = E$（该比值与试探电荷无关，仅由电场本身决定）
能的性质	在重力场中移动物体时重力做功只与物体的质量及始末位置有关	在电场中移动电荷时电场力做功只与电荷的电荷量及始末位置有关
	重力场中的物体具有势能（重力势能）	电场中的电荷具有势能（电势能）
	在重力场中移动物体时重力做的功等于始末两位置重力势能之差，即 $W_{AB} = E_{pA} - E_{pB}$	在电场中移动电荷时电场力做的功等于始末两位置电势能之差，即 $W_{AB} = E_{pA} - E_{pB}$
	同一位置不同质量物体重力势能不同	同一位置不同电荷电势能不同
	同一质量不同位置物体重力势能不同	同一电荷不同位置电势能不同
	同一位置上不同质量的物体重力势能与其质量的比值恒定（重力势定义）$\dfrac{E_{p1}}{m_1} = \dfrac{E_{p2}}{m_2} = \cdots = \dfrac{E_{pn}}{m_n} = gh$（该比值与物体质量无关，仅由重力场本身决定）	同一位置上不同质量的物体重力势能与其质量的比值恒定（电势定义）$\dfrac{E_{p1}}{q_1} = \dfrac{E_{p2}}{q_2} = \cdots = \dfrac{E_{pn}}{q_n} = \varphi$（该比值与试探电荷无关，仅由电场本身决定）

（2）引力场与点电荷的电场

【例 7-5】（1）已知质量分布均匀的球壳对壳内物体的引力为零，求地球的重力加速度 g 随距离地心的距离 r 的变化规律。

（2）已知引力势能的表达式为 $E_p = -\dfrac{GMm}{r}$（以无穷远处引力势能为零，G 为引力常量，M 为地球质量，m 为物体质量，r 表示物体到地心的距离）。类比引力场，点电荷的电场与之有很多相似之处。求均匀带电球壳（正电）在空间形成的电场场强 E 和电势 φ 随 x 变化的曲线，以及内外均匀带电球体（正电）的 $E-x$ 变化曲线。

分析：库仑定律与万有引力定律在数学形式上具有相似性。因此，在进行类似的数学计算时，两者往往会有相似的结果。基于这种相似性，可以通过类比其一表达式推导写出另一表达式的结果。

解：（1）地球外空间的重力就是万有引力，即 $G\dfrac{Mm}{r^2} = mg$，得 $g = \dfrac{GM}{r^2}$

因为均匀球壳对壳内物体的引力为零，所以地球内某点的重力是内核 M' 产生的。

令地球的密度为 ρ，地核质量 $M' = \rho \cdot \dfrac{4}{3}\pi r^3 = \dfrac{M}{\dfrac{4}{3}\pi R^3} \cdot \dfrac{4}{3}\pi r^3 = \dfrac{r^3}{R^3}M$

所以地球内部各点的重力加速度由 $G\dfrac{M'm}{r^2} = mg'$

得 $g' = \dfrac{GM}{R^3} \cdot r \propto r$

（2）类比引力场，可写出球壳在空间形成的电场场强，即 $\begin{cases} E = \dfrac{kQ}{r^2}\ (r > R) \\ E = 0\ (r < R) \end{cases}$

由题可知，引力势能 $E_p = -\dfrac{GMm}{r}$，根据定义 $\varphi = \dfrac{E_p}{m}$，可得引力势 $\varphi = -\dfrac{GM}{r}\ (r > R)$

类比引力势，可写出带正电的球壳在空间形成电场的电势，即 $\begin{cases} \varphi = \dfrac{kQ}{r}\ (r > R) \\ \varphi = \dfrac{kQ}{R}\ (r \leqslant R) \end{cases}$

类比引力场，可以写出内外都均匀带电的球体在空间的场强分布 $\begin{cases} E = \dfrac{kQ}{r^2}\ (r > R) \\ E = \dfrac{kQr}{R^3}\ (r \leqslant R) \end{cases}$

点拨：关于引力场与点电荷电场的对比，见表 7.7。

表 7.7　引力场与点电荷电场的对比

	引力场	负点电荷的电场
场强	$E = G\dfrac{M}{r^2}$	$E = k\dfrac{Q}{r^2}$

续表

	引力场	负点电荷的电场
势能 （以无穷远为零势能点）	$E_p = -G\dfrac{Mm}{r}$	$E_p = -k\dfrac{Qq}{r}$
势 （以无穷远为零势点）	$\varphi = -G\dfrac{M}{r}$	$\varphi = -k\dfrac{Q}{r}$
典型模型对比	卫星绕地球运动 地球	电子绕原子核运动
向心力	$G\dfrac{Mm}{r^2} = m\dfrac{v^2}{r}$	$k\dfrac{Qq}{r^2} = m\dfrac{v^2}{r}$
环绕速度	$v = \sqrt{\dfrac{GM}{r}}$	$v = \sqrt{\dfrac{kQq}{mr}}$
环绕周期	$T = \dfrac{2\pi r}{v} = 2\pi\sqrt{\dfrac{r^3}{GM}}$	$T = \dfrac{2\pi r}{v} = 2\pi\sqrt{\dfrac{mr^3}{kQq}}$
"开普勒第三定律"	$\dfrac{r^3}{T^2} = \dfrac{GM}{4\pi^2}$	$\dfrac{r^3}{T^2} = \dfrac{kQq}{4\pi^2 m}$
动能	$E_k = \dfrac{GMm}{2r}$	$E_k = \dfrac{kQq}{2r}$
势能 （以无穷远为零势点）	$E_p = -\dfrac{GMm}{r}$	$E_p = -\dfrac{kQq}{r}$
系统总能量	$E = -\dfrac{GMm}{2r}$	$E = -\dfrac{kQq}{2r}$
相似图景1	从低轨卫星到高轨卫星 动能减小、势能增大、 总能量增大	从基态到激发态 动能减小、势能增大、 总能量增大
相似图景2	第二宇宙速度 $-\dfrac{GMm}{R} + \dfrac{1}{2}mv^2 = 0$ $v = \sqrt{\dfrac{2GM}{R}}$ （R 为近地轨道半径）	电离需要的能量 $\Delta E = E_\infty - E_1$ $\Delta E = \dfrac{kQq}{2r_1}$ （r_1 为基态轨道半径）

注：Q、q 均为绝对值

【例7-6】（2023北京专题练习） 螺旋星系中有大量的恒星和星际物质，主要分布在半径为 R 的球体内，球体外仅有极少的恒星。球体内物质总质量为 M，可认为均匀分布。球体内外的所有恒星都绕星系中心做匀速圆周运动，恒星到星系中心的距离为 r，万有引力常量为 G。

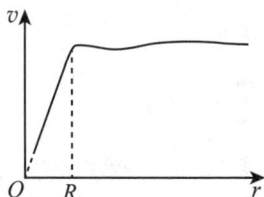
图 7.11

（1）求 $r>R$ 区域的恒星做匀速圆周运动的速度大小 v 与 r 的关系。

（2）根据电荷均匀分布的球壳内试探电荷所受库仑力的合力为零，利用库仑力与万有引力的表达式的相似性和相关力学知识，求 $r \leqslant R$ 区域的恒星做匀速圆周运动的速度大小 v 与 r 的关系。

（3）科学家根据实测数据，得到此螺旋星系中不同位置的恒星做匀速圆周运动的速度大小 v 随 r 的变化关系图像，如图 7.11 所示。根据在 $r>R$ 范围内的恒星速度大小几乎不变，科学家预言螺旋星系周围（$r>R$）存在一种特殊物质，称之为暗物质。暗物质与通常的物质有引力相互作用，并遵循万有引力定律。求 $r=nR$ 内暗物质的质量 M'。

分析： 质量均匀分布的星系与电荷均匀分布的球体类似，可以"以熟比生"，解决本题中不常见的情境问题。

解：（1）设恒星质量为 m，由万有引力提供向心力 $\dfrac{GMm}{r^2}=\dfrac{mv^2}{r}$

得 $v=\sqrt{\dfrac{GM}{r}}$

（2）螺旋星系的质量密度 $\rho=\dfrac{3M}{4\pi R^3}$，恒星受力 $F=\dfrac{GM_r m}{r^2}$，其中 $M_r=\rho\dfrac{4}{3}\pi r^3=M\dfrac{r^3}{R^3}$

由螺旋星系对恒星的万有引力提供向心力 $\dfrac{GM_r m}{r^2}=\dfrac{mv^2}{r}$

得 $v=\sqrt{\dfrac{GM}{R^3}\cdot r}$

（3）由（2）中结果，可知当 $r=R$ 时，$v_R=\sqrt{\dfrac{GM}{R}}$

由于在 $r>R$ 区域内，恒星做匀速圆周运动，所以暗物质的质量为球对称分布。

根据"均匀带电球体（或球壳）在球的外部产生的电场，与一个位于球心、电荷量相等的点电荷在同一点产生的电场相同"，类比可得，质量均匀分布的球体（或球壳）对球外某物体的万有引力，与一个位于球心、质量与球体（或球壳）相同的质点对球外该物体的万有引力相等。

对 $r=nR$ 处的恒星，由万有引力提供向心力 $\dfrac{GMm}{(nR)^2}+\dfrac{GM'm}{(nR)^2}=\dfrac{mv_R^2}{nR}$

得 $M'=(n-1)M$

点拨： 本题识图很关键。从图像看出恒星运动的特点，根据运动特点推断恒星受力情况，再运用万有引力定律推断螺旋星系的质量分布情况，类比所学静电场知识，解决数学计算的难题。

（3）静电场与感生电场

【例7-7】（2019北京海淀期末）（1）如图7.12所示，在半径为 r 的虚线边界内有一垂直于纸面向里的匀强磁场，磁感应强度大小随时间的变化关系为 $B=kt$（$k>0$ 且为常量）。将一半径也为 r 的细金属圆环（图中未画出）与虚线边界同心放置。

a．求金属圆环内产生的感生电动势 ε 的大小；

b．变化的磁场产生的涡旋电场存在于磁场内外的广阔空间中，在与磁场垂直的平面内其电场线是一系列同心圆，如图7.13中的实线所示，圆心与磁场区域的中心重合。在同一圆周上，涡旋电场的电场强度大小处处相等。使得金属圆环内产生感生电动势的非静电力是涡旋电场对自由电荷的作用力，这个力称为涡旋电场力，其与电场强度的关系和静电力与电场强度的关系相同。请推导金属圆环位置的涡旋电场的场强大小 $E_感$。

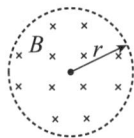 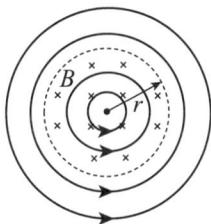 

图7.12   图7.13   图7.14

（2）如图7.14所示，在半径为 r 的虚线边界内有一垂直于纸面向里的匀强电场，电场强度大小随时间的变化关系为 $E=\rho t$（$\rho>0$ 且为常量）。

c．我们把穿过某个面的磁感线条数称为穿过此面的磁通量，同样地，我们可以把穿过某个面的电场线条数称为穿过此面的电通量。电场强度发生变化时，对应面积内的电通量也会发生变化，该变化的电场必然会产生磁场。小明同学猜想求解该磁场的磁感应强度 $B_感$ 的方法可以类比（1）中求解 $E_感$ 的方法。若小明同学的猜想成立，请推导 $B_感$ 在距离电场中心为 a（$a<r$）处的表达式，并求出在距离电场中心 $\dfrac{r}{2}$ 和 $2r$ 处的磁感应强度的比值 $B_{感1}:B_{感2}$；

d．小红同学对上问通过类比得到的 $B_感$ 的表达式提出质疑，请你用学过的知识判断 $B_感$ 的表达式是否正确，并给出合理的理由。

分析：通过类比得到的结论具有"或然性"，要经受住理论及实验的双重检验，才能成立。在本题中对类比所得结果采用的检验方法是较为常用的量纲法。

解：（1）a．根据法拉第电磁感应定律得 $\varepsilon=\dfrac{\Delta\Phi}{\Delta t}=\dfrac{\Delta(B\cdot S)}{\Delta t}=\dfrac{\Delta B}{\Delta t}S=k\pi r^2$

b．在金属圆环内，非静电力对带电量为 q 的自由电荷所做的功 $W_{\text{非}} = qE_{\text{感}} \cdot 2\pi r$

根据电动势的定义 $\varepsilon = \dfrac{W_{\text{非}}}{|q|}$，解得感生电场的场强大小 $E_{\text{感}} = \dfrac{\Delta\Phi}{2\pi r \Delta t} = \dfrac{kr}{2}$

（2）c．类比（1）中求解 $E_{\text{感}}$ 的过程，在半径为 R 处的磁感应强度为 $B_{\text{感}} = \dfrac{\Delta\Phi_{\text{e}}}{2\pi R \Delta t}$

在 $R=a$ 时，$\Phi_{\text{e}} = E\pi a^2$，解得 $B_{\text{感}} = \dfrac{\rho a}{2}$

在 $R = \dfrac{r}{2}$ 时，$\Phi_{\text{e1}} = E\pi\left(\dfrac{r}{2}\right)^2$，解得 $B_{\text{感1}} = \dfrac{\rho r}{4}$

将 $R = 2r$ 时，$\Phi_{\text{e2}} = E\pi r^2$，解得 $B_{\text{感2}} = \dfrac{\rho r}{4}$

所以 $\dfrac{B_{\text{感1}}}{B_{\text{感2}}} = \dfrac{1}{1}$

d．上问中通过类比得到的 $B_{\text{感}}$ 的表达式不正确；因为通过量纲分析我们知道：用基本物理量的国际单位表示 $B_{\text{感}} = \dfrac{\Delta\Phi_{\text{e}}}{2\pi R \Delta t}$ 的导出单位为 $\dfrac{\text{kg} \cdot \text{m}^2}{\text{A} \cdot \text{s}^4}$；又因为 $B = \dfrac{F}{IL}$，用基本物理量的国际单位表示 $B = \dfrac{F}{IL}$ 的导出单位为 $\dfrac{\text{kg}}{\text{A} \cdot \text{s}^2}$。可见，通过类比得到的 $B_{\text{感}}$ 的单位是不正确的，所以 $B_{\text{感}} = \dfrac{\Delta\Phi_{\text{e}}}{2\pi R \Delta t}$ 的表达式不正确。

点拨：关于静电场与感生电场的对比，见表 7.8。

表 7.8 静电场与感生电场的对比

	静电场	感生电场
相同点	①对电荷有力的作用　②$E = \dfrac{F}{q}$ 都适用	
不同点	由静电荷产生	由变化磁场产生
	电场线不闭合	电场线闭合
	做功与路径无关，有"电势"等概念	做功与路径有关，无"电势"等概念

（4）流体力场与电场

【例 7-8】（2021 北京海淀一模）类比是一种重要的科学思想方法。在物理学史上，法拉第通过类比不可压缩流体中的流速线提出用电场线来描述电场。

（1）静电场的分布可以用电场线来形象描述，已知静电力常量为 k。

a．真空中有一电荷量为 Q 的正点电荷，其周围电场的电场线分布如图 7.15 所示。距离点电荷 r 处有一点 P，请根据库仑定律和电场强度的定义，推导出 P 点场强大小 E 的表达式；

b．如图 7.16 所示，若在 A、B 两点放置的是电荷量分别为 $+q_1$ 和 $-q_2$ 的点电荷，已知 A、B 间的距离为 $2a$，C 为 A、B 连线的中点，求 C 点的电场强度的大小 E_C 的表达式，并根据电场线的分布情况比较 q_1 和 q_2 的大小关系。

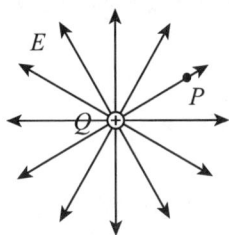

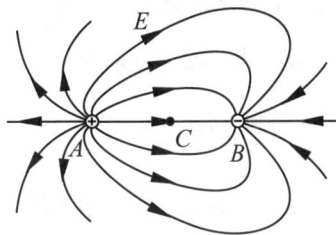

图 7.15 图 7.16

（2）有一足够大的静止水域，在水面下足够深的地方放置一大小可以忽略的球形喷头，其向各方向均匀喷射水流。稳定后水在空间各处流动速度大小和方向是不同的，为了形象地描述空间中水的速度的分布，可引入水的"流速线"。水不可压缩，该情景下水的"流速线"的形状与图 7.15 中的电场线相似，箭头方向为速度方向，"流速线"分布的疏密反映水流速的大小。

c．已知喷头单位时间喷出水的体积为 Q_1，写出喷头单独存在时，距离喷头为 r 处水流速大小 v_1 的表达式；

d．如图 7.17 所示，水面下的 A 点有一大小可以忽略的球形喷头，当喷头单独存在时可以向空间各方向均匀喷水，单位时间喷出水的体积为 Q_1；水面下的 B 点有一大小可以忽略的球形吸收器，当吸收器单独存在时可以均匀吸收空间各方向的水，单位时间吸收水的体积为 Q_2。同时开启喷头和吸收器，水的"流速线"的形状与图 7.16 中电场线相似。若 A、B 间的距离为 $2a$，C 为 A、B 连线的中点。喷头和吸收器对水的作用是独立的，空间水的流速和电场的场强一样都为矢量，遵循矢量叠加原理，类比图 7.14 中 C 处电场强度的计算方法，求图 7.17 中 C 点处水流速大小 v_2 的表达式。

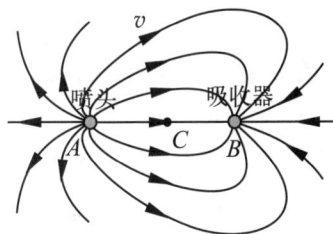

图 7.17

分析： 此处将流速线与电场线类比，寻找其相同之处是解题的关键。

解：（1）a．在距该正点电荷 r 处放置试探电荷 $+q$，其所受电场力大小为 $F = k\dfrac{Qq}{r^2}$

电场强度大小 E 的定义为 $E = \dfrac{F}{q}$，联立以上两式得 $E = k\dfrac{Q}{r^2}$

b．根据电场的叠加 C 点的电场强度的大小 E_C 的表达式为 $E_C = E_1 + E_2 = k\dfrac{q_1 + q_2}{a^2}$

如图 7.18 所示，过 C 作 A、B 连线的中垂线，交某条电场线于 D 点，由图可知该点场强 E_D 斜向上方，因此 $q_1 > q_2$

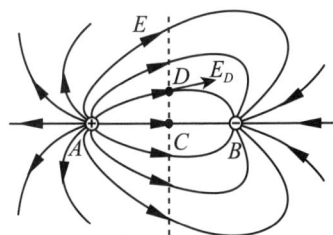

图 7.18

（2）c. 当喷头单独存在时，喷头向空间各方向均匀喷水，设单位时间喷头喷出水的体积为 Q，在距喷头 r 处水流速度大小为 v，考察极短的一段时间 Δt 则 $v\Delta t \cdot 4\pi r^2 = Q \cdot \Delta t$

因此，在距喷头 r 处的流速大小为 $v_1 = \dfrac{Q_1}{4\pi r^2}$

d. 喷头在 C 点引起的流速为 $v_1' = \dfrac{Q_1}{4\pi a^2}$，吸收器在 C 点引起的流速为 $v_2' = \dfrac{Q_2}{4\pi a^2}$

当喷头和吸收器都存在时，类似于电场的叠加，C 点处的实际流速为 $v_2 = v_1' + v_2' = \dfrac{Q_1 + Q_2}{4\pi a^2}$

点拨： 本题目中出现的流体力场与电场的特点对比，见表 7.9。

表 7.9　流体力场与电场的特点对比

流体力场	电场
流体场中的流速线	电场中的电场线
流体场中的流速 v	电场中的电场强度 E
流速线分布的疏密反映水流速的大小	电场线分布的疏密反映电场强度的大小
均匀无限大介质中，距流体源 r 处的流速 v $v = \dfrac{Q}{4\pi r^2}$（Q 为单位时间的总流量）	真空中距点电荷 r 处的场强 E $E = k\dfrac{q}{r^2}$（q 为场源点电荷的电荷量）
流速线的切线方向反映流速方向	电场线的切线方向反映电场方向
满足矢量叠加原理	满足矢量叠加原理

7.2 过程的类比

7.2.1 弹簧振子与双原子系统

【例 7-9】（2021 北京西城一模）（1）如图 7.19 所示，光滑水平面上两个物块 A 与 B 由弹簧连接（弹簧与 A、B 不分开）构成一个谐振子。初始时弹簧被压缩，同时释放 A、B，此后 A 的 v-t 图像如图 7.20 所示（规定向右为正方向）。已知 $m_A = 0.1\,\text{kg}$，$m_B = 0.2\,\text{kg}$，弹簧质量不计。

a. 在图 7.20 中画出 B 物块的 v-t 图像；

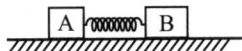

图 7.19

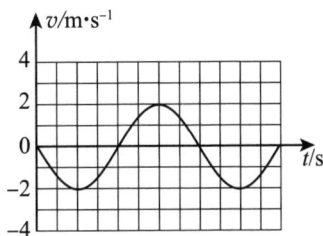

图 7.20

b. 求初始时弹簧的弹性势能 E_p。

（2）双原子分子中两原子在其平衡位置附近振动时，这一系统可近似看作谐振子，其运动规律与（1）的情境相似。已知，两原子之间的势能 E_p 随距离 r 变化的规律如图 7.22 所示，在 $r = r_0$ 点附近 E_p 随 r 变化的规律可近似写作 $E_p = E_{p0} + \dfrac{k}{2}(r - r_0)^2$，式中 E_{p0} 和 k 均为常量。假设原子 A 固定不动，原子 B 振动的范围为 $r_0 - a \leqslant r \leqslant r_0 + a$，其中 a 远小于 r_0，请画出原子 B 在上述区间振动过程中受力随距离 r 变化的图线，并求出振动过程中这个双原子系统的动能的最大值。

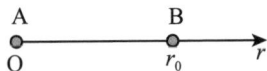

图 7.21

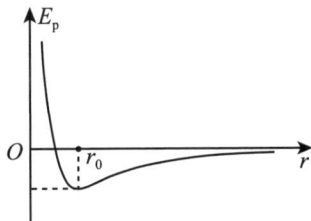

图 7.22

分析： 双原子分子振动的模型对于我们来说比较陌生，但是弹簧连接的两物体运动模型却是熟悉的。本题中两物体间的相互作用的弹簧弹力与两原子间相互作用的分子力类似，抓住这一规律，解决问题就容易了。

解：（1）a．如图 7.23 所示。

b．由图像可知，当 $v_A = -2$ m/s 时弹簧恢复到原长

根据动量守恒定律 $0 = m_A v_A + m_B v_B$

可得 $v_B = 1$ m/s

根据机械能守恒定律 $E_p = \dfrac{1}{2} m_A v_A^2 + \dfrac{1}{2} m_B v_B^2 = 0.3$ J

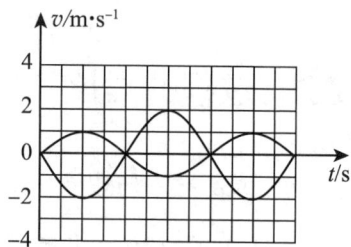

图 7.23

（2）根据 $F = \dfrac{-\Delta E_p}{\Delta r} = -k(r - r_0)$，可作出原子 B 振动

过程中受力随距离变化的图线如图 7.24 所示。

由题意可知，原子 B 处于 $r_1 = r_0$ 处时，系统的动能为最大值，

设为 E_{k1}，系统的势能为最小值，为 $E_{p1} = E_{p0} + \dfrac{k}{2}(r_1 - r_0)^2 = E_{p0}$

原子 B 处于 $r_2 = r_0 - a$ 处时，系统的动能为 0，系统的势能为

最大值，为 $E_{p2} = E_{p0} + \dfrac{k}{2}(r_2 - r_0)^2 = E_{p0} + \dfrac{1}{2} ka^2$

根据能量守恒定律可得 $E_{p1} + E_{p1} = E_{p2} + 0$

解得 $E_{k1} = \dfrac{1}{2} ka^2$

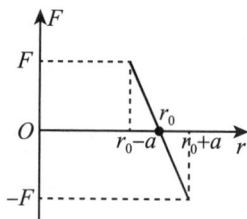

图 7.24

点拨： 此题目中两相似模型列表对比，见表 7.10。

表 7.10 相似模型对比

	弹簧连接两物体的振动	双原子振动模型
相互作用力	弹簧弹力	分子力
	弹簧弹力与位移的关系： $F = -kx$	在平衡位置附近分子力与分子间距成线性关系，平衡位置处分子力为零
系统动量	系统动量守恒	系统动量守恒
能量转化	动能与势能相互转化 系统机械能守恒 平衡位置处动能最大，势能最小	动能与分子势能相互转化 动能和分子势能之和保持不变 平衡位置处动能最大，分子势能最小

7.2.2 非弹性碰撞与电容放电

【例 7-10】（2022 北京丰台一模）（1）情境 1：如图 7.25 所示，设质量为 m_1 的小球以速度 v_0 与静止在光滑水平面上质量为 m_2 的小球发生对心碰撞，碰后两小球粘在一起共同运动。求两小球碰后的速度大小 v。

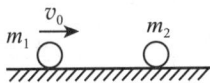
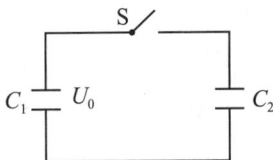

图 7.25 图 7.26

（2）情境 2：如图 7.26 所示，设电容器 C_1 充电后电压为 U_0，闭合开关 S 后对不带电的电容器 C_2 放电，达到稳定状态后两者电压均为 U；

a．请类比（1）中求得的 v 的表达式，写出放电稳定后电压 U 与 C_1、C_2 和 U_0 的关系式；

b．在电容器充电过程中，电源做功把能量以电场能的形式储存在电容器中。图 7.27 为电源给电容器 C_1 充电过程中，两极板间电压 u 随极板所带电量 q 的变化规律。请根据图像写出电容器 C_1 充电电压到达 U_0 时储存的电场能 E；并证明从闭合开关 S 到两电容器电压均为 U 的过程中，损失的电场能 $\Delta E = \dfrac{C_2}{C_1+C_2}E$。

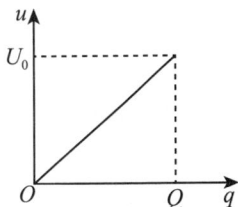

图 7.27

（3）类比情境 1 和情境 2 过程中的"守恒量"及能量转化情况完成下表。

情境 1	情境 2
动量守恒	
	损失的电场能 $\Delta E = \dfrac{C_2}{C_1+C_2}E$
减少的机械能转化为内能	

分析： 本题是一个力学模型与一个电学模型的类比。这两者的相似性主要从它们描述过程的数学表达式上体现出来。

解：（1）质量为 m_1 的小球和质量为 m_2 的小球在对心碰撞的过程中满足动量守恒

$$m_1 v_0 = (m_1 + m_2)v$$

可得两小球碰撞后的共同速度为 $v = \dfrac{m_1}{(m_1 + m_2)}v_0$

（2）a．通过类比可得到的关系式为 $U = \dfrac{C_1}{(C_1 + C_2)}U_0$

b．根据图像可知，电容器 C_1 充电电压达到 U_0 时储存的电场能 $E = \dfrac{1}{2}U_0 Q = \dfrac{1}{2}C_1 U_0^2$

根据能量守恒定律可知，C_1 放电过程中损失的电能为 $\Delta E = \dfrac{1}{2}C_1 U_0^2 - \dfrac{1}{2}(C_1 + C_2)U^2$

将 $U = \dfrac{C_2}{(C_1 + C_2)}\cdot U_0$ 代入，可证明：$\Delta E = \dfrac{C_2}{(C_1 + C_2)}\cdot \dfrac{1}{2}C_1 U_0^2 = \dfrac{C_2}{(C_1 + C_2)}E$

(3)

情境 1	情境 2
动量守恒	**电荷守恒**
损失的机械能 $\Delta E = \dfrac{m_2}{m_1+m_2} \cdot \dfrac{1}{2}m_1 v_0^2$	损失的电场能 $\Delta E = \dfrac{C_2}{C_1+C_2}E$
减少的机械能转化为内能	**损失的电场能转化为内能和电磁辐射**

点拨： 此类数学方程式关于弹簧振子与 LC 振荡电路类比举例，见表 7.11。

表 7.11　弹簧振子与 LC 振荡电路数学方程式类比

弹簧振子	LC 振荡电路
振子偏离平衡位置具有一定的弹性势能 $E_p = \dfrac{1}{2}kx^2$	电容器充电后具有一定的电场能 $E_C = \dfrac{1}{2}\dfrac{q^2}{C}$
振动过程中弹性势能与动能不断转化 振动周期：$T = 2\pi\sqrt{\dfrac{m}{k}}$	振荡过程中电场能与磁场能不断转化 振荡周期：$T = 2\pi\sqrt{LC}$

7.2.3　有阻力的重物下落过程与含电感电路

【例 7-11】（2021 高考北京卷）(1) 情境 1：物体从静止开始下落，除受到重力作用外，还受到一个与运动方向相反的空气阻力 $f = kv$（k 为常量）的作用。其速率 v 随时间 t 的变化规律可用方程 $G - kv = m\dfrac{\Delta v}{\Delta t}$（①式）描述，其中 m 为物体质量，G 为其重力。求物体下落的最大速率 v_m。

(2) 情境 2：如图 7.28 所示，电源电动势为 E，线圈自感系数为 L，电路中的总电阻为 R。闭合开关 S，发现电路中电流 I 随时间 t 的变化规律与情境 1 中物体速率 v 随时间 t 的变化规律类似。类比①式，写出电流 I 随时间 t 变化的方程；并定性画出 $I-t$ 图线。

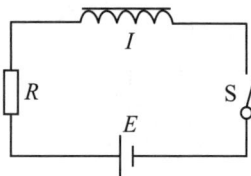

图 7.28

(3) 类比情境 1 和情境 2 中的能量转化情况，完成下表。

情境 1	情境 2
物体重力势能的减少量	
物体动能的增加量	
	电阻 R 上消耗的电能

分析：本题是一个力学模型与一个电学模型的类比。这两者的相似性主要从描述两者过程的数学图像上体现出来。

解：（1）当物体下落速度达到最大速度 v_m 时，$G = kv_m$

得 $v_m = \dfrac{G}{k}$

（2）a. 由闭合电路的欧姆定理有 $E - RI = L\dfrac{\Delta I}{\Delta t}$

b. 如图 7.29 所示。

（3）

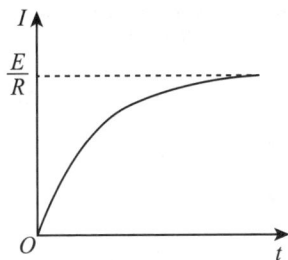

图 7.29

情境1	情境2
物体重力势能的减少量	**电源提供的电能**
物体动能的增加量	**线圈磁场能的增加量**
克服阻力做功消耗的机械能	电阻 R 上消耗的电能

点拨：关于含电感电路的断开开关电流变化情况列举其一，见表 7.12，可以找到与许多物理过程有相似之处。

表 7.12　力学模型与电学模型类比

	力学模型	电学模型
物理过程	木块以初速度 v_0 在沙地中滑行，所受阻力 $f = kv$	
变化图像		
能量转化	木块动能的减少量	线圈磁场能的减少量
	木块以初速度 v_0 在沙地中滑行，所受阻力 $f = kv$	电阻 R 及线圈电阻消耗的电能

注：线圈电阻与电阻 R 相同

7.3 巩固练习

1．万有引力定律和库仑定律都遵循平方反比律，因此引力场和电场之间有许多相似的性质，在处理有关问题时可以将它们进行类比。例如电场中反映各点电场强弱的物理量是电场强度，其定义式为 $E=F/q$，在引力场中可以有一个类似的物理量来反映各点引力场的强弱，设地球质量为 M，半径为 R，地球表面处的重力加速度为 g，引力常量为 G，如果一个质量为 m 的物体位于距离地心 $2R$ 处的某点，则下列表达式中能反映该点引力场强弱的是

A．$\dfrac{GMm}{(2R)^2}$ 　　　B．$\dfrac{g}{4}$ 　　　C．$\dfrac{GM}{2R}$ 　　　D．$\dfrac{g}{2}$

2．物理学家在微观领域发现了"电子偶素"这一现象，就是由一个负电子和一个正电子绕它们连线的中点，做匀速圆周运动形成相对稳定的系统。类比玻尔的原子量子化模型可知：两电子做圆周运动的可能轨道半径的取值是不连续的，所以"电子偶素"系统对应的能量状态（能级）也是不连续的。若规定两电子相距无限远时该系统的势能为零，则该系统的最低能量值为 E（$E<0$），称为"电子偶素"的基态，基态对应的电子运动的轨道半径为 r。已知正、负电子质量均为 m，电量大小均为 e，静电力常量为 k，普朗克常量为 h。则下列说法中正确的是

A．"电子偶素"系统处于基态时，一个电子运动的动能为 $\dfrac{ke^2}{8r}$

B．"电子偶素"系统吸收特定频率的光子发生能级跃迁后，电子做圆周运动的动能增大

C．处于激发态的"电子偶素"系统向外辐射光子的最大波长为 $-\dfrac{hc}{E}$

D．处于激发态的"电子偶素"系统向外辐射光子的最小频率为 $-\dfrac{E}{h}$

3．（2020 北京海淀一模）在物理学中，研究微观物理问题可以借鉴宏观的物理模型，可使问题变得更加形象生动。弹簧的弹力和弹性势能变化与分子间的作用力以及分子势能变化情况有相似之处，因此在学习分子力和分子势能的过程中，我们可以将两者类比，以便于理解。

（1）质量相等的两个小球用劲度系数为 k，原长为 l_0 的轻弹簧相连，并置于光滑水平面上。现给其中一个小球沿着弹簧轴线方向的初速度，整个系统将运动起来，已知在此后的运动过程中弹簧的弹性势能大小 E_p 与弹簧的长度 l 的关系如图 7.30 所示。

a．请说明曲线斜率的含义；

b．已知弹簧最小长度为 l_1，求弹簧的最大长度 l_2 为多大？

（2）研究分子势能是研究物体内能的重要内容。已知某物体中两个分子之间的势能 E_p 与两者之间距离 r 的关系曲线如图 7.30 所示。

c．由图 7.31 中可知，两分子间距离为 r_0 时，分子势能最小，请说出 $r=r_0$ 时两分子间相互作用力的大小，并定性说明曲线斜率绝对值的大小及正负的物理意义；

d．假设两个质量相同的分子只在分子力作用下绕两者连线的中点做匀速圆周运动，当两者相距为 r_1 时，分子的加速度最大，此时两者之间的分子势能为 E_{p1}，系统的动能与分子势能之和为 E。请在如图 7.31 所示的 E_p-r 曲线图像中的 r 轴上标出 r_1 坐标的大致位置，并求出此时两分子之间的分子作用力大小。

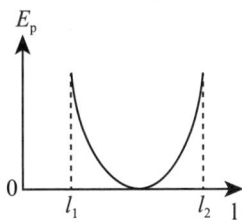
图 7.30

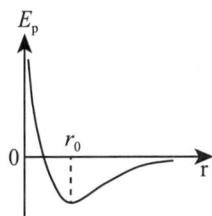
图 7.31

4．（2020 北京门头沟一模）我们可以借鉴研究静电场的方法来研究地球周围空间的引力场，如用"引力场强度""引力势"的概念描述引力场。已知地球质量为 M，半径为 R，万有引力常量为 G，将地球视为均质球体，且忽略自转。

（1）类比电场强度的定义方法，写出地球引力场的"引力场强度 $E_{引}$"的定义式，并结合万有引力定律，推导距离地心为 r（$r>R$）处的引力场强度的表达式 $E_{引} = G\dfrac{M}{r^2}$。

（2）设地面处和距离地面高为 h 处的引力场强度分别为 $E_{引}$ 和 $E'_{引}$，如果它们满足 $\dfrac{\left|E'_{引}-E_{引}\right|}{E_{引}} \leqslant 0.02$，则该空间就可以近似为匀强场，也就是我们常说的重力场。请估算地球重力场可视为匀强场的高度 h（取地球半径 $R=6.4\times10^3$ km）。

（3）某同学查阅资料知道：地球引力场的"引力势"的表达式为 $\varphi_{引} = -G\dfrac{M}{r}$（以无穷远处引力势为 0）。请你设定物理情景，简要叙述推导该表达式的主要步骤。

5．（2020 北京朝阳期末）磁学的研究经历了磁荷观点和电流观点的发展历程。

（1）早期磁学的研究认为磁性源于磁荷，即磁铁 N 极上聚集着正磁荷，S 极上聚集着负磁荷（磁荷与我们熟悉的电荷相对应）。类似两电荷间的电场力，米歇尔和库仑通过实验测出了两磁极间的作用力 $F = K_m \dfrac{p_1 p_2}{r^2}$，其中 p_1 和 p_2 表示两点磁荷的磁荷量，r 是真空中两点磁荷间的距离，K_m 为常量。请类比电场强度的定义方法写出磁场强度 H 的大小及方向的定义；并求出在真空中磁荷量为 P_0 的正点磁荷的磁场中，距该点磁荷为 R_1 处的磁场强度大小 H_1。

（2）安培分子电流假说开启了近代磁学，认为磁性源于运动的电荷，科学的发展证实了分子电流由原子内部电子的运动形成。毕奥、萨伐尔等人得出了研究结论：半径为 R_x、电流为 I_x 的环形电流中心处的磁感应强度大小为 $B = \dfrac{K_n I_x}{R_x}$，其中 K_n 为已知常量。

a．设氢原子核外电子绕核做圆周运动的轨道半径为 r，电子质量为 m，电荷量为 e，静电力常量为 k，求该"分子电流"在圆心处的磁感应强度大小 B_1；

b．有人用电流观点解释地磁成因：在地球内部的古登堡面附近集结着绕地轴转动的管状电子群，转动的角速度为 ω，该电子群形成的电流产生了地磁场。如图 7.32 所示，为简化问题，假设古登堡面的半径为 R，电子均匀分布在距地心 R、直径为 d 的管道内，且 $d \ll R$。试证明：此管状电子群在地心处产生的磁感应强度大小 $B_2 \propto \omega$。

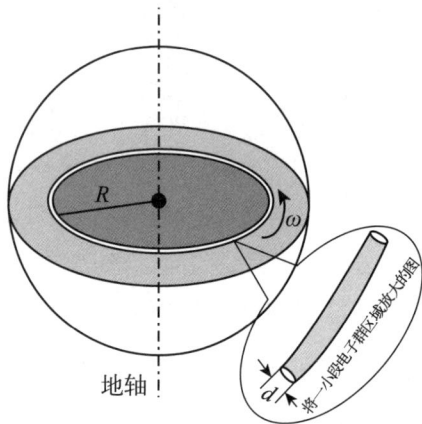

图 7.32

第八章 整体与隔离

在分析研究对象或物理过程时，我们面对的往往不是孤立的单一对象或简单的单一过程，而是多个相互联系、彼此影响的对象或过程。当我们研究连接体的某一个物体的运动时，常需要采用"隔离法"，即把研究对象和其他物体"隔离"出来，单独分析。在使用隔离法时，往往需要掌握其他物体对研究对象的作用，这可能会增加解决问题的难度。为此，我们还可以把连接体看成一个整体加以研究，以避开复杂的相互作用，此即"整体法"。整体法和隔离法按研究主体不同可以分为研究对象的整体法和隔离法及物理过程的整体法和隔离法。

研究对象的整体法和隔离法：在分析多对象的问题时，当题干所要分析和求解的物理量不涉及系统内部各物体间的相互作用时，可把多个物体所构成的系统作为一个整体进行研究。而当要求解系统内多物体之间的作用力时，需要把物体从系统中隔离出来。

物理过程的整体法和隔离法：在研究多个物理过程的问题时，我们可以把所有过程当作一个整体加以研究，而不去细究每个过程的具体细节。这种全过程的方法需要和动能定理、动量守恒定律等物理规律结合起来，往往能够快速且高效地解决问题。例如，在研究竖直上抛运动时，物体上升到最高点，然后下落。我们可以把整个运动过程分解为上升过程的匀减速直线运动和下落过程的自由落体运动，也可将整个运动当作加速度为重力加速度的匀变速直线运动来处理。

整体法与隔离法相互依存、互为补充。在解决物理问题时，将这两种方法配合起来使用往往能更有效地解决问题。

8.1 研究对象

用整体法和隔离法解决共点力作用下物体的平衡或动态平衡问题，其一般的解题方法是：当求解系统外部力对系统的作用时，一般采用整体法；当求解系统内物体间的相互作用时，一般采用隔离法。

对于多个物体的力学问题，可以将所有物体组成的系统作为整体进行研究，分析其受力情况，运用牛顿第二定律对整体列方程求解，即整体法；若要求系统内物体间的相互作用力，则应把某个物体或某几个物体从系统中隔离出来，分析其受力情况及运动情况，再利用牛顿第二定律对隔离出来的物体列式求解，即隔离法。在处理有些临界情况时，不知物体间是否存在相对运动，通常假设物体以共同加速度一起运动，分析临界条件。

8.1.1 平衡问题

【例 8-1】 如图 8.1 所示，用三根细线 a、b、c 将重力均为 G 的两个小球 1 和 2 连接并静止悬挂，细线 a 与竖直方向的夹角为 $\theta=30°$，细线 c 水平。求：

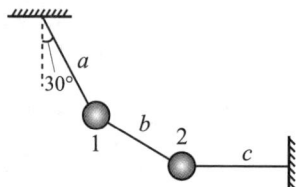
图 8.1

（1）细线 a、c 分别对小球 1 和 2 的拉力大小。

（2）细线 b 对小球 2 的拉力大小。

（3）若撤掉 c 线，保持 a 线方向不变，改用一个任意方向的外力 F 作用于球 2 使整个系统仍保持静止，则当 F 达到最小值时，细线 a 上的拉力大小。

分析： 本题中两小球保持静止，处于平衡状态，分别对 1、2 两小球进行受力分析，通过正交分解、列出平衡状态方程，可以求出三根细线的拉力，但过程较为复杂。为简化计算，可以先用整体法求出 a、c 线的拉力，再对小球 2 用隔离法分析，求出 b 线拉力。对于第（3）问求 F 达到最小值时，细线 a 上的拉力大小，也可以先用整体法，先判断 F 最小值时的情况，再求细线 a 的拉力大小。

解：（1）把小球 1 和 2 看成整体，受力分析如图 8.2 所示，由平衡条件可得

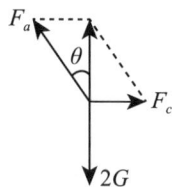
图 8.2

$$F_a = \frac{2G}{\cos 30°} = \frac{4\sqrt{3}}{3}G$$

$$F_c = 2G \tan 30° = \frac{2\sqrt{3}}{3}G$$

（2）以小球 2 为研究对象，小球 2 受重力 G、细线 b 的拉力 F_b 及细线 c 的拉力 F_c，如图 8.3 所示，由平衡条件可得 $F_b = \sqrt{G^2 + F_c^2} = \frac{\sqrt{21}}{3}G$

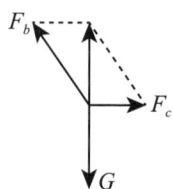
图 8.3

（3）若撤掉 c 线，保持 a 线方向不变，改用一个任意方向的外力 F 作用于球 2 使整个系统仍保持静止，此时将小球 1 和 2 看成整体，当 F 的方向与细线 a 垂直时，F 有最小值，受力分析，如图 8.4 所示。此时细线 a 上的拉力大小为 $F_a' = 2G\cos 30° = \sqrt{3}G$

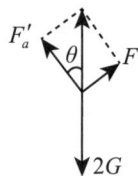
图 8.4

点拨： 在解决物理问题时，整体法和隔离法往往需要交替使用。将多个物体看成一个整体，即整体法，可以方便求出与整体关联的力；然后用隔离法，对物体单独分析，可以求出物体间的相互作用力。

8.1.2 临界问题

【例 8-2】 如图 8.5 甲所示，一轻质弹簧的下端固定在水平面上，上端与 B 物体相连

接，将 A 物体放置在 B 物体的上面，A、B 均可视为质点且质量都为 m，弹簧的劲度系数为 k，初始时刻物体处于静止状态。现用竖直向上的拉力 F 作用在 A 上，使 A 开始向上做匀加速直线运动，加速度大小为 a，测得 A、B 的 $v-t$ 图像如图 8.5 乙所示，两物体的 $v-t$ 图像在 t_1 时刻相切，物体 B 在 t_2 时刻速度达到最大，已知重力加速度大小为 g。求：

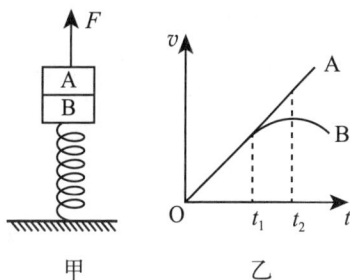

图 8.5

（1）施加力 F 前，弹簧的形变量。

（2）施加力 F 的瞬间，A、B 间的弹力大小。

（3）A、B 分离时，弹簧弹力大小。

（4）B 上升速度最大时，A、B 间的距离。

分析： A、B 未分离前一起做匀加速直线运动，A、B 在 t_1 时刻分离，加速度相同，相互间无弹力，此后 A 在 F 作用下继续做匀加速运动，B 在弹力和重力的作用下做变速运动，B 在 t_2 时刻速度达到最大，此时加速度为零。

解：（1）施加力 F 前，A、B 整体受力平衡，则弹簧弹力 $F_0 = 2mg = kx_0$

解得弹簧的形变量 $x_0 = \dfrac{2mg}{k}$

（2）施加力 F 的瞬间，即 $t=0$ 时刻，对 B，根据牛顿第二定律有 $F_0 - mg - F_{AB} = ma$

解得 A、B 间的弹力大小 $F_{AB} = m(g-a)$

（3）A、B 在 t_1 时刻分离，此时 A、B 具有共同的速度与加速度，且 $F_{AB} = 0$

对 B 有 $F_1 - mg = ma$

解得此时弹簧弹力大小 $F_1 = m(g+a)$

（4）t_2 时刻 B 上升速度最大，加速度为零，则 $kx_2 = mg$

解得此时弹簧的形变量 $x_2 = \dfrac{mg}{k}$

B 上升的高度 $h = x_0 - x_2 = \dfrac{mg}{k}$

A 上升的高度 $H = \dfrac{1}{2}at_2^2$

所以 A、B 间的距离 $\Delta h = H - h = \dfrac{1}{2}at_2^2 - \dfrac{mg}{k}$

点拨： 两物体在分离前以相同加速度加速，弹簧弹力变小，两物体间相互作用力也变小，当相互作用力为零时，即将发生分离。

8.1.3 加速度不同的问题

【**例 8-3**】如图 8.6 所示三个装置，m、M 表示物块的质量。甲中桌面光滑，乙、丙中桌面粗糙程度相同，物块与桌面的动摩擦因数为 μ，丙用大小为 $F=Mg$ 的力替代重物

M 进行牵引，其余均相同。不计绳和滑轮质量及绳与滑轮摩擦力，都由静止释放，求三个实验装置中质量为 m 的物块的加速度，及绳子中的拉力。

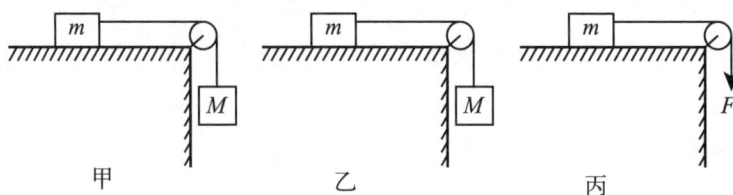

图 8.6

分析： 图 8.6 的甲、乙中质量为 m、M 物块由绳相连接，它们的加速度大小相同，但方向不同，绳子对两物块的拉力相同，用隔离法，分别对两物块列出牛顿第二定律方程求解。丙中直接进行受力分析即可。

解： 对装置甲中的两物块分别进行受力分析，如图 8.7 所示，设两物块加速度大小为 a_1。

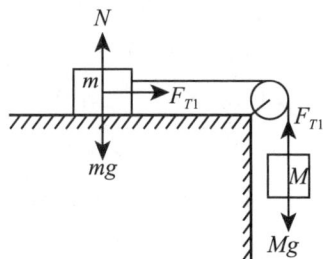

图 8.7

对物块 m 的牛顿第二定律方程为：$F_{T1} = ma_1$

对物块 M 的牛顿第二定律方程为：$Mg - F_{T1} = Ma_1$

联立解得 $a_1 = \dfrac{Mg}{M+m}$

$$F_{T1} = \dfrac{mMg}{M+m}$$

同理，对装置乙中的两物块分别进行受力分析，如图 8.8 所示，设两物块加速度大小为 a_2。

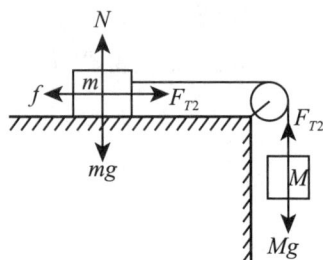

图 8.8

分别列出牛顿第二定律方程：

$F_{T2} - f = ma_2$

$f = \mu mg$

$Mg - F_{T2} = Ma_2$

联立解得 $a_2 = \dfrac{Mg - \mu mg}{M+m}$

$$F_{T2} = Mg - Ma_2 = \dfrac{(1+\mu)mMg}{M+m}$$

装置丙中，物块受力如图 8.9 所示，设物块加速度大小为 a_3。

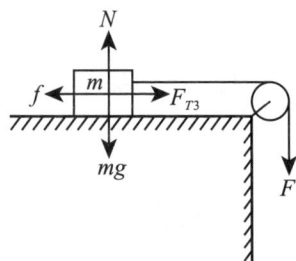

图 8.9

对物块列出牛顿第二定律方程：

$F_{T3} - f = ma_3$

$F_{T3} = F$

$f = \mu mg$

联立解得 $a_3 = \dfrac{Mg - \mu mg}{m}$

点拨： 对于加速度不同的连接体，也可以用系统牛顿第二定律快速求解。

8.1.4 系统牛顿第二定律

【例 8-4】 如图 8.10 所示，质量为 M 倾角为 θ 的木楔静置于粗糙水平地面上。有一质量为 m 的滑块沿着斜面下滑，下滑过程中木楔始终保持静止。在下述情况下，求地面对木楔的静摩擦力 f 和支持力 N 的大小和方向。

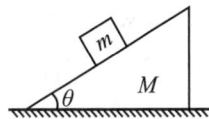

图 8.10

(1) 滑块沿斜面匀速下滑；

(2) 滑块沿斜面以加速度 a 加速下滑；

(3) 滑块沿斜面以加速度 a 减速下滑。

分析： 对于加速度不同的质点组成的系统，可以用系统（质点系）牛顿第二定律，先做简要推导：假定系统仅包含两个质点 A 和 B，A 质点受到系统外力的合力为 $F_{A合}$，A 质点还受到 B 质点对它的系统内力 F_{AB}。B 质点受到系统外力的合力为 $F_{B合}$ 和系统内力 F_{BA}。对 A 和 B 分别列牛顿第二定律方程：

对 A：$F_{A合} + F_{AB} = m_A a_A$ ①

对 B：$F_{B合} + F_{BA} = m_B a_B$ ②

上面两式相加得 $F_{A合} + F_{B合} + (F_{AB} + F_{BA}) = m_A a_A + m_B a_B$ ③

③式中 F_{AB} 和 F_{BA} 是一对相互作用力，由牛顿第三定律得 $F_{AB} + F_{BA} = 0$

故③式可以简化为：$F_{A合} + F_{B合} = m_A a_A + m_B a_B$ ④

④式左边是质点 A、B 受到系统外力的矢量和，右边为各质点 $m_i a_i$ 的矢量和，这就是系统（质点系）牛顿第二定律。

将力和加速度在两个方向正交分解，即得到分量式：

$$\sum F_x = \sum_i m_i a_{ix}$$

$$\sum F_y = \sum_i m_i a_{iy}$$

解：(1) 将木楔和滑块看成整体，进行受力分析，如图 8.11 所示，整体受到的外力有重力 $(M+m)g$、支持力 N、摩擦力 f（如有，设方向向左）。滑块沿斜面匀速下滑，其加速度 $a_m = 0$，木楔静止，其加速度 $a_M = 0$。对整体用系统牛顿第二定律：

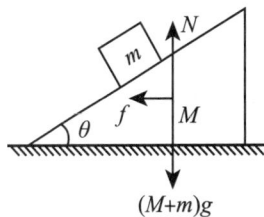

图 8.11

水平方向：$f = m a_{mx} + M a_{Mx}$ 得 $f = 0$；

竖直方向：$(M+m)g - N = m a_{my} + M a_{My}$ 得 $N = (M+m)g$ 方向竖直向上。

(2) 滑块沿斜面以加速度 a 加速下滑，将加速度在水平方向和竖直方向分解，有 $a_x = a\cos\theta$，$a_y = a\sin\theta$。受力分析如图 8.12 所示，对整体用系统牛顿第二定律：

水平方向：$f=ma_x$　得 $f=ma\cos\theta$　方向水平向左；

竖直方向：$(M+m)g-N=ma_y$　　得 $N=(M+m)g-ma\sin\theta$　方向竖直向上。

（3）滑块沿斜面以加速度 a 减速下滑，同样将加速度在水平方向和竖直方向分解，有 $a_x=a\cos\theta$，$a_y=a\sin\theta$。受力分析如图 8.13 所示，对整体用系统牛顿第二定律：

水平方向：$f=ma_x$　得 $f=ma\cos\theta$　方向水平向右；

竖直方向：$N-(M+m)g=ma_y$　得 $N=(M+m)g+ma\sin\theta$　方向竖直向上。

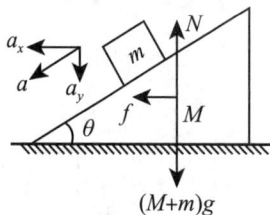
图 8.12

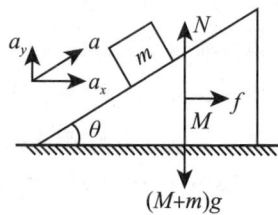
图 8.13

点拨： 利用系统牛顿第二定律列方程解决问题时，不用考虑复杂的相互作用的内力，从而大大简化解方程的难度，对于深入体会物理规律也起到了较好的促进作用。

8.2 物理过程

在研究多个物理过程的问题时，如果各个过程的受力和运动都比较复杂，每一个过程列方程求解不太现实的情况下，我们可以把所有过程当作一个整体，从起始状态到终止状态利用动能定理、动量守恒定律、能量守恒定律、功能关系等物理规律，列出相应的方程，以高效解决相关问题。在用整体法分析之后，再进一步用隔离法单独分析某一过程，采用合适的物理规律，问题就会迎刃而解。

8.2.1 阻力做功

【例 8-5】 如图 8.14 所示，斜面的倾角为 θ，质量为 m 的滑块距挡板 P 的距离为 x_0，滑块以初速度 v_0 沿斜面上滑，滑块与斜面间的动摩擦因数为 μ，滑块所受摩擦力小于重力沿斜面向下的分力。若滑块每次与挡板相碰均无机械能损失，则滑块经过的总路程是多少？

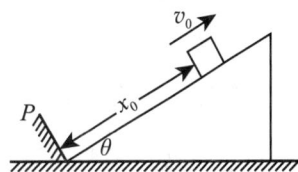

图 8.14

分析： 滑块所受摩擦力小于重力沿斜面向下的分力，滑块与挡板碰撞后向上运动的过程中，不能停在最高点，又向下滑动，滑块的机械能不断减小，最终滑块停在斜面底部。滑块摩擦生热与总路程成正比，即 $Q=fs$，其中 s 是总路程。在整个运动过程中，滑块和挡板的碰撞没有能量损失，重力势能和动能减小转化为摩擦产生的内能，根据能量守恒求解。

解： 滑块最终停在斜面底部，设滑块经过的总路程为 s，取斜面底边所在的水平面为重力势能零势能面，根据能量守恒定律，滑块的机械能全部转化为内能

$$E_{内} = \frac{1}{2}mv_0^2 + mgx_0 \sin\theta$$

滑块克服摩擦力所做的功 $W = \mu mgs\cos\theta$

对滑块运动的全过程应用功能关系 $W=E_{内}$

解得 $s = \dfrac{1}{\mu}\left(\dfrac{v_0^2}{2g\cos\theta} + x_0\tan\theta\right)$

点拨： 本题首先要通过分析判断出滑块最终停在斜面的底部；其次要抓住滑动摩擦力做功与总路程有关，也可以应用全过程动能定理求解。

8.2.2 多过程动量守恒

【例 8-6】 如图 8.15 所示，车厢长度 L，质量为 M，静止于光滑水平面上，车厢内有一质量为 m 的物体，与车厢的动摩擦因数为 μ。m 以速度 v_0 在车厢最左侧向右运动，与车厢壁来回弹性碰撞多次后停在

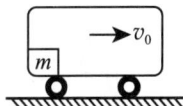

图 8.15

车厢中，这时车厢的速度大小为多少？m 相对车厢滑动的总路程？碰撞的次数？

分析： 物体在车厢内运动时，与车厢整体的动量守恒。当发生碰撞时，也依然满足动量守恒，即全过程动量守恒。在整个运动过程中，减小的动能转化为摩擦产生的内能，根据能量守恒定律求解。

解： 物体在车厢中运动或碰撞，都满足动量守恒，从物体开始运动，到达共同速度 v 这一全过程用动量守恒定律：$mv_0 = (m+M)v$

得 $v = \dfrac{mv_0}{m+M}$

在相对运动过程中，系统动能减少量等于产生的内能，有

$$Q = \frac{1}{2}mv_0^2 - \frac{1}{2}(m+M)v^2$$

$$Q = \mu mgs$$

解得 m 相对车厢滑动的总路程 $s = \dfrac{Mv_0^2}{2\mu(m+M)g}$

碰撞次数 $n = \left[\dfrac{s}{L}\right] = \left[\dfrac{Mv_0^2}{2\mu(m+M)gL}\right]$（[ ] 为取整符号）

点拨： 在多次碰撞过程中，系统的总动量保持不变。可以选取过程起始和终止状态进行分析，将整个过程看作一个整体，利用动量守恒定律列方程求末速度，结合能量守恒，可以解决牛顿第二定律不能解决的多过程问题。

8.2.3 多体碰撞动量守恒

【例 8-7】（2018 北京东城一模） 如图 8.16 所示，一根水平杆上等距离地穿着 n 个半径相同的珠子，珠子可以在杆上无摩擦移动，珠子的质量依次为 m，km，

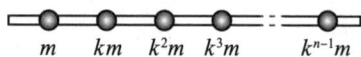
图 8.16

k^2m，k^3m，$\cdots$，$k^{n-1}m$，其中 k 的取值范围是 $\dfrac{1}{2} \le k \le 2$。使第一颗珠子在极短时间内获得初速度 v_0，之后每当珠子之间发生碰撞时都会粘在一起。

（1）分析并说明当 k 取何值时，碰撞全部结束后系统的总动能最大；k 取何值时，碰撞全部结束后系统的总动能最小。

（2）求出碰撞结束后系统相应的最小总动能和最大总动能的比值。

分析： 珠子连续与其他的珠子发生完全非弹性碰撞时，可以采用全过程法，应用全过程动量守恒定律分析答题。

解：（1）设第一颗子质量为 m，其余珠子质量为 M

由题可知 $M = (km + k^2m + k^3m + \cdots + k^{n-1}m)$

由动量守恒可得 $mv_0 = (m+M)v$

损失的动能 $\Delta E_k = \dfrac{1}{2}mv_0^2 - \dfrac{1}{2}(m+M)v^2$

$\Delta E_k = \dfrac{M}{m+M}\cdot\dfrac{1}{2}mv_0^2 = \dfrac{1}{2}mv_0^2\cdot\left(\dfrac{km+k^2m+k^3m+\cdots+k^{n-1}m}{m+km+k^2m+k^3m+\cdots+k^{n-1}m}\right)$

碰撞全部结束后系统的总动能 $E_k' = \dfrac{1}{2}mv_0^2 - \Delta E_k$

解得 $E_k' = \dfrac{1}{2}mv_0^2\left(\dfrac{1-k}{1-k^n}\right)$

当 $k=2$ 时，全部碰撞结束后系统的总动能最小 $E_k' = \dfrac{1}{2}mv_0^2\left(\dfrac{1}{2^n-1}\right)$

当 $k=\dfrac{1}{2}$ 时，全部碰撞结束后系统的总动能最大 $E_k' = \dfrac{1}{2}mv_0^2\left(\dfrac{1}{2-2^{1-n}}\right)$

（2）最小总动能和最大总动能的比值为 $\dfrac{\dfrac{1}{2}mv_0^2\left(\dfrac{1}{2^n-1}\right)}{\dfrac{1}{2}mv_0^2\left(\dfrac{1}{2-2^{1-n}}\right)} = \dfrac{2-2^{1-n}}{2^n-1}$

点拨： 解决本题的关键有两点：一要掌握完全非弹性碰撞的基本规律，即动量守恒定律。二要将多个物体多次碰撞的全过程当作一个整体来对待。

8.3 巩固练习

1. （2023 高考北京卷）如图 8.17 所示，在光滑水平地面上，两相同物块用细线相连。两物块质量均为 1 kg，细线能承受的最大拉力为 2 N。若在水平拉力 F 作用下，两物块一起向右做匀加速直线运动，则 F 的最大值为

A．1 N   B．2 N

C．4 N   D．5 N

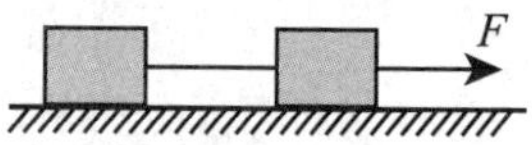

图 8.17

2. （2024 北京延庆一模）如图 8.18 所示，质量均为 m 的 A、B 两物块置于水平地面上，两物块与地面间的动摩擦因数均为 μ，物块间用一水平轻绳相连，绳中无拉力。现用水平力 F 向右拉物块 A，假设最大静摩擦力等于滑动摩擦力。重力加速度为 g。下列说法中错误的是

A．当 $0 < F \leqslant \mu mg$ 时，绳中拉力为 0

B．当 $\mu mg < F \leqslant 2\mu mg$ 时，绳中拉力大小为 $F - \mu mg$

C．当 $F > 2\mu mg$ 时，绳中拉力大小为 $\dfrac{F}{2}$

D．无论 F 多大，绳中拉力大小都不可能等于 $\dfrac{F}{3}$

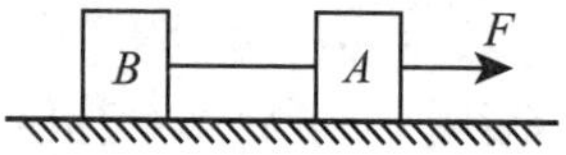

图 8.18

3. （2024 北京丰台二模）如图 8.19 所示，水平地面上放置一个质量为 10 kg、倾角为 37° 的斜面体。一个质量为 5 kg 的箱子在平行于斜面的拉力 F 作用下，沿斜面体匀速上滑，斜面体保持静止。已知箱子与斜面间的动摩擦因数为 0.25，重力加速度 g 取 10 m/s²，$\sin 37° = 0.6$，$\cos 37° = 0.8$。下列说法正确的是

A．箱子对斜面体压力的大小为 30 N

B．拉力 F 的大小为 10 N

C．斜面体对地面压力的大小为 150 N

D．地面给斜面体的摩擦力大小为 32 N

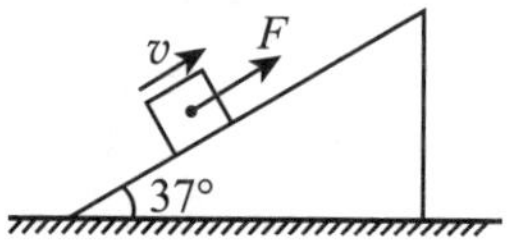

图 8.19

4. 如图 8.20 所示，A、B 是两个带异号电荷的小球，其质量相等，所带电荷量分别为 q_1、q_2，A 球用绝缘细线悬挂于 O 点，A、B 球用绝缘细线相连，两细线长度相等，整个装置处于水平匀强电场中，平衡时，两细线张紧，且 B 球恰好处于 O 点正下方，则可以判定，A、B 两球所带电荷量的关系是多少？若 OA 绳恰好能沿竖直方向，则 A、B 两球所带电荷量的关系是多少？

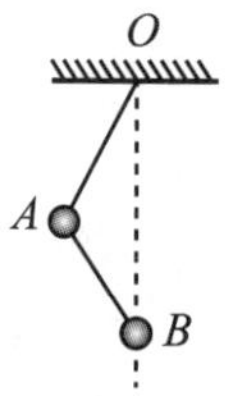

图 8.20

5．如图 8.21 所示，质量为 2.5 kg 的一只长方体形空铁箱在水平拉力 F 作用下沿水平面向右匀加速运动，铁箱与水平面间的动摩擦因数 μ_1 为 0.3。这时铁箱内一个质量为 0.5 kg 的木块恰好能静止在后壁上。木块与铁箱内壁间的动摩擦因数 μ_2 为 0.25。设最大静摩擦力等于滑动摩擦力，g 取 10 m/s^2。

（1）求木块对铁箱压力的大小。

（2）求水平拉力 F 的大小。

（3）减小拉力 F，经过一段时间，木块沿铁箱左侧壁落到底部且不反弹，当铁箱的速度为 6 m/s 时撤去拉力，又经 1 s 时间木块从铁箱最左侧到达铁箱右侧某一位置，则此时木块相对铁箱运动的距离是多少？

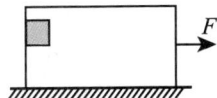

图 8.21

6．如图 8.22 甲所示，一轻质弹簧的下端固定在水平面上，上端与 A 物体相连接，将 B 物体放置在 A 物体的上面，A、B 的质量都为 m，初始时两物体都处于静止状态。现用竖直向上的拉力 F 作用在物体 B 上，使物体 B 开始向上做匀加速运动，拉力 F 与物体 B 的位移 x 的关系如图 8.22 乙所示，重力加速度 $g=10$ m/s^2。求：

（1）物体 B 的加速度大小。

（2）物体 A 的质量。

（3）弹簧的劲度系数。

（4）A、B 分离时，B 的速度。

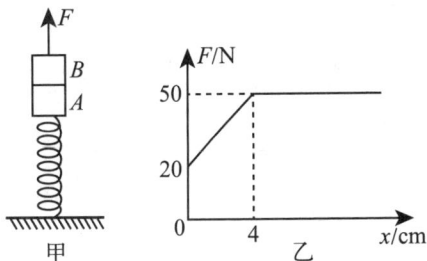

图 8.22

7. 如图 8.23 所示，一条轻绳跨过定滑轮，绳的两端各系一个小球 a 和 b，用手托住球 b，当绳刚好被拉紧时，球 b 离地面的高度为 h，球 a 静止于地面。已知球 a 的质量为 m，球 b 的质量为 $3m$，重力加速度为 g，定滑轮的质量及轮与轴间的摩擦均不计。若无初速度释放球 b，求：

（1）经过多长时间，球 b 恰好落地。

（2）在球 b 下落过程中，球 b 所受拉力大小。

（3）在球 b 下落过程中，球 a 的机械能增加了多少。

（4）球 b 落地前瞬间速度大小。

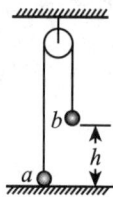

图 8.23

8. 如图 8.24 所示，AB 是倾角为 θ 的粗糙直轨道，BCD 是光滑的圆弧轨道，AB 恰好在 B 点与圆弧相切，圆弧的半径为 R，一个质量为 m 的物体（可以看作质点）从直轨道上的 P 点由静止释放，结果它能在两轨道之间做往返运动，已知 P 点与圆弧的圆心 O 等高，物体与轨道 AB 的动摩擦因数为 μ，重力加速度为 g。求：

（1）物体做往返运动的整个过程中，在 AB 轨道上通过的总路程。

（2）最终当物体通过圆轨道最低点 E 时，对圆弧轨道的压力。

（3）为使物体能到达圆弧轨道的最高点 D，释放点距 B 点的距离 L 至少多大？

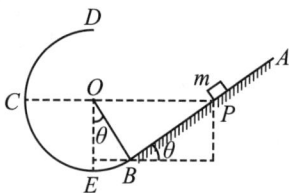

图 8.24

9．如图 8.25 所示，一个摆长为 L 的单摆，摆球质量为 $m=0.1$ kg，静止于平衡位置。另有 n 个质量均为 $m=0.1$ kg 的小球与摆球在同一高度且在同一直线上，以相同的速度 $v=4$ m/s 向左运动，摆球与第 1 个小球碰后，一起向左摆到最大高度，返回运动到最低点时，恰好和第 2 个小球相碰，此后重复这种碰撞过程。每一个小球与摆球相撞后都和摆球粘在一起共同运动。（摆球和小球均视为质点，$g=10$ m/s²）求：

（1）摆球摆动的最大高度。

（2）第 8 个小球与摆球相撞后，摆球的速度。

（3）第 n 个小球与摆球相撞后单摆获得的动能。

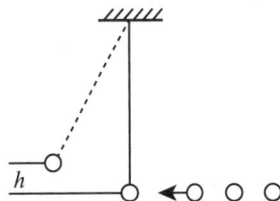

图 8.25

10．（2023 高考湖南卷）如图 8.26 所示，光滑水平地面上有一质量为 $2m$ 的小车在水平推力 F 的作用下加速运动。车厢内有质量均为 m 的 A、B 两小球，两球用轻杆相连，A 球靠在光滑左壁上，B 球处在车厢水平底面上，且与底面的动摩擦因数为 μ，杆与竖直方向的夹角为 θ，杆与车厢始终保持相对静止。假设最大静摩擦力等于滑动摩擦力。

（1）若 B 球受到的摩擦力为零，求 F 的大小。

（2）若推力 F 向左，且 $\tan\theta \leqslant \mu$，求 F 的最大值。

（3）若推力 F 向左，且 $\mu < \tan\theta \leqslant 2\mu$，求 F 的最大值。

（4）若推力 F 向右，且 $\tan\theta > 2\mu$，求 F 的范围。

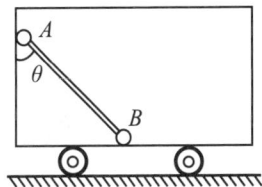

图 8.26

11．（2015 高考重庆卷）高空作业须系安全带，如果质量为 m 的高空作业人员不慎跌落，从开始跌落到安全带对人刚产生作用力前人下落的距离为 h（可视为自由落体运动）。此后经历时间 t 安全带达到最大伸长，若在此过程中该作用力始终竖直向上，则该段时间安全带对人的平均作用力大小为多大？

12．（2014 高考安徽卷）在光滑水平面上有一凹槽 A，中央放一小物块 B，物块与左右两边槽壁的距离如图 8.27 所示，L 为 1.0 m，凹槽与物块的质量均为 m，两者之间的动摩擦因数 μ 为 0.05，开始时物块静止，凹槽以 $v_0 = 5$ m/s 初速度向右运动，设物块与凹槽槽壁碰撞过程中没有能量损失，且碰撞时间不计，g 取 10 m/s^2，求：

（1）物块与凹槽相对静止时的共同速度。

（2）从凹槽开始运动到两者相对静止物块与右侧槽壁碰撞的次数。

（3）从凹槽开始运动到两者刚相对静止所经历的时间及该时间内凹槽运动的位移大小。

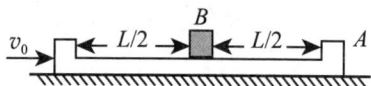

图 8.27

第九章 宏观与微观

在物理学中，我们可以通过测量和计算物体的宏观物理量来揭示物体的性质和运动情况。然而，这些宏观性质和运动规律是由原子、电子等微观粒子的运动和相互作用所决定的。因此，对于同一物理问题，我们可以从宏观与微观两个不同的角度进行分析和研究，以揭示宏观现象背后的微观机制，从而更加深刻地理解其物理本质。教材中在这方面也多有涉及，例如电流的微观解释、安培力和洛伦兹力的关系、电磁感应中的能量转化问题、气体压强的微观解释、电阻的微观解释、静电感应现象的微观解释、表面张力的微观解释、安培分子电流假说、原子光谱的微观解释、α 粒子散射的微观解释、光电效应的微观解释、波粒二象性的微观解释等等。

那么，如何从微观角度解释宏观现象呢？一般要先对宏观对象建立宏观模型，再根据宏观模型的微观结构建立微观模型，最后根据物理规律建立宏观量与微观量的关系。以电流的微观解释为例：以一段导体为研究对象，如图 9.1 所示，首先将该导体建立为横截面积为 S 的圆柱体模型，大量自由电子定向运动形成电流，因此将自由电子的微观模型建立为匀速流体模型，即自由电子均匀分布于导体内部，并且以平均速率 v 沿着导体棒匀速定向移动。设单位体积内的自由电子数为 n，电子电荷量为 e，则时间 t 内通过导体横截面的自由电子数为 $N = nSvt$，即时间 t 内通过横截面的电荷量 $q=Ne=nSvte$，根据电流的定义式 $I = \dfrac{q}{t}$，可以得到电流 I 和自由电子定向移动平均速率 v 的关系式：$I=neSv$。

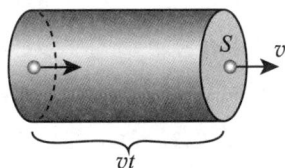

图 9.1

在这个分析过程中最关键的一步是建立微观模型。如图 9.2 所示，金属中的自由电子在正离子组成的晶格间作无规则热运动，在运动过程中还不断地和正离子作无规则碰撞。因此，它们朝任何方向运动的机会都是相等的。从宏观角度来看，这种无规则热运动导致电子的平均速度为零，所以自由电子没有定向移动，也就没有形成电流。

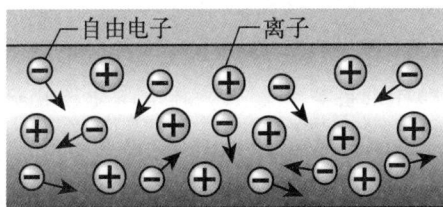

图 9.2

如果导体两端有电势差，在导体内部就建立了电场，每个电子都要受到电场力的作用。这种情况下，自由电子在无规则运动的基础上会叠加一个定向移动。由于电子不断与正离子碰撞，它们会不断重复加速—减速—再加速的运动过程。然而，宏观上对于电流的形成，只需关注单位时间内流过导体横截面的电荷量，而不必考虑自由电子运动的具体细节。我们可以将自由电子的运动等效成平均速度为 v 的匀速直线运动，即匀速流体模型。在建立微观模型时，要结合宏观现象的特点，将微观粒子的运动进行平均等效处理。例如，在研究导体电阻的微观解释问题时，可以将电子的运动平均等效成与金属正离子发生周期性碰撞，电子在电场中获得的动能转化为金属正离子热运动的动能，从而导致电阻温度升高。也可以将自由电子的运动等效成在电场力和平均阻力共同作用下的匀速直线运动，电场力克服阻力做功，将电能全部转化成导体的内能，导致电阻温度升高。

9.1　电流的微观解释

【例 9-1】（1）如图 9.3 所示，一段横截面积为 S 的直导线，单位长度内有 n 个自由电子，自由电子电量为 e。该导线通有电流时，假设自由电子定向移动的速率均为 v。请根据电流的公式 $I = \dfrac{q}{t}$，推导电流微观表达式 I_1。

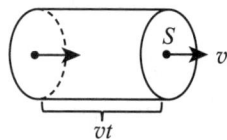

图 9.3

（2）氢原子中的电子绕原子核的运动可以等效为环形电流。设氢原子的电子在半径为 r 的圆周轨道上绕核运动，已知电子的电荷量为 e、质量为 m，静电力常量为 k，推导该环形等效电流的表达式 I_2。

（3）由绝缘材料制成的质量为 m、半径为 R 的均匀细圆环，均匀分布总电荷量为 Q 的正电荷。施加外力使圆环从静止开始绕通过环心且垂直于环面的轴线加速转动，角速度 ω 随时间 t 均匀增加，即 $\omega = \lambda t$（λ 为已知量）。不计圆环上的电荷作加速运动时所产生的电磁辐射。圆环转动同样也形成等效的环形电流，已知该电流产生的磁场通过圆环的磁通量与该电流成正比，比例系数为 j（j 为已知量）。由于环加速转动形成的瞬时电流及其产生的磁场不断变化，圆环中会产生感应电动势，求此感应电动势的大小 E。

分析：根据电流的定义式 $I = \dfrac{q}{t}$，求出 t 时间内通过导体任意横截面处的电荷量 q，即可求出等效电流。对于连续柱状稳定流体，q 等于长度为 vt 的流体柱内的电荷量。题干中 n 为单位长度内的自由电子数，因此 n 和 vt 的乘积即为该段流体柱中的自由电子数。若 n 为单位体积内的自由电子数，则 n 和 Svt 的乘积即为该段流体柱中的自由电子数。氢原子中的电子做周期为 T 的匀速圆周运动，即每个周期 T 内通过轨道任意截面处的电荷量大小为 e，因此 $I = \dfrac{e}{T}$，可通过库仑力提供向心力求出周期 T。同理，圆环每转一圈，通过圆环任意截面处的电荷量大小为 Q，转动形成的等效电流 $I = \dfrac{Q}{T}$。

解：（1）t 时间内通过导体横截面的电荷量 $q = nvte$

由电流的定义式 $I = \dfrac{q}{t}$ 可得，电流微观表达式 $I_1 = nev$

（2）由库仑力提供向心力得 $k\dfrac{e \cdot e}{r^2} = m(\dfrac{2\pi}{T})^2 r$

解得，电子做匀速圆周运动的周期 $T = \dfrac{2\pi r}{e}\sqrt{\dfrac{mr}{k}}$

由电流的定义式可得，其等效电流大小为 $I_2 = \dfrac{e}{T} = \dfrac{e^2}{2\pi r}\sqrt{\dfrac{k}{mr}}$

（3）圆环转动形成的等效电流为 $I_3 = \dfrac{Q}{T} = \dfrac{Q\omega}{2\pi} = \dfrac{Q\lambda t}{2\pi}$

磁通量 $\varPhi = jI_3 = \dfrac{jQ\lambda t}{2\pi}$

根据法拉第电磁感应定律有 $E = \dfrac{\Delta\varPhi}{\Delta t} = \dfrac{jQ\lambda t}{2\pi t} = \dfrac{jQ\lambda}{2\pi}$

点拨： 求解电流的大小，关键是求出 t 时间内通过导体任意横截面处的电荷量 q。要注意题干中关于 n 的定义，不要盲目套用公式 $I = nesv$。若带电体作周期性运动，则一个周期内通过任意截面处的电荷量为带电体的总电量 Q，形成的等效电流 $I = \dfrac{Q}{T}$。

【例 9-2】（2023 年北京等级考改编）如图 9.4 所示，在磁感应强度大小为 B、方向垂直纸面向外的匀强磁场中，固定一内部真空且内壁光滑的圆柱形薄壁绝缘管道，其轴线与磁场垂直。管道横截面半径为 a，长度为 l（$l \gg a$）。带电粒子束持续以某一速度 v 沿轴线进入管道，粒子在磁场力作用下经过一段圆弧垂直打到管壁上，

图 9.4

与管壁发生弹性碰撞，多次碰撞后从另一端射出，单位时间进入管道的粒子数为 n，粒子电荷量为 $+q$，不计粒子的重力、粒子间的相互作用，求：

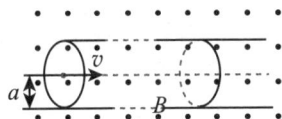

（1）管道内的等效电流 I。

（2）粒子束对管道的平均作用力。

分析： 已知单位时间内进入管道的粒子数为 n，则单位时间内通过管道任意横截面处的粒子数也为 n。带电粒子在洛伦兹力作用下经过一段圆弧垂直打到管壁上，由速度方向的改变量可知，该段圆弧为四分之一圆周，半径为 a。与管壁发生弹性碰撞后，带电粒子以速率 v 反弹，接着在洛伦兹力作用下做二分之一圆周运动后又垂直打到管壁上。由于管壁长度 $l \gg a$，因此粒子做周期性运动，一个周期内粒子沿轴线前进 $2a$。因此，同一时刻管道内一共有 $\dfrac{l}{2a}$ 处位置在发生粒子与管壁的碰撞，则单位时间内与管壁发生碰撞的粒子数为 $N = n\dfrac{l}{2a}$。可通过动量定理求出粒子束对管壁的平均作用力。从宏观上看，由于管壁对粒子束的平均作用力，使得粒子束的运动可以等效成沿轴线的匀速直线运动，因此该平均作用力应与安培力平衡。

解：（1）t 时间内流入管道内的电量 $Q = nqt$

由电流的定义式可得，管道内的等效电流 $I = \dfrac{Q}{t} = nq$

（2）方法一：

洛伦兹力不做功，粒子以速度 v 垂直打在管壁上并发生弹性碰撞，并在管道内做周期性运动，单位时间内与管壁发生碰撞的粒子数为 $N = n\dfrac{l}{2a}$

由动量定理可得 $F\Delta t = N\Delta t 2mv = 2n\dfrac{l}{2a}mv\Delta t$

带正电的粒子沿轴线射入，然后垂直打到管壁上，可知粒子运动的圆弧半径为 $r = a$

洛伦兹力提供向心力 $qvB = m\dfrac{v^2}{a}$

解得粒子束对管道的平均作用力大小 $F = nBql$

由牛顿第三定律可得，粒子束对管道的平均作用力 $F' = F = nBql$

方法二：

从宏观上看，粒子束的运动可等效为沿轴线的匀速直线运动，粒子束的等效电流 $I = nq$

粒子束受到垂直管壁向下的安培力 $F_\text{安} = BIl = nBql$

由牛顿第二定律可得，粒子束对管道的平均作用力大小 $F = nBql$

由牛顿第三定律可得，粒子束对管道的平均作用力大小 $F' = F = nBql$

点拨：该粒子束为连续稳定流体，管道任意截面处的流量处处相等。宏观上将粒子束的运动等效为沿轴线的匀速直线运动，可使问题大大简化。

9.2　电阻的微观解释

【例 9-3】 在金属导体两端加上电压，导体中会产生恒定电场，金属中的自由电子会在电场力的作用下发生定向移动，形成电流。

（1）经典的金属电子论认为：在外电场（由电源提供的电场）中，金属中的自由电子受到电场力的驱动，在原热运动基础上叠加定向移动，如图 9.5 所示。在定向加速运动中，自由电子与金属正离子发生碰撞，自身停顿一下，将定向移动所获得的能量转移给金属正离子，引起正离子振动加剧，金属温度升高。自由电子在定向移动时由于被频繁碰撞受到阻碍作用，这就是电阻形成的原因。已

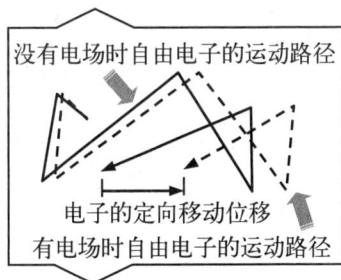

没有电场时自由电子的运动路径

电子的定向移动位移

有电场时自由电子的运动路径

图 9.5

知导体长为 l、横截面积为 S、单位体积内自由电子数为 n，自由电子的电量为 e，质量为 m，定向移动的平均速率为 v，热运动的平均速率为 u，发生两次碰撞之间的平均距离为 x。由于 $v \ll u$，所以自由电子发生两次碰撞的时间间隔主要由热运动决定。自由电子每次碰撞后的定向移动速率均变为零。

a．求该金属的电阻率 ρ，并结合计算结果至少说明一个与金属电阻率有关的宏观因素；

b．该导体长度为 L，截面积为 S。若将单位时间内导体中所有自由电子因与正离子碰撞而损失的动能之和设为 ΔE_k，导体的发热功率设为 P，试证明 $P = \Delta E_k$。

（2）考虑大量碰撞的统计结果时，可认为自由电子在定向移动时受到持续的阻力作用，这就是电阻形成的原因。已知阻碍电子运动的阻力大小与电子定向移动的速率 v 成正比，即 $f = kv$（k 是常数）。求：

c．该导体的电阻率 ρ；

d．该导体的发热功率。

分析： 在经典电子理论中，自由电子在电场力的作用下作匀加速直线运动。根据热运动的平均速率和两次碰撞间的平均距离，可求出加速的时间 t。电场力提供加速度，即可求得碰撞前的速度 v_t。电子定向移动的平均速率 v 即为加速过程的平均速度，即 $v_t = 2v$，由电阻的定义式 $R = \dfrac{U}{I}$ 和电流的微观表达式 $I = neSv$，即可求得电阻和这些微观量之间的关系式。对比电阻的决定式 $R = \rho \dfrac{L}{S}$，就可以推导出电阻率 ρ。发热功率 $P = I^2 R$，一次碰撞损失的动能乘以所有的电子数即为 t 时间内损失的总动能。在等效阻力模型中，电子做等效匀速直线运动，阻力和电场力平衡，因此电场力所做的功等于克服阻力所做的功。

解:（1）a. 设导体长度为 L，截面积为 S，两端电压为 U，通过的电流为 I。

电子发生两次碰撞之间，在原有的匀速运动（热运动）的同时，叠加在外电场作用下由静止开始的匀加速运动（定向移动），但因 $v \ll u$，所以两次碰撞的平均时间间隔 $t = \dfrac{x}{u}$

电子在外电场中做定向移动的加速度 $a = \dfrac{Ue}{mL}$

电子碰撞前瞬间的定向移动速度 $v_t = 2v$，且 $v_t = at$

整理可得导体两端电压 $U = \dfrac{2mvuL}{ex}$

由电流的微观表达式可得 $I = neSv$，代入 $R = \dfrac{U}{I}$

可得 $R = \dfrac{2muL}{ne^2xS}$

与电阻定律 $R = \rho \dfrac{L}{S}$ 比较，有 $\rho = \dfrac{2mu}{ne^2x}$

从计算结果可知，金属的电阻率与金属中单位体积的自由电子数 n、自由电子热运动平均速率 u 和碰撞的平均距离 x 有关，所以在宏观上，电阻率与金属的种类和温度有关。

b. 导体的发热功率 $P = I^2R = \dfrac{2nmv^2uSL}{x}$

一个自由电子因与正离子碰撞而损失的动能 $\Delta E = \dfrac{1}{2}mv_t^2 = 2mv^2$

导体内所有的自由电子数 $N = nSL$

导体中所有自由电子在单位时间内损失的动能之和 $\Delta E_k = \dfrac{N\Delta E}{t} = \dfrac{2nmv^2uSL}{x} = P$

（2）c. 电子在导体内等效于以速率 v 匀速移动，则电场力和阻力平衡 $kv = e\dfrac{U}{L}$

解得 $U = \dfrac{kvL}{e}$

由电流的微观表达式 $I = neSv$，代入 $R = \dfrac{U}{I} = \dfrac{kL}{ne^2S}$

与电阻定律 $R = \rho \dfrac{L}{S}$ 比较，有 $\rho = \dfrac{k}{ne^2}$

d. 方法一：导体的发热功率 $P = I^2R = nSLkv^2$

方法二：导体的发热功率为所有自由电子克服阻力做功的功率 $P = Nfv = nSLkv^2$

点拨: 不同的理论中电子的受力情况和运动类型不同，但都能等效为电子在导体内以速率 v 匀速定向移动。因此，求出自由电子的速率 v_t 和定向移动的平均速率 v 的关系式是解题的关键。碰撞模型中焦耳热等于所有自由电子碰撞损失的总动能，阻力模型中焦耳热等于所有自由电子克服阻力所做的功。

9.3 动生电动势的微观解释

【例 9-4】发电机和电动机具有装置上的类似性，源于它们机理上的类似性。直流发电机和直流电动机的工作原理可以简化为如图 9.6、图 9.7 所示的情景。

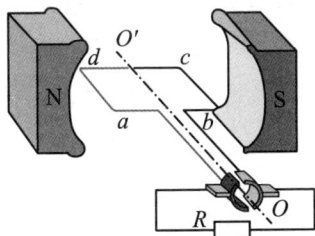

图 9.6

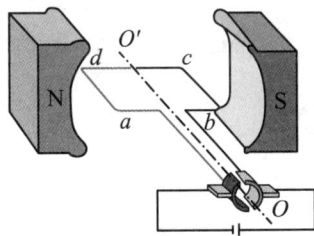

图 9.7

（1）可以将直流发电机简化为如图 9.8 所示电路，线框等效为质量为 m、电阻为 r 的导体棒 ab，放置在水平平行导轨上，导轨平面处于垂直向下的匀强磁场 B 中。已知导轨间距为 L，忽略一切阻力与摩擦。导体棒 ab 在恒力 F 作用下，从静止开始运动。

a．求棒最终稳定后的速度 v_{m}；

b．请从微观的角度分析发电机的工作原理：ab 棒克服安培力做的功等于回路总电能。（为了方便可认为导体棒中的自由电荷为正电荷）

（2）直流电动机的工作原理可以简化为如图 9.9 所示情景。在竖直向下的匀强磁场 B 中，两根光滑平行金属轨道固定在水平面内，相距为 L，电阻不计。轨道端点 MP 间接有直流电源 E_0、r_0，电阻为 r 的金属导体棒 ab 垂直放在轨道上，以速度 v 向右做匀速运动，并通过滑轮匀速提升重物。

c．求电路中的电流为 I，以及 Δt 时间内"电动机"输出的机械能；

d．通过计算分析说明：导体棒 ab 中的自由电荷所受洛伦兹力是如何在能量转化过程中起到作用的？即能从微观的角度分析电动机的工作原理：电动机的输出功率 $P_{输出}=IE_{反}$。

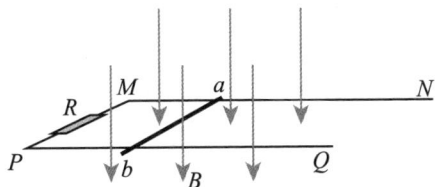

图 9.8

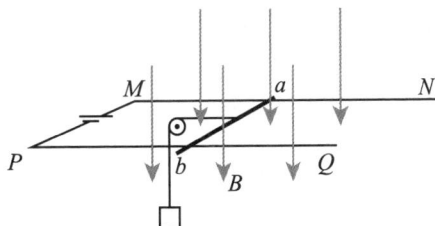

图 9.9

分析：在发电机模型中，在恒力 F 和安培力的作用下，棒 ab 作加速度减小的加速运动。当安培力和恒力 F 平衡时，棒 ab 的速度达到最大，感应电动势和电流也达到最大，然后保持不变。自由电子同时具有和棒相同的移动速度以及沿棒定向移动形成电流的速度，因此同时受到沿棒方向的洛伦兹力分力和垂直棒向左的洛伦兹力分力。沿棒方向的洛伦兹分力即为非静电力，垂直棒方向的洛伦兹力分力宏观上即为安培力。洛伦兹力不做功，也就是说宏观上棒克服安培力做的功等于非静电力做的功。在电动机模型中，自由电子具有和棒相同的移动速度以及沿棒定向移动形成电流的速度，分别对应沿棒方向的洛伦兹力分力和垂直棒向右的洛伦兹力分力。沿棒方向的洛伦兹力分力与电场力方向相反，垂直棒方向的洛伦兹力分力宏观上即为安培力。洛伦兹力不做功，也就是说宏观上电场力克服洛伦兹力分力做的功（消耗的电能）等于安培力做的功。此外，棒还受到沿绳向左的拉力，拉力大小等于重物的重力，且拉力与安培力平衡，也就是说安培力做的功数值上等于电动机输出的机械能。

解： (1) a. 感应电动势为 $E = BLv$，根据闭合电路的欧姆定律得 $I = \dfrac{BLv}{R+r}$

安培力为 $F_安 = BIL = \dfrac{B^2L^2v}{R+r}$

设棒的加速度为 a，由牛顿第二定律可得 $F - F_安 = ma$

当 $a=0$ 时速度达到最大，$v_m = \dfrac{F(R+r)}{B^2L^2}$

b. 为了方便，可将导体棒中的自由电荷等效为电量为 e 的正电荷，

设正电荷沿导体棒定向移动的速率为 u，方向沿 $b \to a$。

正电荷受力如图 9.10 所示：$f_1 = evB$，$f_2 = euB$

f_1 做正功的功率为 $P_1 = evBu$

f_2 做负功的功率为 $P_2 = -euBv$

$P_1 + P_2 = 0$，即洛伦兹力总功为零。

f_1 宏观表现为非静电力做正功，等于电路中的总电能。

f_2 宏观表现为安培力做负功，即 ab 棒克服安培力做的功等于回路总电能。

图 9.10

(2) c. 导体棒切割磁感线产生反电动势 $E_反 = BLv$

电路中的电流 $I = \dfrac{E_0 - E_反}{r_0 + r} = \dfrac{E_0 - BLv}{r_0 + r}$

导体棒 ab 受到的安培力 $F_2 = BIL$

在 Δt 时间内，"电动机"输出的机械能等于安培力对导体棒 ab 做的功

$E_机 = F_2 \cdot v\Delta t = BL\dfrac{E_0 - BLv}{r_0 + r}v\Delta t$

d. 设正电荷沿导体棒定向移动的速率为 u，方向沿 $a \to b$。

正电荷受力如图 9.11 所示：

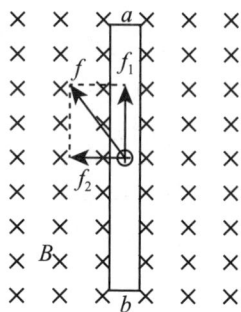

$f_3 = evB$，对导体棒做负功，即 $P_3 = -evBu$

$f_4 = euB$，对电荷做正功，即 $P_4 = euBv$

可知 $P_3 + P_4 = 0$

即导体棒中一个自由电荷所受的洛伦兹力做功为零。f_4 做正功，宏观上表现为安培力做正功，输出机械能；f_3 是"电源"的非静电力，做负功，宏观上表现为反电动势，消耗电能，功率为 $IE_反$。大量自由电荷所受洛伦兹力做功的宏观表现是将电能转化为等量的机械能，电动机的输出功率 $P_{输出} = IE_反$，在此过程中洛伦兹力通过两个分力做功起到"传递"能量的作用。

图 9.11

点拨： 电路正常工作时，导体棒内的自由电荷既有和棒相同的移动速度，又有沿棒定向移动形成电流的速度。因此，它们受到两个洛伦兹力分力，宏观上分别对应非静电力和安培力。洛伦兹力分力的总功为零，即宏观上非静电力的功和安培力做的功之和也为零，洛伦兹力通过两个分力做功起到"传递"能量的作用。

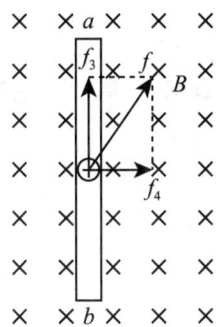

9.4 感生电动势的微观解释

【例 9-5】（2017 北京丰台一模）麦克斯韦电磁理论认为：变化的磁场会在其周围空间激发一种电场，这种电场与静电场不同，称为感生电场或涡旋电场，如图 9.12 所示。

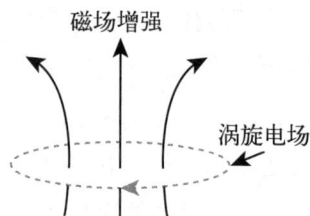

图 9.12

（1）若图 9.12 中磁场 B 随时间 t 按 $B=B_0+kt$（B_0、k 均为正常数）规律变化，形成涡旋电场的电场线是一系列同心圆，单个圆上形成的电场场强大小处处相等。将一个半径为 r 的闭合环形导体置于相同半径的电场线位置处，导体中的自由电荷就会在感生电场的作用下做定向运动，产生感应电流。求环形导体位置处感生电场强度 E 的大小。

（2）电子感应加速器是利用感生电场使电子加速的设备。它的基本原理如图 9.13 所示，图的上部分为侧视图，上、下为电磁铁的两个磁极，磁极之间有一个环形真空室，电子在真空室中做圆周运动。图的下部分为真空室的俯视图，电子从电子枪右端逸出，当电磁铁线圈电流的大小与方向变化满足相应的要求时，电子在真空室中沿虚线圆轨迹运动，不断地被加速。

若某次加速过程中，电子圆周运动轨迹的半径为 R，圆形轨迹上的磁场为 B_1，圆形轨迹区域内磁场的平均值记为 $\overline{B}_2$（由于圆形轨迹区域内各处磁场分布可能不均匀，$\overline{B}_2$ 即为穿过圆形轨道区域内的磁通量与圆的面积比值）。电磁铁中通有如图 9.14 所示的正弦交变电流，设图 9.13 装置中标出的电流方向为正方向。

a．在交变电流变化一个周期的时间内，分析说明电子被加速的时间范围；

b．若使电子被控制在圆形轨道上不断被加速，B_1 与 $\overline{B}_2$ 之间应满足 $B_1=\dfrac{1}{2}\overline{B}_2$ 的关系，请写出你的证明过程。

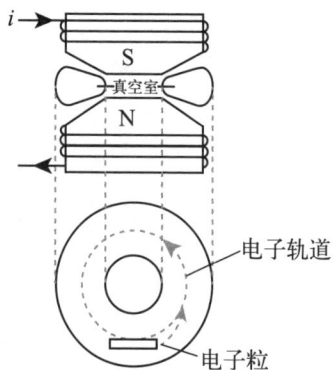

图 9.13

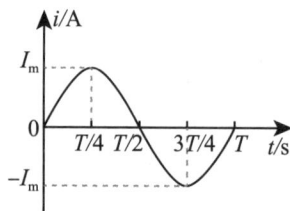

图 9.14

分析： 感生电场力为非静电力，可通过法拉第电磁感应定律和电动势的定义推导电动势的表达式，进而推出感生电场的强度大小。交变电流使真空室中产生变化的磁场，激发感生电场，从而使电子枪发射出的电子被不断加速。同时，还需要用洛伦兹力将电子束缚在真空室内做加速圆周运动。洛伦兹力的大小与速率成正比，可通过速率的变化率推导轨道上的磁感应强度的变化率。

解：（1）根据法拉第电磁感应定律可得 $E_感 = \dfrac{\Delta\Phi}{\Delta t} = S\dfrac{\Delta B}{\Delta t} = \dfrac{\Delta B\pi r^2}{\Delta t}$

由 $B = B_0 + kt$ 可得 $\dfrac{\Delta B}{\Delta t} = k$，所以 $E_感 = k\pi r^2$

感生电场力充当非静电力，$F_电 = eE$

由 $E_感 = \dfrac{W_{非}}{e} = \dfrac{eE2\pi r}{e} = E2\pi r$

所以 $E = \dfrac{E_感}{2\pi r} = \dfrac{k\pi r^2}{2\pi r} = \dfrac{kr}{2}$

（2）a. B_1 和 $\overline{B_2}$ 是由同一个电流产生的，因此磁场方向总相同；

由图 9.13 可知：B_1 处的磁场向上才可能提供做圆周运动的向心力（时间 $0 \sim \dfrac{T}{2}$）；

由图 9.13 可知：感生电场的电场线方向沿顺时针电子才可能被加速，所以 $\overline{B_2}$ 可以是向上增强（时间 $0 \sim \dfrac{1}{4}T$）或向下减弱（时间 $\dfrac{3}{4}T \sim T$）；

综上三点可知：磁场向上增强才能满足在圆周上的加速，因此根据图 9.14 可知只能在第一个四分之一周期使电子被加速。

b. 洛伦兹力提供圆周运动的向心力，

设某时刻电子运动的速度为 v，则 $B_1 ev = m\dfrac{v^2}{R}$

可得 $B_1 eR = mv$

由（1）问的结论可得，此时轨道处的感生电场场强大小 $E = \dfrac{R\Delta\overline{B_2}}{2\Delta t}$

可得 $eR\dfrac{\Delta B_1}{\Delta t} = m\dfrac{\Delta v}{\Delta t} = ma = eE$

所以 $eR\dfrac{\Delta B_1}{\Delta t} = e\dfrac{1}{2}R\dfrac{\Delta\overline{B_2}}{\Delta t}$，即 $\dfrac{\Delta B_1}{\Delta t} = \dfrac{\Delta\overline{B_2}}{2\Delta t}$

因为 $t=0$ 时：$B_1 = 0$，$\overline{B_2} = 0$

所以有 $B_1 = \dfrac{1}{2}\overline{B_2}$

点拨： 洛伦兹力提供向心力，其大小与轨道所在处的磁感应强度有关。感生电动势的大小等于轨道面内的磁通量的变化率，其大小与轨道面内的磁通量的平均变化率有关。因此这两个磁感应强度的变化率可以不相同。

9.5 气体压强的微观解释

【**例 9-6**】（1）如图 9.15 所示，正方体密闭容器中有大量气体分子，当这些运动的分子与器壁发生碰撞时，就会产生作用力，从而产生压强。设密闭容器中每个分子质量为 m，单位体积内分子数量为 n。为简化问题，我们假定：分子大小及分子间相互作用力可忽略，且分子与器壁各面碰撞的机会均等（正方体每个面有 1/6 的几率），分子运动速率均为 v，与器壁

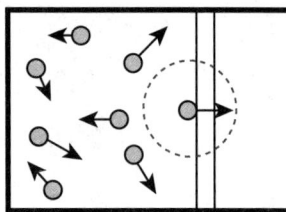

图 9.15

碰撞前后瞬间，分子速度方向都与器壁垂直，且速率不变，利用所学力学知识，求：

a. 求一个分子与器壁碰撞一次受到的冲量大小 I；

b. 推导气体分子对器壁的压强 p。（注意：解题过程中需要用到但题目没有给出的物理量，要在解题时做必要的说明）

（2）我们知道，"温度是分子热运动的平均动能的标志"，小鑫查询资料得到理想气体的热力学温度 T 与分子热运动的平均动能成正比，即 $T = \alpha \overline{E_k}$，式中 α 为比例常数。根据上述信息结合（1）问的结论，推导：一定质量的理想气体，在体积一定时，压强与温度成正比。

分析：将气体分子与容器壁碰撞的过程简化为垂直器壁方向的弹性正碰，该模型可以简化为稳定流体模型。极短时间 Δt 内，体积为 $Sv\Delta t$ 气柱内的分子可能与面积为 S 的容器壁发生碰撞。由于气体分子运动方向的随机不确定性，碰撞的概率为 1/6。可通过动量定理推导出压力，进而求出压强。再结合气体分子的动能表达式即可得出温度和压强的关系。

解：（1）a. 一个粒子每与器壁碰撞一次给器壁的冲量是 $I = 2mv$

b. 在 Δt 时间内能达到面积为 S 容器壁上的粒子所占据的体积为 $V = Sv\Delta t$

由于粒子有均等的几率与容器各面相碰，即可能达到目标区域的粒子数为 $N = \dfrac{1}{6}nV$

根据动量定理得 $F\Delta t = N \cdot I$

则得面积为 S 的器壁受到的粒子的压力为 $F = \dfrac{NI}{\Delta t}$

气体分子对器壁的压强为 $p = \dfrac{F}{S} = \dfrac{1}{3}nmv^2$

（2）粒子的平均动能为 $\overline{E_k} = \dfrac{1}{2}mv^2$

联立，可得 $p = \dfrac{2n}{3}\overline{E_k}$

根据题中信息 $T = \alpha \overline{E_k}$

可得 $p = \dfrac{2n}{3\alpha}T$

即一定质量的理想气体，在体积一定时，压强与温度成正比。

点拨： 宏观上的气体压强是微观上气体分子与容器壁频繁发生碰撞的平均效果，需用动量定理求解，研究对象要取极短时间内与容器壁碰撞的那部分分子。

9.6 光电效应的微观解释

【例 9-7】（**2015 高考北京卷**）真空中放置的平行金属板可以用作光电转换装置，如图 9.16 所示。光照前两板都不带电。以光照射 A 板，则板中的电子可能吸收光的能量而逸出。假设所有逸出的电子都垂直于 A 板向 B 板运动，忽略电子之间的相互作用。保持光照条件不变，a 和 b 为接线柱。已知单位时间内从 A 板逸出的电子数为 N，电子逸出时的最大动能为 E_{km}，元电荷为 e。

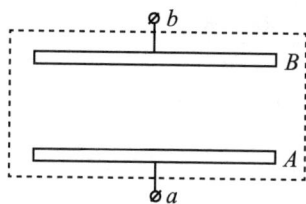

图 9.16

（1）求 A 板和 B 板之间的最大电势差 U_m，及将 a、b 短接时回路中的电流 $I_短$；

（2）若图示装置可看作直流电源，求其电动势 E 和内阻 r；

（3）在 a 和 b 之间连接一个外电阻时，该电阻两端的电压为 U。外电阻上消耗的电功率设为 P；单位时间内到达 B 板的电子，在从 A 板运动到 B 板的过程中损失的动能之和设为 ΔE_k。请推导证明：$P = \Delta E_k$。

分析： 光照射 A 板后，A 板发出的光电子不断打到 B 板上，在 AB 之间形成电场，将阻碍后续发出的光电子向 B 运动。当 AB 之间的电势差达到最大值 U_m 时，以最大初动能从 A 板逸出的光电子也刚好不能到达 B 板，此时 U_m 即为电源断路电压，等于电动势 E。当电路短路时，所有的电子都到达 B 极板，光电流达到最大，此光电流即为短路电流。根据电动势和短路电流的关系即可求出内阻 r。电路接通时，电阻两端的电压即为路端电压，同时也是电源内部的电压。外电路中自由电子所受的电场力做正功，将电势能转化为内能。在内电路中，光电子克服电场力作用，将动能转换为电势能。微观上这两个功相等，宏观上即 $P = \Delta E_k$。

解：（1）由动能定理可得 $eU_m = E_{km}$

解得 $U_m = \dfrac{E_{km}}{e}$

短路时，在 A 板上方设置与 A 平行、面积等大的参考面，时间 t 内通过该参考面的电荷量 $Q = Net$

根据电流定义式 $I = \dfrac{Q}{t}$ 可得 $I_短 = Ne$

（2）电源电动势等于开路时的路端电压，故 $E = U_m = \dfrac{U_{km}}{e}$

由闭合电路的欧姆定律可得 $r = \dfrac{E_m}{I_短}$

解得 $r = \dfrac{E_{km}}{Ne^2}$

（3）设单位时间内到达 B 板的光电子数为 N'，则电路中的电流 $I = \dfrac{Q'}{t} = \dfrac{N'et}{t} = N'e$

则外电阻消耗的功率 $P = UI = UN'e$

光电阻在两极板中运动时，两极板间电压为 U，每个电子损失的动能 $\Delta E_{k0} = eU$

则单位时间内到达 B 板的电子损失的总动能 $\Delta E_k = N'\Delta E_{k0}$

联立解得 $\Delta E_k = N'eU$

故 $P = \Delta E_k$

点拨： 把两块金属板看成是电源的正负极，断路时两板间的电压即为电动势。电路正常工作时，A、B 板上堆积的电荷同时在外电路和电源内部产生电场，在外电路中电场力做正功，电势能转化为内能，在 A、B 板间电场力做负功，将动能转化为电势能。

9.7　巩固练习

1. 回旋加速器在核科学、核技术、核医学等高新技术领域得到了广泛应用，其原理如图 9.17 所示，D_1 和 D_2 是两个中空的半径为 R 的半圆金属盒，它们接在电压一定、频率为 f 的交流电源上，位于 D_1 圆心处的质子源 A 能不断产生质子（初速度可以忽略，重力不计），它们在两盒之间被电场加速，D_1、D_2 置于与盒面垂直的磁感应强度为 B 的匀强磁场中。若质子束从回旋加速器输出时的平均功率为 P，推导输出时质子束的等效电流 I 的表达式。

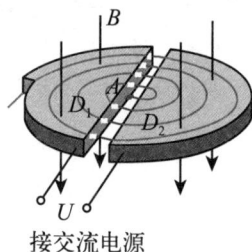

接交流电源

图 9.17

2. 重力不计的带正电的粒子，质量为 m，电荷量为 q，由静止开始，经加速电场加速后，垂直于磁场方向进入磁感应强度为 B 的匀强磁场中，圆心为 O，在 O 点置一固定点电荷 Q，取适当的加速电压，使粒子可绕 O 做半径为 r 的圆周运动。再使磁场反向，但保持磁感应强度 B 的大小不变，改变加速电压，使粒子仍能绕 O 做半径为 r 的圆周运动，请推导两次匀速圆周运动所形成的等效电流之差的绝对值 ΔI 的表达式。

3．如图 9.18 所示，水平放置的电阻可忽略的两根平行金属导轨相距为 L，导轨左端接一阻值为 R_0 的电阻，金属棒 ab 垂直放在导轨上，并接触良好，整个装置放在磁感应强度为 B 的匀强磁场中，磁场方向垂直导轨平面。当 ab 棒以速度 v 水平向右匀速滑动时，

a．从宏观角度看，请根据法拉第电磁感应定律，求金属棒 ab 在运动过程中产生的感应电动势 E；

b．从微观角度看，金属棒 ab 稳定运动时，自由电子沿棒的方向运动，会经历"加速—碰撞—速度归零—再加速"过程，该过程可等效成电子在金属离子的作用下，受到一平均阻力。已知金属棒电阻率为 ρ，横截面积为 S。根据以上分析，求此平均阻力的大小 f。

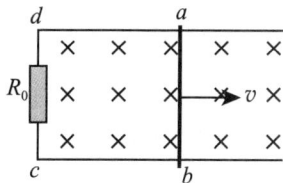

图 9.18

4．某同学受磁流体发电机的启发，设计了一种新型发电装置。如图 9.19 所示，将发电装置、开关、导线与电阻组成一个电路，这种新型发电装置可视为直流电源。从微观角度看，两面积足够大的平行金属极板 A、C 间有一个垂直纸面向里、磁感应强度为 B 的匀强磁场，将一束带正电的离子流以速度 v 沿垂直于 B 的方向喷入磁场，带正电的离子在洛伦兹力作用下向 A 极板偏转，由于静电感应在 C 极板上感应出等量的负电荷。宏观上 A、C 两板间产生电势差，可为阻值为 R 的外电阻供电。已知每个离子的质量均为 m，电荷量为 $+q$，单位时间内沿垂直极板方向上单位长度喷射的正离子个数为 n，A、C 两板间距为 d，且 d 大于 $\dfrac{2mv}{qB}$。忽略离子的重力及离子间的相互作用力。

（1）只闭合开关 S_1，外电路短路，求短路电流 I_m。

（2）只闭合开关 S_2，电路中电流稳定后，若单位时间内打在极板 A 上的离子数为 N，请写出 N 与 R 的关系式。

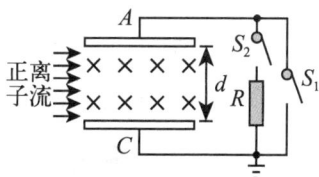

图 9.19

5. （2018 北京朝阳二模改编）如图 9.20 所示，半径为 r 的金属细圆环水平放置，环内存在竖直向上的匀强磁场，磁感应强度 B 随时间 t 的变化关系为 $B=kt$（$k>0$，且为已知的常量）。

（1）已知金属环的电阻为 R。根据法拉第电磁感应定律，求金属环的感应电动势 $E_{感}$ 和感应电流 I；

（2）经典物理学认为，金属的电阻源于定向运动的自由电子与金属离子（即金属原子失去电子后的剩余部分）的碰撞。在考虑大量自由电子的统计结果时，电子与金属离子的碰撞结果可视为导体对电子有连续的阻力，其大小可表示为 $f=bv$（$b>0$，且为已知的常量）。已知自由电子的电荷量为 e，金属环中自由电子的总数为 N。展开你想象的翅膀，给出一个合理的自由电子的运动模型，并在此基础上，求出金属环中的感应电流 I。

（3）宏观与微观是相互联系的。若该金属单位体积内自由电子数为 n，请推导该金属的电阻率 ρ 与 n、b 的关系式。

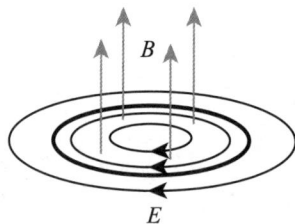

图 9.20

6. 光电效应和康普顿效应深入地揭示了光的粒子性的一面。前者表明光子具有能量，后者表明光子除了具有能量之外还具有动量。由狭义相对论可知，一定的质量 m 与一定的能量 E 相对应：$E=mc^2$，其中 c 为真空中光速。

（1）已知某单色光的频率为 v，波长为 λ，该单色光光子的能量 $E=hv$，其中 h 为普朗克常量。请推导该单色光光子的动量 $p=\dfrac{h}{\lambda}$。

（2）光照射到物体表面时，如同大量气体分子与器壁的频繁碰撞一样，将产生持续均匀的压力，这种压力会对物体表面产生压强，这就是"光压"，用 I 表示。一台发光功率为 P_0 的激光器发出一束某频率的激光，光束的横截面积为 S。当该激光束垂直照射到某物体表面时，假设光全部被吸收，试写出其在物体表面引起的光压 I 的表达式。

（3）麦克斯韦电磁场理论指出：变化的磁场和变化的电场可以相互激发，无论是电场分量 E 还是磁场分量 B 都是以横波的形式组成一个统一的电磁场像波一样向前传播，如图 9.21 所示。请从光的电磁波动理论角度定性解释这种光压是怎样产生的。

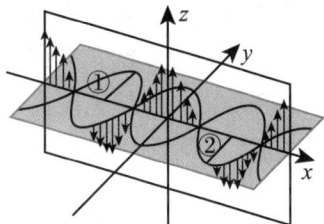

图 9.21

7.（2021 北京海淀二模）放射性同位素电池具有工作时间长、可靠性高和体积小等优点，是航天、深海、医学等领域的重要新型电源，也是我国近年重点科研攻关项目。某同学设计了一种利用放射性元素 β 衰变的电池，该电池采用金属空心球壳结构，如图 9.22 甲所示，在金属球壳内部的球心位置放有一小块与球壳绝缘的放射性物质，放射性物质与球壳之间是真空的。球心处的放射性物质的原子核发生 β 衰变发射出电子，已知单位时间内从放射性物质射出的电子数为 N，射出电子的最小动能为 E_1，最大动能为 E_2。在 E_1 和 E_2 之间，任意相等的动能能量区间 ΔE 内的电子数相同。为了研究方便，假设所有射出的电子都是沿着球形结构径向运动，忽略电子的重力及在球壳间的电子之间的相互作用。元电荷为 e，a 和 b 为接线柱。

（1）求 a、b 之间的最大电势差 U_m，以及将 a、b 短接时回路中的电流 $I_{短}$。

（2）在 a、b 间接上负载时，两极上的电压为 U，通过负载的电流为 I。论证电流大小 I 随电压 U 变化的关系，并在图 9.22 乙中画出 I 与 U 关系的图线。

（3）若电源的电流保持恒定且与负载电阻无关，则可称之为恒流源。请分析负载电阻满足什么条件时该电源可视为恒流源。

（注意：解题过程中需要用到、但题目没有给出的物理量，要在解题中做必要的说明）

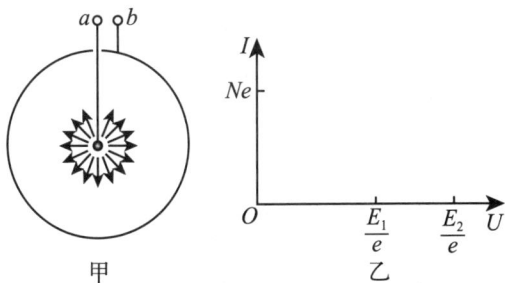

图 9.22

8. 真空中放置的平行金属板可以用作光电转换装置，如图 9.23 所示，光照前两板都不带电，以光照射 A 板，则板中的电子可能吸收光的能量而逸出。电子逸出时其速度是向各个方向的，作为一种简化模型，我们假设所有逸出的电子都垂直于 A 板向 B 板运动，且电子离开 A 板时的动能在 0 到 E_{km} 之间概率均匀，即动能在任意 E_k 到 $E_k+\Delta E_k$ 之间的电子数都相等。已知单位时间内从 A 板逸出的电子数为 N_0，忽略电子的重力及它们之间的相互作用，保持光照条件不变，a 和 b 为接线柱。电子逸出时的最大动能为 E_{km}，元电荷为 e。

（1）图示装置可看作直流电源，试判断该电源的正负极并求其电动势 E。

（2）当 ab 间接有用电器时，AB 板间电压为某一小于电动势的值 U_{ab}，此时初速度较小的电子将不能到达 B 板，求此时能够到达 B 板的电子数 N 与 N_0 的比值，以及此时电路中电流强度 I 与短路电流 I_0 的比值。

（3）在对外供电时，并不是所有的电源其路端电压与电源电动势之间都满足 $U=E-Ir$，其中 r 为一与外电路无关的量，但可以证明在上述简化模型中这一关系成立。试证明之，并求出相应的 r。

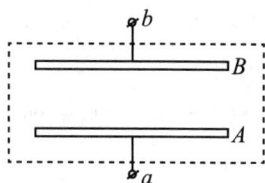

图 9.23